DOROTHY L. SAYERS

DOROTHY

CARTAS A UMA IGREJA ACANHADA

Argumentos cativantes para a relevância da doutrina cristã

THOMAS NELSON
BRASIL®

Letters to a diminished church: passionate arguments for the relevance of Christian doctrine
Copyright ©2004, de W Publishing Group, uma divisão de Thomas Nelson, Inc.
Edição original de W Publishing Group em parceria com Watkins/Loomis Agency, Inc., e David Higham Associates, Ltd. Todos os direitos reservados.
Copyright da tradução ©2021, de Vida Melhor Editora LTDA.
Todos os direitos reservados.

As citações bíblicas são da *Nova Versão Internacional* (NVI), da Bíblica, Inc., a menos que seja especificada outra versão da Bíblia Sagrada.

Os pontos de vista desta obra são de responsabilidade de seus autores e colaboradores diretos, não refletindo necessariamente a posição da Thomas Nelson Brasil, da HarperCollins Christian Publishing ou de sua equipe editorial.

Publisher	*Samuel Coto*
Editor	*André Lodos Tangerino*
Produção editorial	*Fabiano Silveira Medeiros*
Preparação	*Danny Charão*
Revisão	*Rosa Maria Ferreira*
Diagramação	*Sonia Peticov*
Capa e Projeto gráfico	*Anderson Junqueira*

Dados Internacionais de Catalogação na Publicação (CIP)
(BENITEZ Catalogação Ass. Editorial, MS, Brasil)

S284c Sayers, Dorothy L., 1893-1957
1.ed.   Cartas a uma igreja acanhada: argumentos cativantes para a relevância da doutrina cristã / Dorothy L. Sayers; tradução Guilherme Cordeiros Pires. — 1.ed. — Rio de Janeiro: Thomas Nelson Brasil, 2022.
       288 p.; 13,5 x 20,8 cm.

Título original : Letters to a diminished church: passionate arguments for the relevance of Christian doctrine.
ISBN 978-65-56893-96-9

1. Cristianismo – Doutrina cristã. 2. Eclesiologia cristã. 3. Ensaios. 4. Teologia.   I. Pires, Guilherme Cordeiro.

12-2021/39   CDD: 262

Índice para catálogo sistemático:

1. Eclesiologia: Cristianismo 262

Bibliotecária responsável: Aline Graziele Benitez CRB-1/3129

Thomas Nelson Brasil é uma marca licenciada à Vida Melhor Editora LTDA.
Todos os direitos reservados à Vida Melhor Editora LTDA.
Rua da Quitanda, 86, sala 218 — Centro
Rio de Janeiro — RJ — CEP 20091-005
Tel.: (21) 3175-1030
www.thomasnelson.com.br

CARTAS A UMA IGREJA ACANHADA

SUMÁRIO

1
O MAIOR DRAMA
QUE JÁ ESTREOU É
O CREDO OFICIAL
DA CRISTANDADE
9

2
EM QUE CREMOS?
19

3
O DOGMA É
O DRAMA
29

4
A IMAGEM DE DEUS
39

5
A MENTE CRIATIVA
51

6
CREDO OU
CAOS?
65

7
ALIMENTO
SÓLIDO
87

8
OS OUTROS SEIS
PECADOS CAPITAIS
97

9
A MORAL CRISTÃ
125

10
O TRIUNFO DA
PÁSCOA
135

11
POR QUE
TRABALHAR?
145

12
EM DIREÇÃO A UMA
ESTÉTICA CRISTÃ
167

13
A LENDA DE
FAUSTO E A IDEIA
DE DIABO
189

14
UM VOTO DE
AGRADECIMENTO
A CIRO
211

15
A ESCRITA E
A LEITURA DA
ALEGORIA
223

16
PINTANDO
PROBLEMAS
257

1

O MAIOR DRAMA QUE JÁ ESTREOU

É O CREDO OFICIAL DA CRISTANDADE

Nos últimos tempos, o cristianismo institucional tem repercutido mal na mídia, como se diz. Ouvimos constantemente que as igrejas estão vazias porque os pregadores insistem demais em doutrinas — dogmas entediantes, como dizem por aí. A verdade é o exato oposto. O tédio vem da negligência do dogma. A fé cristã é o drama mais empolgante que já estimulou a imaginação humana — e o dogma é o drama.

O drama é resumido bem claramente nos credos da igreja e, se ainda o achamos entediante, é porque nunca lemos de verdade esses documentos incríveis ou os recitamos tantas vezes e de forma tão mecânica que perdemos a noção de seu significado. O enredo gira em torno de um único personagem, e cada ato busca responder a um único problema central, conforme a pergunta de Jesus: "Mas vós [...] quem dizeis que eu sou?" (Mateus 16:15, ARA). Antes de adotarmos soluções extraoficiais — até porque algumas de fato são extremamente entediantes — e antes de descartarmos Cristo por considerá-lo um mito, um idealista, um demagogo, um mentiroso ou um lunático, não fará mal descobrir o que os credos realmente dizem sobre ele. O que a igreja diz sobre Cristo?

A categórica e inegociável resposta da igreja é a seguinte: Jesus filho de José, o carpinteiro de Nazaré, foi de fato, no sentido mais literal das palavras, o Deus "por meio de quem foram feitas todas as coisas". Seu corpo e seu cérebro eram os mesmos de um homem comum; sua personalidade era a personalidade de Deus, à medida que essa personalidade pode ser manifesta na esfera humana. Ele não era uma espécie de demônio fingindo ser um humano; foi em todos os aspectos homem, vivo e autêntico. Não era simplesmente tão bom a ponto de ser "como Deus" — ele era Deus.

Pois bem, não se trata de um clichê piegas; nem mesmo chega a ser um clichê. O que significa, entre outras coisas, é o seguinte: qualquer que tenha sido o motivo para Deus escolher criar o homem do jeito que o conhecemos — limitado, em sofrimento e sujeito a angústias e à morte —, Deus teve a honestidade e a coragem de provar do próprio remédio. Qualquer que tenha sido a estratégia em jogo com sua criação, ele jogou pelas mesmas regras e não trapaceou. Não pode pedir nada a um homem que não tenha pedido antes a si próprio. Ele mesmo passou por toda a experiência humana, das irritações triviais da vida familiar aos piores horrores da dor e da humilhação — a derrota, o desespero e a morte —, passando pelos limites frustrantes do trabalho duro e pela falta de dinheiro. Quando se tornou homem, foi homem de verdade. Nasceu em pobreza e morreu em desgraça, e fez valer a pena.

É claro que o cristianismo não é a única religião que encontrou a melhor explicação da vida humana na ideia de um deus que encarna e sofre. O Osíris egípcio morreu e ressuscitou; Ésquilo, em *Eumênides*, reconciliou o homem com Deus por meio da teoria de um Zeus sofredor. Porém, na maior parte dessas teologias, supõe-se que seu deus sofreu e morreu em um período remoto e mítico da pré-história. A narrativa cristã, por sua vez, começa no relato de Mateus, com um lugar e uma data concretos: "Depois que Jesus nasceu em Belém da Judeia, nos dias do rei Herodes" (Mateus 2:1). Lucas, de forma ainda mais prática e prosaica, narra com base em uma referência a um dado orçamentário do governo. Segundo ele, Deus se tornou homem no ano em que César Augusto estava fazendo um censo para fins tributários. É como quando datamos um acontecimento dizendo que se passou no ano em que a Grã-Bretanha abandonou o padrão-ouro. Cerca de 33 anos depois (como lemos), Deus foi executado por ser um incômodo político, "sob Pôncio Pilatos" — muito à semelhança de quando dizemos: "Quando o sr. Joynson-Hicks era ministro do interior".[1] É tão definido e concreto quanto isso.

Talvez preferíssemos que essa história não fosse levada tão a sério: ela tem umas reviravoltas incômodas demais. Aqui temos um homem de caráter divino andando e conversando em nosso meio — e o que fizemos com ele? Bem, as pessoas comuns "o ouviram com alegria", mas as principais autoridades da igreja e do Estado pensaram que estava falando demais e trazendo à tona verdades nada agradáveis. Então subornamos um de seus amigos para entregá-lo sorrateiramente à polícia, depois o processamos sob a queixa meio vaga de causar problemas e por fim o açoitamos publicamente e o executamos em praça pública. E "Graças a Deus que nos livramos de um vagabundo"![2] Nada disso é da nossa responsabilidade, mesmo que ele tenha sido apenas (como muita gente pensou) um pregador louco e inofensivo. Porém, se a igreja está certa sobre ele, é ainda mais da nossa responsabilidade, pois o homem que matamos era o Deus todo-poderoso.

Esse é o esboço da narrativa oficial — a história da vez em que Deus foi surrado como vagabundo, quando se submeteu às condições estabelecidas por ele próprio e se tornou um homem como o homem que ele mesmo criara, e os homens por ele criados o destruíram e mataram. É esse o dogma que consideramos entediante — esse drama assustador de um Deus tanto vítima quanto herói.

Se isso é entediante, então o que, pelos céus, será digno de ser considerado empolgante? Para ser justa, as pessoas que mataram Jesus nunca o acusaram de ser tedioso; pelo contrário, ele era considerado tão dinâmico que era perigoso. Ficou a cargo das gerações seguintes abafar essa personalidade desconcertante e cercar esse homem de uma atmosfera de tédio. Conseguimos muito bem

---
[1] William Joynson-Hicks (1865-1932) foi ministro britânico do interior de 1924 a 1929, cerca de uma década antes de Dorothy Sayers escrever este ensaio. [N.T.]
[2] William Shakespeare, *Muito barulho por nada*, tradução de Beatriz Viégas-Faria, São Paulo: L&PM Pocket, 2002, ato III, cena III, adaptado.

aparar as pontas das garras do Leão de Judá, tornando-o "manso e humilde", e o recomendamos como um bichinho de estimação adequado para senhorinhas carolas e párocos sem vida. Para aqueles que o conheciam, entretanto, ele era tudo menos uma pessoa água com açúcar: opunham-se a ele como a um barril de pólvora prestes a explodir. É verdade que era terno com os desafortunados, paciente com os questionadores sinceros e humilde perante os céus, mas insultou clérigos de renome, chamando-os hipócritas. Referiu-se ao rei Herodes como "aquela raposa" (Lucas 13:32); participou de festas cercado de más companhias e foi considerado "comilão e beberrão, amigo de publicanos e pecadores" (Mateus 11:19); atacou comerciantes indignados e os arremessou junto com suas mercadorias para fora do templo; atropelou uma série de regras sacrossantas e milenares; curou enfermidades do jeito que podia; com uma tranquilidade impressionante quando se tratava dos porcos e das propriedades de outras pessoas, não demonstrou a deferência esperada para com a riqueza e as classes sociais; quando diante de armadilhas dialéticas, demonstrou um humor paradoxal que ofendeu os mais sérios e retorquiu com perguntas profundas e inapropriadas que não seriam respondidas por obviedades. O que é certo é que nunca foi um homem entediante durante sua vida, de modo que, se era Deus, tampouco há algo de entediante em Deus. No entanto, tinha "uma beleza diária que nos torna feios",[3] e a elite oficial considerou que seria melhor assegurar a ordem sem tê-lo no caminho. Então ela varreu Deus para debaixo do tapete em nome da paz e da tranquilidade.

"*E no terceiro dia ele ressuscitou.*" O que devemos fazer diante disso? Uma coisa é certa: se ele fosse Deus e mais nada, sua imortalidade nada significaria para nós; se fosse homem e mais nada, a morte dele não seria mais importante que a morte do leitor ou a minha. Porém, se realmente era tanto Deus quanto homem, então, quando o homem Jesus morreu, Deus morreu também e, quando

---

[3]William Shakespeare, *Otelo*, tradução de Beatriz Viégas-Faria, São Paulo: L&PM Pocket, 2013, ato V, cena I, adaptado.

o Deus Jesus ressuscitou dentre os mortos, o homem ressuscitou também, porque ambos eram uma só pessoa. A igreja não nos impõe determinada teoria sobre a exata composição do corpo ressurreto de Cristo. Deveria haver um corpo de certo tipo, já que o homem não pode perceber o Infinito sem ser no espaço e no tempo. Talvez fosse composto dos mesmos elementos do corpo que desapareceu de forma tão estranha do vigiado túmulo, mas não era aquele corpo velho, limitado e mortal, ainda que pudesse ser identificado com ele. De todo modo, os que viram o Cristo ressurreto convenceram-se de que a vida vale a pena ser vivida e a morte é uma banalidade, sendo essa uma atitude curiosamente diferente daquela do derrotista moderno, o qual está firmemente convencido de que a vida é um desastre e, em uma flagrante incongruência, de que a morte é uma catástrofe sem igual.

Ora, ninguém é obrigado a crer em uma única palavra dessa narrativa singular. Segundo a igreja, Deus nos criou perfeitamente livres para não crermos nele, se assim escolhermos. Se não crermos, então tanto ele quanto nós precisamos assumir as consequências em um mundo regido por causa e efeito. A igreja também diz que o homem de fato não creu e que Deus realmente assumiu as consequências. De todo modo, se dissermos que não vamos crer em algo, parece bem desejável que primeiro descubramos em que, exatamente, não cremos. Muito bem, então: "A verdadeira fé consiste em crermos que Jesus Cristo é Deus e homem, Deus perfeito e homem perfeito, com alma racional e carne humana. E, embora seja Deus e homem, contudo não são dois, mas um só Cristo".[4] Aí está a doutrina essencial, à qual se segue toda a elaborada estrutura da fé e da moral cristãs simplesmente por consequência lógica.

Pois bem, podemos dizer que essa doutrina é ou arrebatadora, ou devastadora; podemos considerá-la ou revelação, ou invenção; mas, se a considerarmos entediante, então as palavras perderam o

---

[4] Versão abreviada do Credo de Atanásio ou *Quicumque*.

sentido. Deus dar uma de tirano para cima do homem é uma narrativa trágica de opressão sem fim; o homem dar uma de tirano para cima de outro homem é o triste e comum relato da frivolidade humana; mas o homem dar uma de tirano para cima de Deus e acabar por vê-lo como alguém melhor do que ele próprio é um drama incrível, de fato. Qualquer jornalista que ouvisse isso pela primeira vez já faria disso notícia. E os primeiros ouvintes realmente fizeram disso notícia, e que boa notícia — ainda que provavelmente esqueçamos que a palavra *evangelho* não fora criada para significar algo sensacional.

Talvez o drama já tenha saído de cartaz, e Jesus esteja morto e sepultado, afinal. Talvez. É irônico e divertido considerar que pelo menos uma vez na história do mundo essas palavras puderam ser ditas sem nenhuma contestação — foi na véspera da ressurreição.

PERGUNTAS PARA DEBATE

1. Dorothy Sayers considera que "a igreja", em grande medida, passou para um estado de indiferença em relação à tradição cristã. Você considera a fé cristã (a) entediante ou estimulante? (b) simples ou complexa? (c) pertinente ou distante? Justifique sua resposta.

2. A divindade e a humanidade de Cristo foram intensamente debatidas desde o primeiro século. Com base em sua leitura da Escritura e em sua experiência de fé, como você se relaciona com Jesus Cristo?

3. Em grego, a palavra "evangelho" significa literalmente "boa notícia". O que Sayers chama "maior drama que já existiu" é uma boa notícia para você? Como você recebeu essa notícia em fases diferentes da vida?

2
EM QUE CREMOS?

Em dias normais, de forma geral, vivemos surpreendentemente bem, sem jamais descobrir o que nossa fé realmente é. Se, vez por outra, esse problema distante e especulativo comete a inconveniência de invadir nossa mente, temos muitas atividades à mão para expulsar esse intruso. Podemos sair de carro, encontrar os amigos, ir ao cinema, ler um conto policial, discutir política, escrever uma carta para o jornal sobre os hábitos do bem-te-vi ou o uso de metáforas náuticas em Shakespeare. Assim, construímos um mecanismo de defesa contra pararmos para refletir porque, sendo sincera, temos muito medo de nós mesmos.

"Quando um homem forte, bem armado, guarda sua casa, seus bens estão seguros. Mas quando alguém mais forte o ataca e o vence, tira-lhe a armadura em que confiava..." (Lucas 11:21,22). Assim também acontece conosco em tempos de guerra, isolados de distrações mentais por restrições e blecautes e tremendo em um porão com uma máscara de gás em mãos sob a ameaça de morte iminente, um medo mais forte vem sobre nós e se assenta ao nosso lado.

"O que você acha de tudo isso?", ele pergunta, de maneira um tanto mal-educada. Você valoriza algo mais do que a vida ou você somente sobrevive como pode? Em que você crê? Sua fé pode confortá-lo nessas circunstâncias?

Nessa altura, antes de lhe dar tempo para nos distrairmos do argumento e nos enredarmos em irrelevâncias, seria aconselhável que respondêssemos com ousadia que a fé não é primordialmente um conforto, mas uma verdade a nosso respeito. Aquilo em que cremos não é necessariamente a teoria que mais admiramos ou desejamos. É aquilo que, conscientemente ou não, presumimos ser verdade e que serve de base para nosso modo de agir. Assim, é inútil dizer que cremos em tratar bem as minorias se, na prática, temos o hábito de maltratar a secretária do escritório. Somente quando sabemos no que verdadeiramente cremos, podemos decidir se isso nos conforta ou não. Se somos confortados por algo em que não cremos de verdade, então é melhor repensarmos nossas crenças.

Bem, realmente existe uma formulação oficial da crença cristã e, se a analisarmos com a genuína intenção de descobrir o que as palavras significam, encontraremos certa esquisitice nela. Não importa se, como os cristãos afirmam, o homem foi feito à imagem de Deus ou se, como o cético retruca, o homem fez Deus à imagem do homem, a conclusão é a mesma: esse estranho credo se propõe contar-nos os fatos essenciais não somente sobre Deus, mas também sobre a verdadeira natureza humana. E o mais importante que ele proclama sobre essa natureza é algo que nem sempre admitiríamos verbalmente, embora ajamos com base nisso com mais frequência do que supomos.

Creio em Deus Pai todo-poderoso, criador de todas as coisas.[1] Essa é a afirmação trovejante com que começamos; essa é a grandiosa qualidade fundamental que torna Deus, e nós com ele, o que somos: a atividade criadora. Depois disso, dificilmente podemos alegar que haja algo de negativo, estático ou alienante na religião cristã. "No princípio Deus criou..." (Gênesis 1:1), de eternidade a eternidade. Ele é Deus Pai Criador. Por consequência, o homem é mais divino e mais de si mesmo quando se propõe a criar. Por essa afirmação, asseveramos ainda que a vontade e o poder de criar têm valor absoluto, são o bem intrínseco supremo, que se autojustifica e se autoexplica.

---

[1] Em todo este capítulo, nos trechos italicizados, a autora adapta, abrevia e mistura intencionalmente versões dos credos Niceno-Constantinopolitano, Apostólico e Atanasiano. [N. T.]

Como podemos avaliar essa afirmação em relação a nós? A meu ver, os homens que criam com a mente e os que criam (e não simplesmente trabalham) com as mãos concordariam que seus períodos de maior atividade criativa são aqueles em que mais se sentem em harmonia consigo e com o mundo. E os que trazem vida ao mundo lhe dirão o mesmo. Certa teoria psicológica postula que a criação artística é simplesmente uma compensação pela frustração da criatividade sexual, porém é mais provável que a criação de vida seja apenas mais uma manifestação do impulso criativo do universo. Nosso maior problema hoje é nosso frágil contato com a criação. Quando somos mimados com produtos de consumo de massa, perdemos o contato com a única vida verdadeira e com quem realmente somos.

E no unigênito Filho de Deus, por quem todas as coisas foram criadas. Ele se encarnou, foi crucificado, morto e sepultado, e ressuscitou. A segunda afirmação nos alerta sobre o que esperar quando a energia criativa se manifesta em um mundo sujeito às forças da destruição. Ela faz coisas e se manifesta no tempo e na matéria, e isso é inevitável porque ela foi gerada da vontade criativa. Ao fazê-lo, sofre oposição de outras vontades, bem como a resistência morta da inércia — não há espaço aqui para versar sobre a vontade ser de fato livre ou não. Se realmente não acreditássemos que é livre, não poderíamos agir nem viver.

A vontade criativa avança firmemente para sua finalidade, a despeito do que sofra pelo caminho. Ela não escolheu o sofrimento, mas não o evita e precisa saber que ele chegará. É o que denominamos amor, e ela se sacrifica pelo que ama, o que é verdade, desde que entendamos o que queremos dizer com sacrifício. Aos olhos dos outros, sacrifício é o que parece ser, mas, para aquele que ama, não penso que seja tanto assim. Quando alguém realmente se importa, esquece o eu, e o sacrifício se torna simplesmente parte de sua atividade. Pare para pensar: se há algo que você quer fazer mais do que tudo, você considera que se sacrifica quando encontra dificuldades ou abandona outras atividades? Não considera. Quando você deliberadamente diz "Preciso sacrificar isso ou aquilo", é quando não deseja acima de tudo o fim em vista. Em tais momentos, você está cumprindo seu dever, o que é admirável, mas não é amor. Contudo, assim que seu dever se torna seu amor, o autossacrifício nem é mais levado em conta e, não importa como o mundo o chame, você não o chamará mais sacrifício.

Além disso, a derrota não pode segurar a vontade criativa, pois ela passa pela sepultura e ressuscita. Se ela não pode passar pelo caminho da cooperação, ela tomará o caminho da morte e da vitória. Contudo, não é mérito nosso se a forçarmos a tomar esse caminho. Nossa parte consiste em reconhecê-la e abrir a cidade para ela com hosanas. Se a trairmos ou nada fizermos para ajudá-la, podemos ganhar aquele título nada invejável de fazermos o papel de Judas e Pôncio Pilatos.

Creio no Espírito Santo, Senhor e vivificador. Nessa frase peculiar e difícil, o cristão afirma que a vida que há nele procede da criatividade eterna; portanto, se, e somente se, ele é movido por essa criatividade, está verdadeiramente vivo. A palavra *ghost* é difícil para nós;[2] a alternativa de traduzir por *espírito* em certos aspectos pode ser ainda mais difícil, pois carrega associações mentais ainda mais complicadas. A palavra grega é *pneuma*, fôlego: "Creio no fôlego da vida". Aliás, quando ouvimos a pergunta "O que você valoriza mais do que a vida?", a resposta pode ser apenas: "A vida — o tipo certo de vida, a vida criativa e divina". Só podemos ter qualquer tipo de vida se estivermos dispostos a perder toda a vida — uma observação factual clara reconhecida sempre que nasce uma criança ou até mesmo quando nos jogamos em um trânsito congestionado na esperança de encontrar uma vida melhor em nosso destino.

Creio em uma só igreja e no batismo, na ressurreição do corpo e na vida eterna. As últimas partes do credo definem o que os cristãos creem sobre o homem e sobre a matéria. Primeiro, todos os que

---

[2] Em inglês, Espírito Santo é chamado tanto *Holy Spirit* quanto *Holy Ghost*. *Ghost* antigamente se referia a qualquer ser espiritual, mas veio depois a se associar especialmente a fantasmas; daí certa estranheza observada pela autora na frase tradicional do credo que, em inglês, emprega o termo *Ghost* para o Espírito. [N. T.]

creem na vida criativa são membros uns dos outros e compõem o corpo atual em que essa vida se manifesta. Eles aceitam para si tudo o que foi afirmado sobre a vida encarnada, incluindo-se o amor e, se necessário, a crucificação, a morte e a vitória. Vendo o que aconteceu a essa vida, esperam ser salvos, não do perigo e do sofrimento, mas em meio ao perigo e ao sofrimento. Em minha opinião, a ressurreição do corpo significa mais do que costumamos pensar. Significa que, não importa o que aconteça, não haverá fim para a manifestação da vida criativa. Quer a vida se recomponha em seu velho corpo, quer gere um corpo melhorado ou até totalmente novo, ela vai necessariamente criar, sendo essa sua verdadeira natureza.

"Essa é a fé cristã, e quem não a professar fielmente não será salvo." Tal trecho, tão duro e controverso, começa a parecer uma sólida afirmação factual, pois como é possível fazer algo da vida sem crer na vida? Se verdadeiramente desejamos uma vida criativa para nós e para outras pessoas, é nossa tarefa reconstruir o mundo de forma criativa, desde que realmente desejemos isso.

PERGUNTAS PARA DEBATE

1. Sayers observa: "Aquilo em que cremos não é necessariamente a teoria que mais admiramos ou desejamos. É aquilo que, conscientemente ou não, presumimos ser verdade e que serve de base para nosso modo de agir". Reflita sobre suas últimas ações. Como seu comportamento revela suas crenças?

2. Se somos mais parecidos com Deus quando estamos no ato de criar, seja com a mente, seja com as mãos, no trabalho ou na arte, como você participa no "criar" ou na "vontade criativa"?

3. A "vontade criativa" abraça o sacrifício não como esforço relutante, mas como dever alegre no caminho para o fim desejado (p. 23, 24). Cremos que a fé cristã exige sacrifício, uma obediência obrigatória em nossos pensamentos e comportamento?

Ou ela trata mais de desejo, prazer e alegria? Como você entende a caminhada da fé?

4. O que significa a "vida eterna"? Sayers parece entendê-la como estado contínuo da vontade criativa, nesta vida e na próxima. O que "viver de verdade" significa para você aqui e agora, e no além?

3
O DOGMA É O DRAMA

"**Q**ualquer preconceito", observou uma língua jocosa, "serve para vencer um dogma"; e ultimamente as pás da ridicularização agiram tão energicamente na eira da controvérsia, que a verdadeira semente da Palavra quase se perdeu no mover das palhas. Cristo, em sua divina inocência, disse à mulher samaritana: "Vocês [...] adoram o que não conhecem" (João 4:22) — aparentemente partindo do pressuposto de que seria desejável, em geral, saber o que se adora. Assim, infelizmente, ele se mostrou ultrapassado aos olhos do século 20, pois o que se diz hoje é: "Longe de nós prender-nos às complexidades entediantes do dogma — vamos ter um espírito simples na nossa adoração; basta adorar, não importa o quê!". O único problema nessa demanda de uma adoração genérica e sem direção é a dificuldade prática de suscitar qualquer tipo de entusiasmo para a adoração de nada em particular.

Não seria muito surpreendente se, neste país nominalmente cristão, em que os credos são recitados todos os dias, houvesse certas pessoas que conhecessem tudo sobre a doutrina cristã e não gostassem dela. É ainda mais impressionante descobrir quantas pessoas odeiam e desprezam o cristianismo de coração sem sequer ter a mínima noção do que ele é. Se você lhes disser, elas não vão acreditar. Não quero dizer que elas não creem na doutrina — isso seria compreensível, já que seria preciso fé para crer. Quero dizer que elas simplesmente não conseguem crer em algo tão interessante, tão empolgante, tão dramático quanto o credo ortodoxo da igreja.

Deparei com essa verdade quando recebi algumas perguntas, majoritariamente de alguns rapazes, sobre a minha peça teatral na Cantuária chamada *The Zeal of Thy House* [O zelo de tua casa]. O enredo da peça gira em torno de uma apresentação dramática de certos dogmas cristãos fundamentais, particularmente a aplicação da doutrina da encarnação às questões humanas. A crença da igreja em Cristo como Deus em sentido real, ou certa associação da palavra eterna com a palavra da criação; ao mesmo tempo, Cristo ser considerado homem, em certo sentido real da palavra; a doutrina da Trindade vista como tendo certa relação com os fatos ou certo impacto em verdades psicológicas; a igreja considerar o orgulho pecaminoso, ou, na verdade, o fato de ela dar atenção a outros pecados além dos mais notórios pecados da carne — tudo isso foi recebido como se fossem inovações inesperadas e revolucionárias, importadas à fé pela imaginação inquieta de uma dramaturga. Protestei em vão contra essa bajulação injusta de minhas capacidades criativas, indicando a meus questionadores os credos, os evangelhos e os ofícios da igreja. Insisti que, se minha peça foi dramática, não foi para ser contra os dogmas, mas por causa deles — em resumo, afirmei que o dogma era o drama. Contudo, tal explicação não foi bem recebida, pois parecia que, se havia algo de atrativo na filosofia cristã, havia sido eu que o inventara.

Julgando pelo que os meus jovens amigos me disseram, além do que é dito sobre tal assunto na literatura anticristã escrita por pessoas que deveriam ter passado um pouco mais de tempo descobrindo o que estavam atacando antes de fazê-lo, cheguei à conclusão de que um pequeno questionário sobre a religião cristã deveria ser respondido, em geral, da seguinte forma:

P: O QUE A IGREJA PENSA SOBRE DEUS PAI?

R: Ele é onipotente e santo. Ele criou o mundo e impôs ao homem regras impossíveis de cumprir; ele fica muito bravo se elas são desrespeitadas. Às vezes, ele intervém por meio de juízos arbitrários e milagres, distribuídos com boa dose de favoritismo. Ele gosta de ser bajulado e sempre está disposto a mexer com quem tropeça em alguma dificuldade na lei ou está se divertindo. Na verdade, ele parece um ditador, no entanto maior e mais arbitrário.

P: O QUE A IGREJA PENSA SOBRE DEUS FILHO?

R: De certo modo, ele deve ser identificado com Jesus de Nazaré. Não é culpa dele o mundo ser do jeito que é e, diferentemente de Deus Pai, ele é amigável conosco e fez o melhor para reconciliar o homem com Deus (veja *expiação*). Ele tem bastante influência com Deus e, se você quer algum favor, é melhor tentar com ele.

P: O QUE A IGREJA PENSA SOBRE DEUS ESPÍRITO SANTO?

R: Olha, não sei muito bem. Ninguém tinha ouvido falar sobre ele até o Pentecostes. Tem um pecado contra ele que faz você ir direto para o inferno, mas ninguém sabe qual é.

P: O QUE É A DOUTRINA DA TRINDADE?

R: "O Pai incompreensível, o Filho incompreensível e tudo incompreensível." Algo que os teólogos inventaram para deixar tudo mais difícil — e sem nenhuma relação com a ética ou com nosso dia a dia.

P: COMO JESUS CRISTO ERA DE VERDADE?

R: Ele foi um homem bom — tão bom que foi chamado de Filho de Deus. Ele deve ser identificado com Deus de alguma forma (veja acima). Ele era calmo, sereno e tranquilo e pregou uma religião simples de amor e pacifismo. Ele não tinha senso de humor. Qualquer coisa na Bíblia que sugira outra faceta de sua personalidade deve ser uma interpolação ou um paradoxo inventado por G. K. Chesterton. Se tentarmos viver como ele,

Deus Pai vai limpar a nossa ficha, não vamos para o inferno e apenas seremos torturados em nossa vida terrena.

P: O QUE A EXPIAÇÃO SIGNIFICA?

R: Deus queria mandar todo mundo para o inferno, mas seu sadismo vingativo foi saciado pela crucificação do próprio Filho, que era bastante inocente e, desse modo, uma vítima particularmente atraente. Agora ele somente manda para o inferno quem não segue a Cristo ou nunca ouviu falar dele.

P: O QUE A IGREJA PENSA SOBRE O SEXO?

R: Deus o embutiu no maquinário do mundo e o tolera, desde que as partes envolvidas (a) sejam casadas e (b) não sintam nenhum prazer com ele.

P: O QUE A IGREJA CHAMA DE PECADO?

R: Sexo (em qualquer hipótese diferente do que foi formulado na questão anterior); embriaguez; maledicência; matar; crueldade com animais indefesos; não ir para a igreja; a maioria das diversões. "Pecado original" significa que tudo o que gostamos de fazer é errado.

P: O QUE É A FÉ?

R: Fechar seus olhos insistentemente a fatos científicos.

P: O QUE É A RAZÃO HUMANA?

R: Um obstáculo à fé.

P: QUAIS SÃO AS SETE VIRTUDES CRISTÃS?

R: Respeitabilidade, infantilidade, timidez intelectual, tédio, sentimentalismo, julgar as pessoas e um temperamento deprimido.

P: VOCÊ SERÁ BATIZADO NESSA FÉ?

R: De forma alguma!

Não posso deixar de pensar que, como formulação da ortodoxia cristã, essas respostas são inadequadas, se não distorcidas. Todavia, também não posso deixar de observar que elas representam de forma bem exata como certas pessoas entendem a ortodoxia cristã. Sempre que o cristão comum é representado em um romance ou em uma peça, pode ter a certeza de que aparecerá praticando uma ou mais das sete virtudes capitais enumeradas anteriormente. Temo que seja essa a impressão que a maior parte do mundo tem sobre o cristão comum.

Talvez não estejamos seguindo a Cristo tão bem ou com as motivações corretas. Provavelmente estamos um pouco econômicos com as folhas de palmeira e os hosanas, por exemplo. Talvez estejamos receosos de usar o chicote de cordas para que não ofendamos alguém nem interrompamos o comércio. Não preparamos nossa inteligência para resolver questões complexas sobre observar o domingo e os impostos, nem nos apressamos para nos sentar aos pés de doutores, tanto para ouvi-los quanto para questioná-los. Corremos de gracejos provocadores sobre o mamom da injustiça e de observações alarmantes sobre não trazer paz, mas, sim, espada; nem nos distinguimos pela graciosidade de participarmos de refeições com publicanos e pecadores. De uma forma ou de outra, e sempre com as melhores intenções, mostramos ao mundo que o cristão típico se assemelha a um chato de galochas nos seus dias mais mal-humorados — e tudo em nome daquele que nunca entediou ninguém em seus 33 anos, durante os quais acendeu este mundo com sua chama.

Pelos céus, vamos resgatar o drama do divino soterrado sob essa terrível acumulação de raciocínios desleixados e sentimentos inúteis e colocá-lo no palco para chocar o mundo com algum tipo de reação vigorosa. Se os religiosos serão os primeiros a se chocar, problema deles — outros lhes precederão no reino dos céus. Se todos se ofenderem por causa de Cristo, que se ofendam, mas qual o sentido de se ofender com algo que não é Cristo, tampouco se parece com ele? É uma honraria singularmente desprezível a que prestamos ao diluir sua personalidade até que não ofenda nem uma mosca. Certamente, não faz parte da missão da igreja adaptar Cristo aos homens, mas os homens a Cristo.

É o dogma que é o drama. Não são frases elegantes, nem sentimentalismos reconfortantes, nem aspirações vagas de empatia e enlevo, nem promessas de um lugar bom após a morte, mas a terrível afirmação de que o mesmo Deus que fez o mundo viveu no mundo e passou pela sepultura e pelas portas da morte. Mostre isso aos pagãos e eles podem não crer, mas pelo menos perceberão que se trata de algo em que um homem gostaria de crer.

PERGUNTAS PARA DEBATE

1. Sayers reclama do que a mentalidade do século 20 (e do 21!) reivindica: "Longe de nós prender-nos às complexidades entediantes do dogma — vamos ter um espírito simples em nossa adoração; basta adorar, não importa o quê!". Ela está certa? Sua igreja valoriza uma adoração sentimental mais que uma adoração racional? E você?

2. Ao apresentar a imagem de um Deus julgador, raivoso e punitivo (p. 32, 33), Sayers imagina que a igreja pressupõe essa forma de apresentação e esse entendimento de Deus. E você? Qual é a sua imagem de Deus? Há alternativas? Se há, quais são?

3. Novamente, dando voz à igreja, Sayers sugere que a percepção dela do que seja o sexo aos olhos de Deus está parcialmente errada ao dizer que basta ser casado e *não* sentir prazer. É assim que você entende o sexo? E a sua igreja? Se não, como você descreveria o sexo no contexto da fé? Por quê? Como o sexo se relaciona com a noção de Sayers sobre a "vontade criativa"?

4. A sua fé significa "fechar seus olhos insistentemente a fatos científicos"? Como fé e fatos podem conviver pacificamente? Como você pode conciliar religião e ciência para o aperfeiçoamento de sua fé? Reflita sobre a questão de mitos, rituais, crenças e símbolos *tanto* na religião *quanto* na ciência.

A IMAGEM
DE DEUS

4

No princípio Deus criou. Ele fez isso e aquilo, e viu que era bom. E ele criou o homem à sua imagem; à imagem de Deus o criou; homem e mulher os criou.

Assim diz o autor de Gênesis. A expressão "à sua imagem" ocasionou uma controvérsia e tanto. Somente as pessoas mais simplórias de qualquer era ou nação supuseram que a imagem trataria de algo físico. As inúmeras figuras que retratam o Criador como um velho senhor barbudo em vestes esvoaçantes sentado em um trono de nuvens são reconhecidas como puramente simbólicas. A imagem, independente do que o autor queira dizer com ela, é compartilhada tanto pelo homem quanto pela mulher; a masculinidade agressiva do Jeová pictórico transmite poder, racionalidade, ou seja lá o que for, mas não tem relação com o texto citado. De fato, a doutrina e a tradição cristãs, em suas palavras e em suas figuras, se opõem a todo simbolismo sexual para a fertilidade divina. A sua Trindade é completamente masculina, assim como toda linguagem relacionada ao homem enquanto espécie é masculina.

Os judeus, especialmente cientes dos perigos de metáforas pictóricas, proibiram a representação da pessoa de Deus em imagens de escultura. De qualquer forma, a natureza humana e a natureza da linguagem humana os derrotaram. Nenhuma legislação pode impedir a criação de figuras verbais: Deus caminha no jardim, estende a sua mão e a sua voz quebra os cedros. Os seus olhos provam os filhos dos homens. Proibir fazer imagens de Deus seria proibir até mesmo pensar sobre Deus, pois o homem foi feito de tal forma que não há como pensar, exceto por figuras. Porém, continuamente, durante toda a história da igreja judaico-cristã, a voz de alerta soou contra o poder dos fazedores de imagem: "Deus é espírito" (João 4:24), "sem corpo, partes ou paixões";[1] ele é puro ser. "Eu Sou o que Sou" (Êxodo 3:14).

Obviamente, o homem não é um ser assim: corpo, partes e paixões estão conspicuamente presentes em sua composição. Como então ele se assemelha a Deus? Em sua alma imortal, sua racionalidade, sua autoconsciência, seu livre-arbítrio ou o que mais lhe daria direito a um título tão surpreendente? É possível argumentar que seja cada um desses elementos, presentes na complexa natureza humana. Porém, teria o autor de Gênesis algo mais específico em mente? Vale a pena observar que, na passagem anterior a tal afirmação sobre o homem, não se dá uma informação detalhada sobre Deus. Olhando para o homem, vê-se algo essencialmente divino nele, mas, quando voltamos para ver o que se diz sobre o original segundo o qual Deus modelou a sua "imagem", encontramos apenas uma simples afirmação: "Deus criou". A característica comum a Deus e ao homem aparentemente seria isto: o desejo e a capacidade de criar.

Podemos dizer que isso seria uma metáfora, assim como outras afirmações sobre Deus. Que assim seja, mas não há problema. Toda linguagem sobre Deus precisa ser, como Tomás de Aquino observou, necessariamente analógica. Não deve haver surpresa sobre tal fato, nem se supor que o fato de ser analógica a torna consequentemente sem valor ou sem nenhuma relação com a verdade. O fato é que toda linguagem sobre qualquer coisa é analógica — pensamos por meio de uma série de metáforas. Nada podemos explicar apenas por si mesmo, mas somente em relação a outras coisas. Até os matemáticos se expressam apenas por meio de um sistema ideal de puros números. Assim que precisam lidar com numerar as coisas, é preciso retornar à linguagem analógica. Particularmente, quando

---

[1] Provavelmente a citação vem do artigo primeiro dos 39 Artigos, o símbolo de fé adotado pela Igreja Anglicana, mas repetido em outros padrões de fé, como a Confissão de Fé de Westminster. [N. T.]

falamos sobre algo que não experimentamos diretamente, precisamos pensar por analogias ou deixar de pensar. Pode ser arriscado, e certamente inadequado, interpretar Deus por analogia a nós mesmos, mas somos constrangidos a tal — não temos outra forma de interpretar qualquer outra coisa. Os céticos frequentemente reclamam que o homem fez Deus à sua imagem, mas eles deveriam deixar a razão ir mais longe (como muitos deixam) e admitir que o homem fez tudo o que existe à sua imagem. Se a tendência ao antropomorfismo é uma boa razão para se recusar a pensar sobre Deus, igualmente é uma boa razão para se recusar a pensar sobre luz, ostras ou navios de guerra. É bem possível ser perigoso, e certamente inadequado, interpretar a mente de nosso cachorro por analogia a nós mesmos — não temos outra forma de entrar diretamente na natureza do cachorro; para além dos olhos cintilantes e do rabo oscilante está um mistério tão inescrutável quanto o mistério da Trindade. No entanto, isso não nos impede de atribuir ao cão sentimentos e ideias com base na analogia com nossa própria experiência; e tal comportamento com o cachorro, controlado por conjecturas tão experimentais, produz resultados práticos razoavelmente satisfatórios. De semelhante modo, o físico, lutando para interpretar a misteriosa estrutura do átomo, vê-se obrigado a considerá-lo às vezes uma "onda", às vezes uma partícula. Ele com certeza sabe que esses termos são analógicos — são metáforas, "imagens-modelo" e, como imagens, são incompatíveis e mutuamente contraditórias. Contudo, ele não precisa parar de usá-las por causa disso, como se fossem inúteis. Se fosse para ele esperar até obter uma experiência imediata do átomo, teria de esperar até que se visse livre da estrutura do universo.[2] Enquanto isso, desde que lembre que linguagem e observação são funções humanas, par-

---

[2] "A pesquisa nos força a pensar para além dos limites da imaginação. As fórmulas oferecem um meio de expressar novas descobertas, mas a imaginação é incapaz de transmitir essa realidade específica à mente. O confiante 'é' se reduz ao hesitante 'parece ser'. Um processo parece ser a ação de ondas ou partículas a depender do ângulo em que é visto. Descarte as fórmulas utilizadas para expressar uma generalização científica e somente a analogia permanece" (Huizinga, *In the shadow of tomorrow*).

ticipando em cada ponto das limitações da humanidade, ele pode conviver satisfatoriamente com elas e realizar pesquisas profícuas. Reclamar que o homem mede Deus pela própria experiência é perda de tempo, pois o homem mede tudo pela experiência. Ele não tem outro critério.

Temos, então, diversas analogias pelas quais buscamos interpretar para nós mesmos a natureza de Deus, conforme conhecida pela experiência. Às vezes falamos dele como rei e usamos metáforas relacionadas a essa analogia. Falamos, por exemplo, de seu reino, leis, domínio, serviço e soldados. Ainda mais frequentemente, falamos dele como pai e pensamos ser legítimo argumentar a partir da paternidade humana sobre a paternidade de Deus. Essa imagem mental específica era muito querida por Cristo, o que deixou uma marca indelével na linguagem da liturgia e doutrina cristãs: "Deus Pai Todo-Poderoso"; "como um pai tem compaixão de seus filhos" (Salmos 103:13); "vosso Pai celestial cuida de vós" (cf. Mateus 6:26); "filhos de Deus"; "o Filho de Deus"; "todos os que são guiados pelo Espírito de Deus são filhos de Deus" (Romanos 8:14); "eu me porei a caminho e voltarei para meu pai" (Lucas 15:18); "Pai nosso, que estás nos céus!" (Mateus 6:9). Em livros e sermões, expressamos a relação entre Deus e a humanidade da perspectiva da paternidade humana. Dizemos que, assim como um pai é gentil, cuidadoso, generoso e perdoador ao lidar com seus filhos, Deus nos trata de igual modo, pois há uma verdadeira semelhança de natureza entre Deus e o homem como entre um pai e seus filhos e, porque somos filhos de um só Pai, devemos considerar todos os homens nossos irmãos.

Quando usamos essas expressões, sabemos perfeitamente bem que são metáforas e analogias, ou melhor, sabemos perfeitamente bem onde a metáfora começa e onde termina. Não supomos sequer por um momento que Deus gera filhos como um pai humano faz e sabemos muito bem que os pregadores que utilizam a metáfora de "pai" não pretendem nem esperam qualquer interpretação distorcida de seu termo. Tampouco deduzimos dessa analogia — a não ser que sejamos bastante estúpidos — que devemos imaginar

Deus como um pai cruel, descuidado ou imprudente, do modo que conhecemos alguns na vida cotidiana, menos ainda que todas as atividades de um pai humano possam ser atribuídas a Deus, como ganhar dinheiro para a família ou exigir ser o primeiro a usar o banheiro de manhã. O nosso senso comum garante que a metáfora pretende partir do melhor tipo de pai a agir dentro de uma esfera limitada de comportamento, para ser aplicada apenas a um número bem estrito de atributos divinos.

Tracei essas observações bastante rudimentares sobre as limitações da metáfora porque é bom lembrá-las antes de começarmos a refletir sobre como a linguagem metafórica — ou seja, qualquer linguagem — deve ser empregada. Ela é uma expressão da experiência e da relação de uma experiência com outra. Além disso, o seu significado se realiza apenas na experiência. Frequentemente dizemos: "Até passar por tal experiência, nunca conheci o que a palavra *medo* (ou amor, raiva, ou seja o que for) significa". A linguagem, que até aquele ponto fora meramente pictórica, se transmutou em experiência, e então temos um conhecimento imediato da realidade por trás da figura.

As palavras dos credos passam diante de nossos olhos e ouvidos como figuras. Não as apreendemos como afirmações vindas da experiência, mas é somente quando a nossa experiência se relaciona com a experiência dos homens que formularam os credos que podemos dizer: "Reconheço que isso é uma afirmação vinda da experiência; agora sei o que tais palavras significam". As afirmações analógicas vindas da experiência que quero examinar são aquelas utilizadas pelos credos cristãos sobre o Deus criador.

Antes de tudo, a expressão "Deus Criador" é metafórica no mesmo sentido em que a expressão "Deus Pai" é claramente metafórica? À primeira vista, não parece ser. Sabemos o que é um pai humano, mas o que seria um criador humano? Estamos bem cientes de que um homem não pode criar em sentido absoluto, da forma que entendemos a palavra quando a aplicamos a Deus. Dizemos que "ele criou o mundo do nada", mas não podemos criar do nada. Apenas podemos reorganizar as unidades inalteráveis e indestrutíveis de matéria no universo e construí-las com novas formas. É razoável dizermos que, na metáfora de "pai", argumentamos do conhecido para o desconhecido, enquanto, na de "criador", argumentamos do desconhecido para o impossível de conhecer.

Porém, dizer isso seria ignorar a natureza metafórica de toda linguagem. Usamos a palavra *criar* para transmitir a extensão e a amplificação de algo que conhecemos, e limitamos a aplicação da metáfora da paternidade. Conhecemos o que é um pai e imaginamos um Pai ideal; semelhantemente, conhecemos um criador humano e imaginamos um Criador ideal. Se a palavra *Criador* não significa algo relacionado à nossa experiência humana de criar, então ela não tem qualquer significado. Nós a estendemos ao conceito de um Criador que pode criar algo do nada; nós a limitamos para excluir o conceito de emprego de ferramentas materiais. É uma linguagem analógica simplesmente porque se trata de linguagem humana e se relaciona à experiência humana pela mesma razão.

Essa metáfora particular foi muito menos estudada que a metáfora de "Pai". Em parte porque a imagem de paternidade divina foi consagrada especialmente pelo uso de Cristo; em parte porque a maioria de nós tem uma experiência muito limitada do ato de criar. É verdade que todos são criadores no sentido mais simples da palavra. Passamos a nossa vida ajuntando matéria em novos padrões e criando formas que não estavam lá anteriormente. Essa função natural é tão íntima e universal que dificilmente paramos para pensar sobre ela. Em certo sentido, mesmo esse tipo de criação é criação a partir do nada. Embora não possamos criar matéria, nós continuamente, ao reorganizá-la, criamos entidades novas e singulares. Um milhão de botões, costurados por uma máquina, embora sejam bem parecidos, não são o *mesmo* botão. A cada ato distinto de criar, uma entidade aparece no mundo que não estava antes. Ainda assim, percebemos que esse tipo de criação é muito pobre e limitado. Reconhecemos uma experiência mais enriquecedora ao fazer uma obra individual e original. Por uma metáfora vulgar, mas que corresponde a uma experiência genuína, falamos que um chapéu ou um vestido são uma criação — singular não meramente por sua existência, mas por sua individualidade. Novamente, em outra metáfora comum, podemos chamar uma torta de carne perfeitamente preparada de uma obra de arte e, nessas palavras, reconhecemos uma analogia com o que sentimos instintivamente ser uma espécie mais satisfatória de criação.

Mais do que outros homens, o artista é capaz de criar algo a partir do nada. O todo de uma obra de arte é imensuravelmente mais que a soma de suas partes.

> Mas eis o dedo de Deus, vislumbre da vontade onipotente,
> > Existente por trás de todas as leis, que as fez, e assim existem: ei-las!
>
> E não sei se, a não ser nisso, tal dom é concedido ao ser vivente,
> > Pra que, de três sons compostos, ele tire não um quarto, mas uma estrela.
>
> Considerai bem: cada tom de nossa escala nada é de sua própria inerência;
> > Está em todo lugar do mundo — alto, suave e sempre decreta:
>
> Dá-me para que o utilize! Misturo uma e outra na consciência
> > E aí está! Vistes e ouvistes: considerai e curvai a testa!
>
> Robert Browning, *Abt Vogler*

"Misturo uma e outra na consciência": essa é a afirmação do fato da experiência universal de que a obra de arte tem uma existência real independentemente de sua tradução para a forma material. Sem o pensamento, ainda que as partes materiais já existam, a forma não existe, nem pode existir. A criação não é produto da matéria, nem simplesmente reorganização da matéria. A quantidade de matéria no universo é limitada, e as reorganizações possíveis, ainda que a soma delas chegasse a figuras astronômicas, também são limitadas. Mas tal limitação numérica não se aplica à criação de obras de arte. O poeta não é obrigado a destruir, por assim dizer, o material de um Hamlet a fim de criar um Falstaff, diferentemente do carpinteiro que precisa destruir uma árvore a fim de criar a forma de uma mesa. Os componentes do mundo material são fixos; os do mundo da imaginação aumentam por um processo contínuo e irreversível, sem nenhuma destruição ou reorganização do que veio antes. Isso representa o mais próximo que podemos chegar da experiência de criar do nada, e concebemos um ato de criação absoluta como sendo um ato análogo à criação artística. Assim, Berdyaev pode dizer: "Deus criou o mundo pela imaginação".

Essa experiência da imaginação criativa no homem ou mulher comuns e no artista basta para entreter e formular o conceito de criação. Fora de nossa experiência de procriação e criação, não podemos formar noção alguma de como algo vem a existir. Assim, as expressões "Deus Pai" e "Deus Criador" acabam por pertencer à mesma categoria: a de analogias baseadas na experiência humana e limitadas ou expandidas por um processo mental semelhante em ambas.

Se tudo isso é verdade, então naturalmente precisamos perguntar aos artistas sua opinião sobre o que as fórmulas dos credos querem dizer ao lidar com a natureza da mente criativa. Na verdade, dificilmente será preciso consultá-los quanto a isso. Os poetas de fato frequentemente comunicam a seu modo verdades idênticas àquelas do teólogo; mas, simplesmente por causa da diferença do modo de expressão, muitas vezes deixamos de ver a identidade das afirmações. O artista não reconhece que as frases dos credos propõem observações factuais sobre a mente criativa enquanto tal, incluindo a do próprio artista, enquanto o teólogo, limitando a aplicação das frases ao divino Criador, negligencia perguntar aos artistas que esclarecimento podem dar por causa de sua apreensão imediata da verdade. A confusão é como se dois homens fossem discutir avidamente, um defendendo que há um rio em certo distrito, e outro, em contrapartida, que há um volume mensurável de H_2O movendo-se em certa direção a uma velocidade discernível, sem nenhum dos dois suspeitar que estão se referindo ao mesmo fenômeno.

A nossa mente não é infinita e, à medida que o escopo do conhecimento humano aumenta, tendemos mais e mais a nos confinar em nossa esfera específica de interesse e na metáfora que a acompanha. O viés analítico dos últimos três séculos encorajou imensamente essa tendência, e é muito difícil para o artista falar a linguagem do teólogo e, para o cientista, falar a dos dois. No entanto, é preciso tentar, e há indícios por toda parte de que a mente humana mais uma vez está começando a se mover em direção a uma síntese da experiência.

PERGUNTAS PARA DEBATE

1. Dorothy Sayers introduz "a imagem de Deus" por analogia ou metáfora, explicando que seres humanos entendem todas as coisas: cachorros, átomos, ostras etc. por meio de metáforas linguísticas. Como é a "imagem" que o autor de Gênesis 1 pinta de Deus? E em Gênesis 2? Como você experimenta Deus por meio da metáfora (por exemplo, nos hinos durante o culto, na Escritura, na sua tradição de fé)?

2. Frequentemente chamamos Deus de rei ou pai (p. 44) e outros cristãos de "filhos" ou "irmãos". Por que todas essas imagens e metáforas são masculinas? Quais imagens femininas de Deus são empregadas na Escritura (cf. Provérbios 1:20-33; 8; 9:1-6; Deuteronômio 32:18; Isaías 42:14; 49:15; Jeremias 31:20; Oseias 13:8)? Devemos usar mais imagens femininas para Deus e seus filhos? Sim ou não? Por quê?

3. Na tentativa de conciliar as analogias de "Deus Pai" e "Deus Criador", Sayers argumenta que os cristãos deveriam consultar poetas, artistas e outras mentes criativas para explicar o sentido de "criar" e "Criador". Que "mente criativa" (por exemplo, músicos, dramaturgos, romancistas, poetas, diretores ou produtores cinematográficos, pintores, escultores ou artistas) influenciou seu entendimento e experiência de Deus?

5
A MENTE CRIATIVA

Segundo um grande matemático, "Deus fez os números inteiros, e todo o restante é obra humana". Além disso, segundo outros matemáticos, o número seria a característica fundamental do universo, por assim dizer. Porém, o que é um número, senão a relação entre certas coisas, como agrupamentos de átomos, enquanto unidades? Podemos dizer que vemos seis ovos (ou era o que dizíamos quando tínhamos ovos em abundância). Certamente vemos ovo, ovo, ovo, ovo, ovo, ovo em diversas combinações, mas podemos ver o *seis* sem ovos envolvidos? Ninguém jamais viu um número inteiro. Talvez nunca tenha havido um ato maior da imaginação criativa que a criação do conceito de número como uma coisa em si. Todavia, com tal conceito, o matemático pode trabalhar, manuseando o número puro como se ele tivesse uma existência independente e produzisse resultados aplicáveis a objetos mensuráveis e observáveis.

Estou tentando sugerir que há características da imaginação criativa — mente criativa, razão, intelecto ou como quer que queira chamá-la. Nesse esboço superficial das conquistas criativas, podemos destacar estas expressões: a percepção da semelhança, a relação entre as coisas para formar uma nova unidade e as palavras *como se*.

Agora analisarei dois casos de um tipo diferente de criação: a do poeta. A imaginação do poeta cria por [símiles ou] metáforas. Ela percebe uma semelhança entre um número de coisas que, à primeira vista, não parecem ter uma relação mensurável e constrói a partir delas uma nova forma de unidade, um novo universo, que pode ser manuseado com poder como se tivesse uma existência independente e cujo poder operasse no mundo de objetos observáveis e mensuráveis.

Quando eu disse há um tempo que os esforços do cientista de utilizar a linguagem como um símbolo matemático se parecem com um homem tentando enfiar um gato em uma cesta, não estava realmente usando [símiles ou] metáforas. Pelo contrário, eu estava apontando para uma série de semelhanças a partir das quais uma imagem metafórica poderia ser criada. O poeta levaria esse processo adiante. Ele escreveria algo como aquele famoso verso de Shakespeare sobre abelhas:

> Pedreiras cantantes construindo tetos de ouro.

Pois bem, o cientista que quer uma palavra, um sentido, pode criticar quase cada palavra desse verso. Ele indicará que a palavra *cantante* deveria se restringir ao som produzido pela vibração de cordas vocais; que abelhas não têm cordas vocais; que o som feito por elas é produzido pela vibração de seu aparelhamento de voo; e que não há a mesma relevância emocional produzida pela ideia de "cantar". Além do mais, abelhas não são, no sentido literal da palavra, pedreiras, e a sua manipulação de cera com as mandíbulas para fazer mel é bem diferente do que um pedreiro faz ao cortar pedra. "Construir" talvez seja aceitável, mas "tetos" é uma designação inexata da conglomeração de células hexagonais; pior, a palavra *ouro* é um absurdo, visto que nem a estrutura atômica, nem mesmo a cor do produto em questão é indicada corretamente por uma palavra tão sujeita a mal-entendidos. Isto é, ele não reconhecerá a nova unidade do poeta, construída a partir de uma série de semelhanças, porque isso não se conforma ao método científico. É um conjunto diferente de semelhanças, impossíveis de verificar com uma medida padrão, e a unidade não pode ser separada do universo a seu redor por qualquer teste que sua técnica possa aplicar.

Porém, se ele vem ao teste com a técnica que detém não como cientista, mas como homem comum, verá que a metáfora se comporta exatamente como qualquer outra unidade construída pela imaginação criativa — realmente se estabelece uma semelhança, comporta-se como um todo diferente e produz efeitos observáveis como se tivesse uma existência independente. Por exemplo, é possível produzir o efeito observável nos tecidos nervosos e circulatórios observáveis que causam o que é conhecido como um sobressalto no coração — talvez até se possa produzir uma reação observável das glândulas lacrimais, resultando em uma quantidade mensurável de água salgada. Uma apresentação científica do processo de formação de células pela abelha operária pode produzir outros resultados observáveis igualmente importantes; mas não produziria aqueles.

Observe que as palavras deste verso: *"Pedreiras cantantes construindo tetos de ouro"* são bem mais poderosas juntas do que separadas. Cada palavra traz uma pequena quantidade de poder consigo, pois cada palavra é uma unidade diversa e um ato criativo diferente. "Cantante" sugere uma expressão espontânea de alegria e bem-estar físico e, visto que as criaturas cantantes são uma colmeia inteira, também sugere celebração social, um sentimento conjunto de felicidade. "Pedreiras" e "construindo" trazem consigo associações da alegria de um trabalho bem-feito, a beleza de grandes edificações e mais uma sugestão social, no sentido de que construções são comumente designadas como lares, locais de trabalho ou templos de culto, para todo tipo de gente. "Tetos de ouro" carrega uma reminiscência especial da cidade dourada da Nova Jerusalém — junto com nomes românticos como a cidade de ouro em Eldorado e outras; e "ouro" tem, é claro, inúmeras sugestões de riqueza e brilho, partindo da luz do sol até a associação à riqueza mundana. Tudo isso se combina em uma única imagem de trabalhadores alegres cantando enquanto constroem a cidade dourada, e, pela metáfora, isso se identifica com a sensação de ficar em pé em um jardim ensolarado, ouvindo o barulho das abelhas enquanto ajuntam o doce favo de mel. Duas imagens se fundem em um único mundo de poder por uma percepção aguçada de uma série de semelhanças entre coisas diferentes. E não é tudo: no contexto, o verso pertence a uma passagem que conjuga essa imagem fundida em mais uma unidade, para apresentar a figura de um estado perfeito:

> Pois assim trabalham as abelhas,
> Criaturas que em seu governo natural
> Ensinam a ordem ao reino das gentes.

Não é a verdade do cientista, mas, sim, a do poeta, como a verdade latente naquela palavra nada científica, *alquimia*. É a apresentação de uma unidade entre as coisas, produzindo um efeito visível e mensurável como se a própria unidade fosse mensurável.

A criação de toda uma obra de arte consiste basicamente nos mesmos passos. Por exemplo, uma obra de ficção tem verdade poética, desde que o autor tenha visto corretamente o que deve ser relacionado com o quê para se combinar em uma unidade convincente — segundo Hard, desde que a obra seja um ato de uma imaginação consistente. Se a imaginação for consistente, a obra produzirá efeitos como se fosse realmente verdade. Se não for, então os efeitos produzidos serão errôneos — não funcionarão de modo adequado, não mais que o sistema solar circular de Kepler funcionaria apropriadamente em observação porque foi imaginado incorretamente. Assim que Kepler imaginou o seu sistema de modo consistente, os cálculos deram certo. É claro, o relativista pode afirmar que o sistema de Kepler com seu sol no centro e órbitas planetárias elípticas não é mais absolutamente verdadeiro que qualquer outro sistema e que, na verdade, se é a Terra que gira em torno do Sol ou se é o Sol que gira em torno da Terra é simplesmente uma questão de perspectiva. Isso talvez seja perfeitamente verdade, mas não influencia a questão. Para um relativista, sem dúvida, o sistema ptolemaico geocêntrico e seus elaborados epiciclos é relativamente verdadeiro, tanto quanto o copernicano — somente é menos conveniente, menos simples, menos eficiente para bons resultados na prática; em suma, foi menos poderosamente imaginado. De igual modo, pode-se dizer que as histórias ridículas da *Peg's paper*[1] são tão cientificamente verdadeiras quanto *Hamlet*. Nenhum dos eventos relatados jamais aconteceu em qualquer sentido verificável ou factual da palavra. Se *Hamlet* tem uma verdade que a novela *Peg's paper* não tem, é porque foi criado por uma imaginação mais consistente e seus efeitos mensuráveis na humanidade são mais ricos e valiosos.

Em nosso próximo exemplo de imaginação consistente, peço-lhe para passear comigo por um pequeno desvio muito curioso. Durante o século 19, travou-se uma grande guerra entre o clero e a academia sobre a teoria da evolução. Não precisamos repetir cada batalha naquela campanha. A academia venceu principalmente, ou ao menos majoritariamente, em virtude da atuação de paleontólogos e biólogos. Ficou claro que a história primeva da Terra e seus habitantes poderia ser reconstruída de registros fósseis descobertos no presente e de estruturas vestigiais restantes em diversas plantas e animais que agora a povoam. Dificilmente seria possível ainda supor que Deus criou cada espécie, citando o texto de *Paraíso perdido*, com "formas perfeitas, com membros e acabada compleição",[2] exceto no que parece ser o extravagante pressuposto de que, ao criar o universo, ele ao mesmo tempo lhe forneceu um passado puramente imaginário sem nenhuma existência real. Ora, a primeira coisa a ser dita sobre a famosa briga é que o clero não precisava ter se perturbado sobre o método da criação, caso houvesse lembrado que o Livro de Gênesis era um livro de verdade poética, sem pretensões de ser um manual científico de geologia. Eles passaram por tamanha dificuldade, em grande medida, por haverem caído em uma aceitação tácita da visão do cientista do uso da linguagem e por suporem que algo não pode ser verdade a não ser que se sujeite a métodos de comprovação quantitativa. Eventualmente, depois de muitas quedas pelo caminho, eles vieram a rejeitar essa posi-

---

[1] Revista semanal publicada em Londres com diversas edições entre 1919 e 1940, e que costumava publicar narrativas românticas fictícias voltadas para o público feminino. [N. T.]
[2] Edição em português: John Milton, *Paraíso perdido*, tradução de Daniel Jonas, São Paulo, Editora 34, 2016, p. 517.

ção falsa, e hoje nenhum teólogo razoável se preocupa com a ideia de que a criação aconteceu por métodos evolucionários. Porém, se os teólogos não tivessem perdido contato com a natureza da linguagem; se não tivessem caído inconscientemente na concepção oitocentista do universo como um mecanismo e de Deus como um grande engenheiro; se, em contrapartida, houvessem escolhido pensar em Deus como um grandioso artista cheio de imaginação, então eles poderiam ter interpretado os fatos de outro modo, com consequências bastante interessantes. Na verdade, poderiam chegar à explicação que acabei de mencionar: em um momento ou outro, Deus criou o universo maduro com todos os vestígios de um passado imaginário.

Já disse que isso parecia uma ideia extravagante, e ainda parece, caso se pense em Deus como um mecânico. Porém, caso pensemos nele como agindo da mesma forma que um artista, então a ideia não parece mais ser extravagante, mas a coisa mais natural do mundo. É como toda ficção no mundo é escrita.

Todo escritor de ficção começa com alguns ou todos os seus personagens em "formas perfeitas" e "acabada compleição", até em seu passado. O seu presente é condicionado por um passado que não existe completamente no papel, mas, sim, no todo ou em parte, na imaginação de seu criador. À medida que ele escreve o livro, plantará de tempos em tempos no texto do livro — especialmente se for uma obra longa, como a *The Forsyte saga* [A saga Forsyte] ou a série *Lord Peter Wimsey* — alusões a esse passado não escrito. Se a sua imaginação for consistente, então todas as alusões — todos esses fósseis plantados, por assim dizer — contarão uma história consistente em si mesma e com as ações presentes e futuras dos personagens. Isto é, esse passado, existindo apenas na mente do criador, produz um efeito verdadeiro e mensurável na parte escrita do livro, precisamente como se houvesse, na verdade, "acontecido" dentro da própria obra.

Se você já se divertiu lendo algumas das obras que fazem "paródia" com Sherlock Holmes (por exemplo, *Baker Street Studies* [Estudos da Baker Street] ou *Sherlock Holmes and dr. Watson*

[Sherlock Holmes e dr. Watson], de H. W. Bell), verá até que ponto um método pseudocientífico pode ser usado para interpretar os restos fossilizados espalhados pelas histórias sobre Sherlock Holmes e que ingenuidade pode ser utilizada para forçar tais indícios em uma aparente consistência histórica. Em relação ao passado de seus personagens, a imaginação de Conan Doyle não foi muito consistente para falar a verdade, pois há lapsos e contradições, bem como lacunas. Porém, suponhamos que um escritor com uma imaginação perfeitamente consistente concebesse os personagens com uma história passada absolutamente completa e impecável e que, além disso, o registro fóssil fosse examinado por um dos personagens que (visto que a sua existência está totalmente contida dentro das páginas do livro, assim como a nossa está totalmente contida dentro do universo) não pudesse sair do livro para se comunicar com o autor. Eu sei, isso é difícil, tal como imaginar um habitante de um espaço bidimensional, mas é possível. Agora, tal personagem estaria exatamente na mesma posição de um cientista examinando a evidência que o universo oferece de seu passado. A evidência está toda aí, aponta na mesma direção, e seus efeitos se evidenciam em toda a ação da própria história — isto é, o que seria para ele a história "real". Não há dados concebíveis, uma linha de raciocínio imaginável pelos quais se possa provar se o passado cumpriu o protocolo de acontecer ou não. Pelas evidências — o registro fóssil, a consistência conjunta dos dados e os efeitos observáveis em si e nos outros personagens —, ele seria, a meu ver, forçado a concluir que aconteceu. Porém, querendo ou não, ele seria obrigado a se comportar como se isso tivesse acontecido. De fato, ele não poderia se comportar de outro modo, porque ele foi feito pelo seu criador como uma pessoa com tais influências em seu passado.

Penso que, se o clero houvesse assumido tal posição, o resultado seria divertido. Seria uma posição bem forte, porque não pode ser contestada por evidências científicas. Provavelmente, os teólogos ficariam incomodados por um vago pensamento de que um Deus que fizesse o universo assim não estava sendo muito verdadeiro. Contudo, isso seria por causa de uma noção muito limitada da verdade. Em que sentido o passado não escrito dos personagens do livro é menos real que seu comportamento durante o enredo? Ou, se a pré-história que nunca aconteceu produz um efeito na história indistinguível do efeito que teria produzido caso acontecesse, qual seria a real diferença entre acontecer ou não? Se pode ser inferido das evidências, é consistente e tem efeitos reconhecíveis, é bem real, tendo acontecido ou não.

Naturalmente, não estou afirmando ser de opinião que o mundo foi feito inteiramente ontem ou mesmo que veio a existir no ponto em que a pré-história acaba e a história continua. Estou apenas dizendo que, caso isso fosse verdade, então, sendo a imaginação consistente, não haveria diferença alguma para qualquer parte do universo. Evidentemente, no entanto, se estivéssemos dispostos a aceitar tal teoria, poderíamos considerar mais fácil lidar com alguns de nossos problemas com o tempo. Aliás, deveríamos esperar um depósito contínuo, à medida que o tempo prossegue para o futuro, de mais evidências sobre o passado. Isto é, novos registros, paleológicos e outros, seriam descobertos de tempos em tempos à medida que o autor os colocasse ali e direcionasse sua atenção a eles — da mesma forma que alusões evidenciais ao tempo de escola do Peter Wimsey provavelmente aparecerão de tempos em tempos enquanto a série de suas aventuras continua. Você observará que descobertas paleontológicas são feitas de tempos em tempos — isso não prova nada para nenhuma das partes, pois elas aconteceriam em ambas as hipóteses. Tudo que tentei fazer nesta parte fantasiosa é mostrar que, onde você tem uma imaginação consistente trabalhando, a linha entre verdade científica e poética se torna cada vez mais tênue.

Provavelmente agora você será tentado, por seu hábito mental, a perguntar: mas o que isso prova? Não prova nada, no sentido científico da palavra. A função do discurso imaginativo não é provar, mas criar — descobrir novas semelhanças e organizá-las para formar novas unidades, construir mundos consistentes a partir do universo de um aparato mental bruto.

Toda atividade tem a sua técnica. O erro é supor que a técnica de uma atividade serve para todos os propósitos. No raciocínio científico, por exemplo, a técnica do poeta de metáforas e analogias é inadequada e até perigosa — seu uso leva a conclusões que são falsas para a ciência, constroem novas unidades a partir de semelhanças quantitativas e coisas que são comparáveis numericamente. O erro da Idade Média, em geral, foi usar técnicas analógicas, metafóricas, poéticas para investigar questões científicas. Porém, cada vez mais, desde o século 17, a tendência se inclina para o erro oposto: usar métodos quantitativos da ciência para investigar verdade poética. Todavia, para construir sistemas poéticos de verdade, as semelhanças precisam ser não quantitativas, mas qualitativas, e a nova unidade que emergirá será um mundo de novos valores. Aqui, metáforas e analogias são ambas apropriadas e necessárias, pois ambos os processos envolvem organizar as coisas segundo alguma qualidade que coisas diferentes têm em comum. Assim, para voltar à minha comparação inicial, a linguagem comum e um gato enfurecido, embora bem diferentes em aspectos quantitativos, têm em comum uma certa qualidade de intratabilidade. Desse modo, também os valores associativos das palavras, que as tornam ferramentas tão ruins para o cientista, tornam-nas as ferramentas certas para o poeta, pois facilitam o estabelecimento de semelhanças entre conceitos extremamente diferentes e auxiliam a tarefa de a imaginação criativa construir suas verdades poéticas.

Talvez eu devesse adicionar uma nota de cautela sobre as palavras. Eu disse que as palavras são, metaforicamente, campos de força. Preciso levar essa analogia um pouco mais adiante, do meu jeito metafórico, poético e nada científico. É perigoso para pessoas sem o costume de lidar com palavras e sem a familiaridade com sua técnica mexer com esses núcleos altamente carregados de poder emocional, tanto quanto seria para mim invadir um laboratório e brincar com um poderoso motor de campos eletromagnéticos ou qualquer outra máquina bem carregada de energia elétrica. Com meu manuseio descuidado e ignorante, eu provavelmente, no mínimo, acabaria danificando a máquina e a mim mesma; na pior das hipóteses, eu poderia explodir tudo. Do mesmo modo, o uso irresponsável de palavras altamente eletrizadas deve ser fortemente denunciado.

Atualmente, temos uma população alfabetizada, no sentido de que todos podem ler e escrever, porém, em virtude da ênfase dada à educação técnico-científica em detrimento das humanidades, poucas pessoas foram ensinadas a entender e a manusear a linguagem como instrumento de poder. Isso significa que, apenas em nosso país, milhões de inocentes estão passeando despreocupadamente pelo laboratório, puxando alavancas com entusiasmo e apertando botões, com resultados que surpreendem a eles mesmos e ao mundo. Nada é mais viciante que a sensação de poder: o demagogo que manipula multidões; o jornalista que promove a venda de seu jornal à marca de milhões; o dramaturgo que joga sua plateia em uma orgia de voláteis emoções; o candidato parlamentar que conquista mais votos por meio de uma retórica verborrágica e vazia; o pregador rabugento; o vendedor que faz publicidade de seus produtos materiais ou espirituais, brincam todos perigosa e irresponsavelmente com o poder das palavras e são igualmente perigosos, sejam eles cínicos inescrupulosos, sejam (como é frequente) vítimas iludidas de sua eloquência e propaganda. A razão é que a maioria de seus destinatários não tem a capacidade de avaliar o valor das palavras e estão vulneráveis ao bombardeio verbal, tanto quanto os habitantes de Roterdão aos aviões alemães. Quando então percebemos como o senso comum da Europa havia sido minado e enfraquecido pela propaganda nazista, vimo-nos ao mesmo tempo surpresos e aterrorizados — porém nada havia de surpreendente. Era simplesmente mais uma exibição de força bruta: o emprego de uma arma bem poderosa por especialistas que a entendiam perfeitamente contra um povo desarmado para se defender e que nunca havia entendido que aquela era uma arma, afinal. A defesa contra o mau uso das palavras não é fugir, nem soltar aleatoriamente fogos de artifício verbais, mas a sóbria determinação de entender as potencialidades da linguagem e de usá-la com garra e habilidade.

É certo que o cientista deve fazer as pazes com as humanidades, pois, no dia a dia, cientistas também são pessoas comuns, e fugir da linguagem nunca os imunizará contra seu poder. Eles precisam aprender a manusear esse instrumento, assim como manuseiam outros, com a plena compreensão do que ele é e do que ele faz. Ao fazê-lo, virão a reconhecê-la como fonte de prazer, bem como de perigo. A linguagem da imaginação nunca pode estar inerte. Assim como qualquer outra força viva, você precisa aprender a domá-la, ou ela domará você. Como disse Humpty Dumpty, em *Alice nos país das maravilhas*, "a questão é quem será o mestre — e isso é tudo".

PERGUNTAS PARA DEBATE

1. Sayers compara e contrasta as diferenças essenciais entre ciência e poesia (isto é, arte). Quais são as diferenças que ela aborda? Há semelhanças? Se sim, quais? As diferenças apontadas são *realmente* diferenças?

2. Além disso, o modelo que ela apresenta de ciência e poesia (referindo-se à religião) é o de *conflito* entre ambas. Como esses dois campos, ciência e religião, podem entrar em *diálogo*? Como um pode aprimorar o outro?

6
CREDO OU CAOS?

Quando ele vier, convencerá o mundo do pecado, da justiça e do juízo. Do pecado, porque os homens não creem em mim; da justiça, porque vou para o Pai, e vocês não me verão mais; e do juízo, porque o príncipe deste mundo já está condenado.

(JOÃO 16:8-11)

É totalmente inútil cristãos falarem sobre a importância da moral cristã a não ser que estejam preparados para se posicionarem com base nos fundamentos da teologia cristã. É mentira dizer que dogmas não importam; eles são de suma importância. É fatal deixar as pessoas suporem que o cristianismo se constitui meramente em um jeito de sentir; é vitalmente necessário insistir que se trata antes de tudo de uma explicação racional do universo. É inútil apresentar o cristianismo como uma aspiração vagamente idealista cheia de simplicidade e consolo; pelo contrário, trata-se de uma doutrina difícil, árdua, exigente e complexa, calcada em um realismo drástico e inegociável. E é fatal imaginar que todo o mundo sabe muito bem o que é o cristianismo e somente é necessário um pouco de incentivo para o praticarem. A verdade nua e crua é que, neste país cristão, não há uma em cada cem pessoas que tenha a menor noção do que a igreja ensina sobre Deus, o homem, a sociedade ou a pessoa de Jesus Cristo.

Se você pensa que estou exagerando, basta perguntar aos capelães militares. Com exceção de possivelmente um por cento das pessoas, composto por cristãos inteligentes e instruídos, há três tipos de pessoas com quem eles lidam. Há os pagãos francos e deliberados, cujas noções de cristianismo consistem em um amontoado terrível de anedotas bíblicas emaranhadas e absurdos mitológicos sem sentido. Há os cristãos ignorantes, que combinam um sentimentalismo de um Jesus calmo, sereno e tranquilo com uma ética vagamente humanista — em sua maioria, são hereges arianos.[1] Por fim, há os frequentadores de igreja mais ou menos instruídos que conhecem todos os debates sobre divórcio, confissão auricular, comunhão em ambas as espécies, mas estão tão preparados para uma batalha sobre os fundamentos contra um ateu marxista ou um agnóstico wellsiano quanto um garoto com um estilingue contra um batalhão de metralhadoras. Teologicamente, este país está atualmente em um estado de caos total, estabelecido em nome da tolerância religiosa e rapidamente degenerando para a fuga da razão e a morte da esperança. Não estamos felizes com essa condição e há sinais de uma grande disposição, especialmente dentre os mais jovens, de encontrar um credo que possam adotar de todo o coração.

Isso é uma oportunidade para a igreja, caso ela a aproveite. Até onde vai a prontidão das pessoas para ouvir, ela não teve uma posição forte por pelo menos dois séculos. As filosofias rivais do humanismo, do autointeresse esclarecido e do progresso mecânico não se deram bem, afinal; o antagonismo da ciência se provou mais fantasioso que real; e o enriquecimento fácil da doutrina do capitalismo *laissez-faire* está completamente desacreditado. Porém, nenhum bem virá de um refúgio na piedade individual ou de uma mera exortação a se lembrar de orar. O que está em risco é toda a estrutura da sociedade, e é necessário persuadir homens e mulheres abertos intelectualmente quanto à conexão vital e íntima entre a estrutura da sociedade e as doutrinas teológicas do cristianismo.

Não se facilita a tarefa com uma recusa obstinada de grande parte dos cristãos nominais, leigos e clérigos, de encarar a questão teológica. "Menos teologia, mais espiritualidade" é o lema que há tanto se popularizou que talvez o aceitemos, sem perguntar se espiritualidade sem teologia tem qualquer sentido. Por mais impopular que pareça, devo e vou afirmar que a razão de as igrejas perderem a credibilidade hoje não é que são bitoladas demais

---

[1] Ou, possivelmente, adocionistas; não formulam suas teorias com nenhuma precisão.

com teologia, mas que elas fogem da teologia. A igreja de Roma é uma sociedade teológica, em um sentido em que a igreja da Inglaterra, tomada como um todo, não é, pois a insistência da primeira na teologia a torna um corpo disciplinado, honrado e relevante sociologicamente.

Gostaria de ressaltar dois pontos. Primeiro, aponto que, se realmente queremos uma sociedade cristã, precisamos ensinar o cristianismo, e é absolutamente impossível ensinar o cristianismo sem falar de dogmas cristãos. Segundo, exponho aqui uma lista de mais ou menos uma dúzia de grandes doutrinas às quais o mundo especialmente precisa abrir os ouvidos neste momento, doutrinas esquecidas ou distorcidas, mas que, se forem verdadeiras, como a igreja diz ser, são pedras angulares daquela estrutura racional da sociedade humana que é a alternativa ao caos mundial.

Começo a partir da inevitabilidade do dogma, caso o cristianismo pretenda ser algo mais que uma minúscula fantasia molenga sobre o comportamento ético.

Escrevendo para a revista *The Spectator*, o dr. Selbie, ex-diretor da Mansfield College, tratou da questão sobre "O exército e as igrejas". No decorrer do artigo, há uma passagem que expõe a raiz do fracasso de as igrejas influenciarem a vida das pessoas comuns:

> ... o recrudescimento de um novo dogmatismo, em sua forma tomista ou calvinista, constitui uma nova e séria ameaça à unidade cristã. A tragédia é que *tudo isso, ainda que interessante para teólogos, é irrecuperavelmente irrelevante para a vida e o pensamento da pessoa comum*, que somente fica mais confusa com o debate entre as igrejas e as diferenças teológicas e eclesiásticas em que tal debate se baseia.

Pois bem, estou perfeitamente disposta a concordar que controvérsias entre as igrejas constituem uma ameaça à cristandade. E admito que não sei muito bem o que se quer dizer com novo dogmatismo; suponho que signifique o advento de novos dogmas dentre os seguidores de Tomás de Aquino e Calvino, respectivamente.

Todavia, imagino que na verdade signifique uma renovada atenção e reafirmação dos antigos dogmas e, quando o dr. Selbie diz que tudo isso é irrelevante para a vida e o pensamento da pessoa comum, ele está afirmando deliberadamente que os dogmas cristãos, em si, são irrelevantes.

Porém, se os dogmas cristãos são irrelevantes para a vida, o que, pelos céus, seria relevante, uma vez que dogmas religiosos nada mais são que formulações de doutrinas sobre a natureza da vida e do universo? Se os ministros cristãos realmente creem que dogmas são simplesmente jogos intelectuais para teólogos sem nenhuma implicação para a vida humana, não é de admirar que as congregações sejam ignorantes, entediadas e confusas. De fato, no próximo parágrafo, o dr. Selbie reconhece a relação entre o dogma cristão e a vida:

> ... a paz somente pode vir por meio de uma aplicação prática dos princípios e valores cristãos. Contudo, precisa haver *algo mais que uma reação* contra o *humanismo pagão* que se critica.

Esse "algo mais" não pode ser outra coisa senão o dogma, pois não há distinção entre o humanismo e o cristianismo e entre o paganismo e o teísmo senão a distinção entre dogmas. Fica cada vez mais claro que não é possível ter princípios cristãos sem Cristo, porque a validade dos princípios depende da autoridade de Cristo e, como vimos, os Estados totalitários, tendo deixado de crer na autoridade de Cristo, têm uma boa justificativa lógica para repudiar princípios cristãos. Se a pessoa comum precisa crer em Cristo e aceitar sua autoridade para ter princípios cristãos, certamente será relevante saber quem ou o que Cristo é e por que sua autoridade deve ser aceita. Contudo, a pergunta de Cristo "Mas vós, [...] quem dizeis que eu sou?" faz a pessoa comum deparar imediatamente com a mais profunda charada dogmática. É bem inútil dizer que não importa particularmente quem ou o que Cristo foi ou pela autoridade de quem ele fez essas coisas e que, mesmo sendo ele apenas um homem, foi um homem muito bom e devemos viver segundo seus princípios; porque isso nada mais é que humanismo, e, se a pessoa comum na Alemanha escolhe pensar que Hitler é um homem melhor com princípios ainda mais atraentes, o humanista cristão nada mais pode responder.

Não é verdade que todo dogma é irrecuperavelmente irrelevante para a vida e o pensamento da pessoa comum. A verdade é que os ministros da religião cristã frequentemente afirmam que é, apresentam-no às pessoas como se fosse e, enfim, por sua tacanha exposição dele, tornam-no assim. O dogma central da encarnação é o que determina a relevância. Se Cristo foi apenas um homem, então ele é totalmente irrelevante para qualquer pensamento sobre Deus; se ele é apenas Deus, então ele é totalmente irrelevante para qualquer experiência da vida humana. No sentido mais estrito possível, é necessário para a salvação da relevância que o homem acredite corretamente na encarnação de nosso Senhor Jesus Cristo. A menos que ele creia corretamente, não há a menor razão para ele sequer crer. Nesse caso, é totalmente irrelevante tagarelar sobre princípios cristãos.

Se é para a pessoa comum se interessar por Cristo, é o dogma que atrairá o interesse. O problema é que, em nove a cada dez casos, ela nunca ouviu o dogma. O que ela ouviu foi um conjunto de termos técnicos de teologia que ninguém se preocupou em traduzir para uma linguagem relevante para a vida comum.

"Jesus Cristo, o Filho de Deus, é Deus e homem." O que isso sugere senão que Deus Criador (aquele velho barbudo irritante) de alguma maneira misteriosa gerou na virgem Maria meio que um anfíbio, sendo nem uma coisa, nem outra, como um "sereio"? E que, como os filhos humanos, ele é totalmente diferente e (com o perdão da palavra) provavelmente até contrário ao pai? De todo modo, em que esse híbrido notável estaria relacionado com o João ou com a Maria? Essa postura mental é chamada pelos teólogos de nestorianismo, ou talvez até uma forma degradada de arianismo. No entanto, realmente não é possível rotulá-la com um termo técnico e descartá-la como se fosse irrelevante para a pessoa comum. A pessoa comum a produziu. Na verdade, é uma expressão imediata e bruta do que a pessoa comum pensa. Sob o risco de abandoná-la à abominável heresia dos patripassianistas ou dos teopasquitas, precisamos nos unir com Atanásio para assegurar a João e a Maria que o Deus que viveu e morreu no mundo é o mesmo Deus que fez o mundo, de modo que o próprio Deus tem as melhores razões possíveis para entender e simpatizar com os problemas pessoais do João e da Maria.

"Mas", retorquirão instantaneamente João e Maria, "não pode ser tão importante para ele se ele for Deus. Um deus não pode realmente sofrer como você e eu. Além disso, os párocos dizem por aí que devemos tentar ser como Cristo, mas isso seria um grande absurdo: não podemos ser Deus, e é estúpido tentar ser". Esta apta exposição da heresia eutiquiana dificilmente será descartada como se fosse "interessante apenas para teólogos", pois parece que João e Maria se interessam tanto a ponto de ficarem irritados. Querendo ou não, somos forçados a nos envolver ainda mais em teologia dogmática e insistir que Cristo é Deus perfeito e homem perfeito.

Nesse momento, a linguagem atrapalhará. A pessoa comum não deixará de pensar que "Deus perfeito" significa uma comparação com deuses menos perfeitos e que "homem perfeito" significa "o melhor homem possível que você pode imaginar". Embora essas proposições sejam realmente verdadeiras, elas não são exatamente o que queremos dizer. Talvez fosse melhor dizer: "completamente Deus e completamente homem" — Deus e homem ao mesmo tempo, em todo aspecto e completamente; Deus de eternidade a eternidade e do ventre ao túmulo, um homem também do túmulo até hoje.

"Isso", João pode responder, "faz sentido, mas não me concerne. Porque, se ele foi Deus o tempo todo, ele precisa saber que seus sofrimentos, morte e assim por diante não durariam, pois ele poderia interrompê-los por um milagre, se quisesse, então fingir ser um homem normal não foi nada a não ser atuação". E Maria adiciona: "Você não pode chamar uma pessoa de 'completamente homem' se ele foi Deus e não queria fazer nada de errado. Era fácil para ele ser bom, mas não é o mesmo para mim. E todo aquele negócio de tentação? Atuação de novo. Não me ajuda a viver o que você chama de vida cristã".

Agora João e Maria estão perto de se tornar apolinarianos convictos, o que, por mais que seja interessante para teólogos, também tem uma relevância especial para essas pessoas comuns, pois elas propõem, com base nisso, rejeitar os princípios cristãos como impraticáveis. Não tem jeito. Precisamos insistir que Cristo tem uma alma racional e uma carne humana; precisamos admitir as limitações humanas de conhecimento e intelecto; precisamos seguir o que Cristo disse e sugerir que os milagres pertencem tanto ao Filho do Homem quanto ao Filho de Deus; precisamos postular uma vontade humana sujeita a tentações; e precisamos ser firmes sobre "igual ao Pai no tocante à sua divindade e inferior ao Pai no tocante à sua humanidade". Por mais que a teologia seja complicada, a pessoa comum acaba de esbarrar com o cerne do Credo Atanasiano e somos obrigados a segui-la.

Pregadores e professores nunca deixam suficientemente claro, a meu ver, que os dogmas não são um conjunto de regulações arbitrárias inventadas *a priori* por um comitê de teólogos que gostam de um surto de lutas dialéticas intermináveis. A maior parte dos dogmas foi forjada sob a pressão de necessidades práticas urgentes para fornecer respostas à heresia. Como tentei demonstrar, a heresia, em grande parte, vem de uma opinião expressa pela pessoa comum sem direcionamento, tentando lidar com os problemas do universo à medida que interferem na vida e no pensamento cotidianos. Para mim, envolvida naquela ocupação diabólica de perambular pela terra e andar por ela, conversas e cartas diariamente me colocam em contato com uma safra magnífica de heresias clássicas. Estou extremamente familiarizada com elas como exemplos práticos da vida e do pensamento de pessoas comuns, mas tive de caçar na enciclopédia os títulos teológicos correspondentes a elas para escrever este texto. Para as respostas, não precisei ir longe, pois elas já foram estabelecidas conspicuamente nos credos.

Todavia, este é um fato interessante: nove em dez desses hereges ficam extremamente surpresos ao descobrir que os credos contêm quaisquer afirmações que tenham um sentido prático e compreensível. Se eu lhes disser que é um artigo de fé que o mesmo Deus que fez o mundo passou pelo sofrimento do mundo, eles me perguntam em boa fé que conexão há entre tal afirmação e a história de Jesus. Se lhes trago a atenção ao dogma de que o mesmo Jesus que era o amor divino também era luz de luz, a sabedoria divina, eles ficam surpresos. Alguns deles me agradecem de coração por essa interpretação da Escritura completamente inovadora e original, que nunca ouviram antes e supõem que foi inventada por mim. Outros dizem irritados que não pensam que sabedoria e religião têm algo a ver entre si e que eu faria melhor em cortar a sabedoria, a razão e a inteligência e ficar com o simples evangelho do amor. Porém, fiquem eles felizes ou perturbados, também demonstram interesse; e o que lhes interessa, suponham ou não que foi invenção minha, é a afirmação decidida do dogma.

Com relação à reclamação do dr. Selbie de que a insistência no dogma somente afronta as pessoas e destaca os conflitos internos da cristandade, posso dizer duas coisas? Primeiro, creio ser um grave erro apresentar o cristianismo como encantador e popular, sem nada de ofensivo. Uma vez que Cristo passou pelo mundo ofendendo de modo tão violento a tantas pessoas diferentes, seria um absurdo esperar que a doutrina sobre sua pessoa pudesse ser apresentada sem ofender ninguém. Não podemos ignorar o fato de que o Jesus calmo, sereno e tranquilo era tão rígido em suas opiniões e tão provocador em sua linguagem que foi expulso da igreja, apedrejado, caçado de lugar em lugar e finalmente executado como um revolucionário e um perigo público. Qualquer que tenha sido a sua paz, não foi a paz da indiferença amigável, e ele disse em exatas palavras que o que ele trouxe consigo era fogo e espada. Assim, ninguém precisa se surpreender ou se perturbar ao descobrir que determinada pregação do dogma cristão às vezes pode resultar em algumas cartas irritadas de protesto ou em uma diferença de opinião no conselho da igreja.

A outra coisa é: percebo pela experiência que há uma grande medida de concordância entre as denominações cristãs em toda doutrina que é realmente ecumênica. Uma interpretação estritamente católica de todos os credos, mesmo a do Credo Atanasiano, por exemplo, encontrará apoio tanto em Roma quanto em Genebra. Objeções virão principalmente dos pagãos e de um grupo barulhento, mas minoritário, de párocos hereges que, na sua juventude, leram Robertson ou Conybeare e nunca os superaram. No entanto, o que é urgentemente necessário é que certos fundamentos sejam reformulados em termos que tenham significado — também, na verdade, o simples fato de que têm um significado — claro para os pagãos comuns sem instrução, para quem a terminologia teológica se tornou letra morta.

Será que posso agora mencionar alguns dos dogmas que julgo serem mais mal compreendidos e distorcidos, os quais creio que o mundo moderno mais urgentemente precisa ouvir? De um número bem considerável, selecionei sete que chamo de posições-chave, a saber, Deus, homem, pecado, juízo, matéria, trabalho e sociedade. É claro, eles estão intimamente ligados — a doutrina cristã não é uma série de regras, mas uma vasta estrutura racional interconectada —, mas há aspectos particulares desses sete assuntos que me parecem precisar de mais ênfase especialmente neste momento.

1. *Deus*. Correndo o risco de parecer insolentemente óbvia, direi que, se é para a igreja ter qualquer impacto sobre a mente moderna, então ela deve pregar Cristo e a cruz.

Nos últimos anos, a igreja não se saiu bem no que tange a pregar a Cristo; ela pregou Jesus, o que não é exatamente a mesma coisa. Penso que a pessoa comum simplesmente não captou a ideia de que Jesus Cristo e Deus, o Criador, são literalmente a mesma pessoa. Eles acreditam que a doutrina católica seria que Deus Pai fez o mundo e que Jesus Cristo redimiu a humanidade e que esses dois personagens são personalidades bem separadas. O palavreado do Credo Niceno é um pouco infeliz — é fácil lê-lo assim:

"consubstancial ao-Pai-por-quem-foram-criadas-todas-as-coisas". Um catecismo da Igreja Anglicana, novamente de forma infeliz, enfatiza a distinção: "Deus Pai, que fez a mim e a todo mundo, Deus Filho, que redimiu a mim e a toda humanidade". A distinção das pessoas dentro da unidade da substância é bem adequada filosoficamente e bem familiar para qualquer artista, mas a maioria das pessoas não é artista, e elas fixaram bem na cabeça que a pessoa que carregou os pecados do mundo não era a eterna vida criativa do mundo, mas uma pessoa inteiramente diferente, que, na verdade, era uma vítima do Deus Criador. É perigoso enfatizar um aspecto da doutrina à custa de outro, mas, neste momento, o perigo de alguém confundir as pessoas é tão remoto a ponto de ser desprezível. O que todo mundo faz é dividir a substância, com o resultado de que toda a história de Jesus se torna uma anedota absurda da brutalidade de Deus com os homens.

Somente na afirmação confiante da divindade criativa do Filho é que a doutrina da encarnação se torna uma real revelação da estrutura do mundo. E aqui o cristianismo tem uma enorme vantagem sobre qualquer outra religião no mundo. É a *única* religião que dá valor ao mal e ao sofrimento. Diferentemente da cientologia, que afirma que o mal não existe de verdade, e do budismo, que pensa que o bem consiste na recusa de experimentar o mal, a fé cristã afirma que a perfeição se alcança por meio do esforço ativo e positivo de extrair um bem real do mal real.

Não tratarei agora da tão difícil questão sobre a natureza do mal e a realidade do não ser, embora os físicos modernos pareçam nos dar orientações muito valiosas sobre esse dilema filosófico específico. Todavia, parece-me mais importante que, diante das circunstâncias atuais do mundo, as doutrinas da realidade do mal e do valor do sofrimento sejam mantidas bem na linha de frente das alegações cristãs. Quero dizer, não é suficiente dizer que a religião produz virtudes e consolos pessoais lado a lado com os males e as dores mais óbvios que afligem a humanidade, mas que Deus está vivo e opera em meio ao mal e ao sofrimento, perpetuamente transformando-os pela energia positiva que ele tinha com o Pai desde antes da fundação do mundo.

2. *Homem.* Um ministro jovem e inteligente me disse outro dia que ele pensava que uma das maiores vantagens do cristianismo hoje estava na sua visão profundamente pessimista da natureza humana. Há muito o que pensar nessa fala. As pessoas que estão mais desencorajadas e desesperadas com a barbaridade e estupidez do comportamento humano neste tempo são aquelas que valorizam o *homo sapiens* como produto da evolução e que ainda se prendem à crença otimista na influência civilizatória do progresso e do iluminismo. Para elas, os surtos surpreendentes de ferocidade bestial nos estados totalitários e o egoísmo obstinado e a ganância estúpida da sociedade capitalista não são meramente chocantes e alarmantes. Para elas, essas coisas são a total negação de tudo em que acreditam. É como se houvessem perdido o chão de seu universo. Tudo parece ser uma negação de toda razão, e pensam que elas e o mundo enlouqueceram de vez.

Ora, para o cristão não é assim. Ele fica profundamente chocado e entristecido tanto quanto qualquer um, mas não surpreso. Ele nunca pensou grandes coisas sobre a natureza humana entregue a si mesma. Ele se acostumou com a ideia de que há um profundo deslocamento interior no próprio centro da personalidade humana e que você nunca pode, como se diz, "transformar as pessoas com leis", justamente porque as leis foram feitas por homens e, portanto, participam da natureza imperfeita e autocontraditória do homem. Humanamente falando, não é verdade que "conhecer de fato o bem é fazer o bem", pois é bem mais verdadeiro dizer com Paulo que "o mal que não quero fazer, esse eu continuo fazendo" (Romanos 7:19), de modo que o simples aumento de conhecimento pouco ajuda na luta para superar o mal. A ilusão da perfectibilidade mecânica da humanidade por meio de um processo conjunto de conhecimento científico e evolução inconsciente é responsável por muitos corações partidos. No fundo, é bem mais pessimista que o pessimismo cristão, porque, se a ciência e o progresso se rompem, nada há em que se apoiar. O humanismo é autocontido — não fornece nenhum recurso externo ao homem. O dogma cristão da dupla natureza do homem — que afirma que o homem é desintegrado e necessariamente imperfeito em si e em todas suas ações, contudo relacionado intimamente por uma unidade real de substância com uma perfeição eterna dentro dele e além dele — torna o estado precário atual da sociedade humana tanto menos desesperador quanto menos irracional. Digo "estado precário atual", embora talvez esteja sendo muito comedida. Um homem me disse outro dia: "Tenho um garotinho de um ano de idade. Quando a guerra começou, fiquei aflito por causa dele porque me vi presumindo que a vida deveria ser melhor e mais fácil para ele do que foi na minha geração. Então percebi que eu não tinha o direito de supor isso — que a luta entre o bem e o mal precisa ser para ele a mesma que sempre foi, e então deixei de me sentir tão aflito".

Como *lord* David Cecil disse: "O jargão da filosofia do progresso nos ensinou a pensar que o estado selvagem e primitivo do homem já passou, e ainda falamos do atual 'retorno ao barbarismo'. Contudo, o barbarismo não é coisa do passado, mas do presente". No mesmo artigo, ele observa: "O cristianismo convenceu a mente do ser humano não porque oferece a visão mais animadora da existência humana, mas porque é a mais verdadeira segundo os fatos". Penso que isso é verdade, e me parece especialmente desastroso que circule a ideia de que o cristianismo é um tipo de religião idealista, irreal, alheia a este mundo, que afirma que, se formos bons, seremos felizes — se não, vamos pagar o preço na próxima existência. Pelo contrário, a fé cristã é intensamente e até rigidamente realista, insistindo que o reino dos céus nunca poderá ser alcançado neste mundo senão pelo trabalho, pela luta e pela vigilância incessantes. Na verdade, que não conseguimos ser bons e felizes, mas há certas conquistas eternas que fazem a felicidade parecer lixo. Certa vez foi dito, acho que por Berdyaev, que nada pode impedir a alma humana de preferir a criatividade à felicidade. Nisso está a semelhança humana mais substancial ao Cristo divino, que sofre e cria continuamente neste mundo, sendo encarnado nos laços da matéria.

3. *Pecado.* A doutrina sobre o homem naturalmente leva à doutrina do pecado. Uma das coisas genuinamente surpreendentes sobre a confusão atual da humanidade é que a igreja cristã hoje se vê chamada para proclamar a velha e odiada doutrina do pecado como um evangelho de ânimo e alegria. A tendência resultante das filosofias modernas — aclamadas em seus dias como uma emancipação do fardo da pecaminosidade — foi prender o homem fortemente nas correntes de um determinismo de ferro. As influências da hereditariedade e do ambiente, da composição glandular e do controle exercido pelo inconsciente, da necessidade econômica e da mecânica do desenvolvimento biológico foram todas invocadas para assegurar ao homem que ele não é responsável por seus infortúnios e, portanto, não é culpado. O mal tem sido representado como algo imposto externamente, não feito por ele internamente. Segue-se de modo inevitável a temível conclusão de que, visto ele não ser responsável pelo mal, não pode alterá-lo — mesmo que a evolução e o progresso possam aliviá-lo no futuro, não há esperança para mim e você, no aqui e agora. Bem me lembro de como uma tia minha, educada no ultrapassado liberalismo, protestou raivosamente contra ter de continuamente chamar a si mesma de pecadora miserável quando recitava a litania. Hoje, se pudéssemos realmente nos convencer de que somos pecadores miseráveis — que o problema não está fora de nós, mas dentro de nós e, portanto, pela graça de Deus, podemos fazer algo para corrigi-lo —, receberíamos tal mensagem como a mais consoladora esperança que se pode imaginar.

Não é preciso dizer que toda a doutrina do pecado original deve ser formulada em termos que a pessoa moderna comum, educada na biologia e na psicologia freudiana, possa entender. Essas ciências fizeram muito para expor a natureza e o mecanismo do deslocamento interior do homem e devem ser poderosas ferramentas nas mãos da igreja. É uma pena imensa que a igreja tenha permitido que essas armas se voltassem contra ela.

4. *Juízo*. A mesma coisa pode ser dita sobre a doutrina do juízo. A palavra *punição* para o pecado se tornou corrompida a ponto de não dever nunca ser utilizada. Porém, uma vez estabelecida a verdadeira doutrina sobre a natureza humana, a natureza do juízo se torna surpreendentemente clara e racional. É a consequência inevitável da tentativa do homem de regular a vida e a sociedade em um sistema que vai contra os fatos de sua natureza. Na esfera física, tifo e cólera são juízos sobre o viver sujo, não porque Deus demonstra um favoritismo arbitrário com pessoas limpas e saudáveis, mas por causa de um elemento na estrutura física do universo. No Estado, a negação brutal da liberdade ao indivíduo emitirá um juízo de sangue, porque o homem foi feito de tal forma que a opressão é mais intolerável para ele que a morte. A ganância avarenta que incentiva homens a destruírem florestas para ganhar dinheiro mais rápido traz um juízo de enchentes e fome, porque o pecado da avareza na esfera espiritual vai contra a lei física da natureza. Não podemos dizer que tal comportamento é errado porque ele não compensa, mas, sim, que ele não compensa porque é errado. Como disse T. S. Eliot, "uma atitude errada com a natureza implica, de algum modo, uma atitude errada com Deus, e a consequência é um destino terrível."

5. *Matéria*. Neste ponto, nós nos vemos compelidos a estabelecer a doutrina cristã sobre o universo material, e aqui está, penso eu, nossa melhor oportunidade de explicar o sentido do sacramentalismo. O homem comum opera sob uma ilusão de que, para o cristão, a matéria é má e o corpo é mau. Por essa distorção, Paulo é parcialmente culpado, Agostinho de Hipona muito mais culpado e Calvino, nem se fala. Contudo, desde que a igreja continue a ensinar a humanidade de Deus e a celebrar os sacramentos da eucaristia e do matrimônio, nenhum homem vivo poderia ousar dizer que a matéria e o corpo não são sagrados para ela. A igreja precisa insistir fortemente que todo o universo material é expressão e encarnação da energia criativa de Deus, como um livro ou uma figura é a expressão material da alma criativa do artista.

Por essa razão, todo manuseio bom e criativo do universo material é bom e belo, e todo abuso do universo material é uma crucificação do corpo de Cristo. Toda a questão do correto uso da arte, do intelecto e dos recursos materiais do mundo se conectam com isso. Desse modo, a exploração do homem ou da matéria para usos comerciais é condenável, junto com toda degradação das artes e perversões do intelecto. Se a matéria e a natureza física dos homens fossem ruins ou se não tivessem importância senão por servirem a um sistema econômico, então nada haveria que nos impedisse de abusar delas da maneira que escolhêssemos — nada senão a certeza de que tal abuso eventualmente se chocaria contra a lei imutável e resultaria em juízo e destruição. Nessas e noutras questões, não podemos escapar da lei; temos apenas a escolha de cumpri-la livremente em graça ou a desprezarmos em juízo.

6. *Trabalho*. A atitude não sacramental da sociedade moderna com o homem e a matéria provavelmente está intimamente ligada com sua atitude não sacramental com o trabalho. A igreja merece boa parte da culpa por sua conivência com isso. Desde o século 18, ela tende a acatar o que chamo da visão de aprendiz diligente: "Trabalhe duro e seja frugal, e Deus o abençoará com uma mentalidade de contentamento e competência". Isso nada mais é que o interesse próprio esclarecido em sua forma mais vulgar e cai diretamente nas mãos dos monopólios e dos banqueiros. Nada tira mais a credibilidade da igreja cristã quanto sua submissão esquálida à teoria econômica da sociedade. A questão urgente da atitude cristã para com o dinheiro está sendo tão ardentemente debatida na atualidade que dificilmente é necessário fazer mais que nos lembrarmos de que os presentes conflitos, tanto na Rússia quanto na Europa Central, são um juízo imediato sobre um sistema financeiro que subordinou o homem à economia, e que nenhum reajuste do maquinário econômico terá um efeito duradouro se mantiver o homem como prisioneiro da máquina.

Essa é a questão urgente, mas creio que há uma questão mais importante e fundamental esperando para ser respondida, que é como os homens em uma sociedade cristã devem pensar no trabalho e abordá-lo. Curiosamente, fora da passagem em Gênesis que sugere que o trabalho é árduo e um juízo sobre o pecado, a doutrina cristã não é muito explícita sobre o trabalho. Creio, contudo, que há uma doutrina cristã do trabalho intimamente relacionada às doutrinas da energia criativa de Deus e da imagem divina no ser humano. A tendência moderna parece ser identificar o trabalho com um emprego lucrativo — a meu ver, essa é a principal heresia por trás da grande falácia econômica que permite trigo e café serem queimados e peixe ser utilizado como adubo, enquanto populações inteiras passam fome. A falácia é que o trabalho não é a expressão da energia criativa do homem a serviço da sociedade, mas somente algo que ele faz a fim de obter dinheiro e lazer.

Um cirurgião de renome expressou a questão da seguinte forma: "O que está acontecendo é que ninguém trabalha para fazer um trabalho bem-feito. O resultado do trabalho é um efeito colateral; o objetivo do trabalho é ganhar dinheiro para fazer outra coisa. Médicos praticam medicina não para aliviar o sofrimento, primariamente, mas, sim, para sobreviverem — a cura do paciente é algo que acontece no meio disso. Advogados aceitam casos não porque têm uma paixão pela justiça, mas porque a lei é uma profissão que os ajuda a sobreviver".

"A razão", adicionou ele, "de os homens se verem felizes e contentes no exército é que, pela primeira vez na vida, eles se veem fazendo algo não para ter um salário — o que é deprimente —, mas para fazer um trabalho bem-feito".

Eu apenas gostaria de adicionar uma coisa que me parece sintomática. Vi um "plano para uma sociedade cristã" projetado por vários jovens católicos romanos fervorosos. Ele continha uma série de cláusulas lidando com trabalho e emprego — salário mínimo, carga horária, tratamento dos empregados, moradia, e assim por diante — tudo muito adequado e cristão. No entanto, ele não se preocupava com o maquinário necessário para que o trabalho em si fosse bem-feito. Na falta de uma atitude sacramental com o trabalho, acabava por ser nada mais que uma lista de exigências sindicais. Devemos lembrar que uma guilda medieval insistia não apenas no dever dos empregadores com os empregados, mas também dos trabalhadores com o seu trabalho.

Se a realização da natureza de um ser humano se vê na plena expressão de sua criatividade divina, então precisamos urgentemente de uma doutrina cristã do trabalho que proverá não somente as condições apropriadas de emprego, mas também o trabalho será tal que um homem o fará de todo o seu coração, e ele o fará em prol de um trabalho bem-feito. Porém, não podemos esperar uma atitude sacramental do trabalho enquanto muitas pessoas são forçadas, por nosso padrão deturpado de valores, a fazer um trabalho que é uma degradação espiritual — uma longa série de trapaças financeiras, por exemplo, ou a manufatura de banalidades vulgares e inúteis.

7. *Sociedade.* Por fim, uma palavra ou duas sobre a doutrina cristã da sociedade — não sobre a sua tradução em termos políticos, mas sobre sua base dogmática. Ela se fundamenta na doutrina de quem Deus é e de quem o homem é, e é impossível ter uma doutrina cristã da sociedade exceto como um corolário do dogma cristão sobre o lugar do homem no universo. Isto é, ou deveria ser, óbvio. O único ponto a que gostaria de chamar a atenção é a doutrina cristã da lei moral. As tentativas de abolir as guerras e a perversidade pela lei moral estão fadadas ao fracasso por causa do fato da pecaminosidade. A lei, como qualquer outro produto da atividade humana, compartilha da imperfeição integral do homem, isto é, na antiga frase calvinista, "de sua natureza pecaminosa". Ou seja, toda lei, se erigida a um valor absoluto, contém em si as sementes de juízo e catástrofe. A lei é necessária, mas somente como uma cerca de proteção contra as forças do mal, por assim dizer, de modo que a atividade divina da graça possa fazer sua obra redentora dentro de seus limites. Por exemplo, pode ser que nunca cheguemos a uma paz positiva ou a uma justiça positiva por ações contra malfeitores; a lei sempre é proibitiva, negativa e corrompida pelas contradições interiores da natureza dividida do homem; pertence

à categoria do juízo. É por isso que um entendimento inteligente do pecado é necessário para preservar o mundo de colocar uma confiança injustificada na eficácia da lei moral em si mesma. Ela nunca expulsará Belzebu; ela não pode fazê-lo porque é meramente humana, e não divina.

De todo modo, a lei precisa ser entendida corretamente ou será impossível fazer o mundo entender o sentido da graça. Há somente uma lei real — a lei do universo; ela apenas pode ser cumprida ou pelo juízo ou pela graça, mas ela será cumprida de uma forma ou de outra. Se os homens não entendem o sentido do juízo, eles nunca entenderão o sentido da graça. "Se não ouvem a Moisés e aos Profetas, tampouco se deixarão convencer, ainda que ressuscite alguém dentre os mortos" (Lucas 16.31).

PERGUNTAS PARA DEBATE

1. Sayers classifica quatro tipos de pessoas: (a) cristãos inteligentes e instruídos; (b) pagãos francos e deliberados; (c) cristãos ignorantes; e (d) frequentadores de igreja instruídos (p. 67). Quanto você sabe sobre o credo cristão? E o Credo Apostólico? E o Credo Niceno? E o da sua tradição denominacional? Como o conhecimento da história da igreja, da interpretação bíblica ou da teologia pode beneficiar sua jornada de fé? E a da sua igreja?

2. Desde os pais da igreja primitiva até os estudiosos do Novo Testamento de hoje, a questão "Quem é Jesus?" é debatida. Quem foi o homem Jesus? Quem foi o Cristo da fé? Essas questões ainda servem de estopim para debates acirrados, como se viu entre cristãos, judeus, acadêmicos e pastores na estreia do filme de Mel Gibson *Paixão de Cristo*. É claro, a questão da humanidade e da divindade de Jesus é de suma importância para cristãos. Para você e sua comunidade de fé: "vós, [...] quem dizeis que eu sou?". Que tipo de papel ou influência ele desempenha na sua vida e na vida da sua comunidade?

3. Sayers toca na questão sobre o mal no mundo (isto é, teodiceia) e observa que "Deus está vivo e opera em meio ao mal e ao sofrimento, perpetuamente transformando-os pela energia positiva que ele tinha com o Pai desde antes da fundação do mundo" (p. 76, 77). Levando em conta que cerca de 2/3 do mundo hoje vive em pobreza, milhões sofrem e morrem de doenças como malária, tuberculose e AIDS, crianças são abandonadas sem pais e sem lares e milhões não têm acesso a água potável, sistema de saúde e educação, podemos questionar se Deus está "vivo" nessas nações em desenvolvimento? Como *nós* podemos ser "Deus", mostrar o amor de Deus, para quem está sofrendo com doenças, males sistêmicos, fome e sede?

7
ALIMENTO SÓLIDO

Quem se alimenta de leite ainda é criança, e não tem experiência no ensino da justiça. Mas o alimento sólido é para os adultos, os quais, pelo exercício constante, tornaram-se aptos para discernir tanto o bem quanto o mal.

(EPÍSTOLA AOS HEBREUS 5:13-14)

Aqui está uma afirmação robusta da reivindicação da fé cristã de ser uma religião para mentes adultas. Hoje fico feliz ao lembrar o forte impacto que isso teve em mim quando ainda era relativamente jovem. Protestar, depois de passar a juventude, contra a suposição comum de que não há salvação para os de meia-idade é compreensível, mas provavelmente provocará uma referência jocosa à fábula da raposa que perdeu a cauda. É uma posição mais sólida quando se pode mostrar que o protesto já havia acontecido antes de ser conveniente pelas circunstâncias.

Há uma escola de pensamento (ou, de modo mais estrito, de sentimento) bem popular que se ressente violentamente contra a operação do tempo sobre o espírito humano. Ela considera a idade como algo entre um crime e um insulto. Seus profetas baniram de seu vocabulário selvagem todas as palavras semelhantes a *adulto, maduro, experimentado, venerável*; eles conhecem apenas epítetos ríspidos e sarcásticos como *meia-idade, idoso, ultrapassado, senil* e *decrépito*. Assim, flagelam o que eles próprios são, ou se tornarão em breve, como se a ofensa fosse um encanto para exorcizar o inexorável. Não lhes pertence a coragem impensada de "ser indiferentes ao acaso invisível",[1] nem a coragem arrazoada que prevê o evento e o suporta; menos ainda a coragem extasiada que abraça e

---

[1] Edição em português: William Shakespeare, *Hamlet*, tradução de Millôr Fernandes, São Paulo: L&PM Pocket, 1997, ato IV, cena IV, p. 125. [N. T.]

subjuga o evento. É a fúria pérfida e desesperada da besta encurralada, e não é bonito de ver.

Tais homens, sem ver valor no mundo como tal, proclamam em alto e bom som sua fé no futuro, "que está nas mãos dos jovens". Com essa bajulação, eles jogam seu fardo nos ombros da próxima geração. Por seus fracassos, só o tempo é culpado — não o pecado, que é expiável, mas o tempo, que é irreparável. Buscam escapar da realidade implacável da velhice para a fantasia da juventude — a deles ou a de outras pessoas. O primeiro amor, os ideais da infância, os sonhos pueris, o ninar ao seio da mãe, a cega segurança do ventre — a partir disso se constrói uma estrutura monstruosa de fingimentos para ser seu refúgio das tempestades. Sua fé não está realmente no futuro, mas no passado. Paradoxal que possa parecer, crer na juventude é olhar para trás; a fim de olhar adiante, precisamos crer na velhice.

"A não ser que [...] se tornem como crianças" (Mateus 18:3) — essas palavras de Cristo às vezes são citadas para justificar uma fuga para a infantilidade. Pois bem, as crianças são diferentes em muitos aspectos, mas elas têm uma coisa em comum. Peter Pan — se ele realmente existisse sem ser na imaginação nostálgica do adulto — é um caso patológico. Todas as crianças normais (ainda que as desencorajemos) têm a expectativa de crescer. "A não ser que se tornem como crianças", a não ser que acordem no seu aniversário de cinquenta anos com a mesma empolgação e interesse pela vida que tinham aos cinco anos, "jamais entrarão no Reino dos céus". Não basta apenas morrer diariamente, mas também nascer de novo todos os dias.

"Como pode alguém nascer, sendo velho?" (João 3:4) perguntou Nicodemus. A sua questão foi ridicularizada, mas é bem razoável e até profunda. "Pode, porventura, voltar ao ventre materno e nascer segunda vez?" (ARA). Pode, porventura, escapar do tempo, retornar às confortáveis trevas pré-natais, renunciar aos valores da experiência? A resposta acaba rapidamente com tais fantasias. "O que nasce da carne é carne, mas o que nasce do Espírito é espírito." Somente o espírito é eterna juventude; a mente e o corpo precisam aprender a fazer as pazes com o tempo.

O tempo é um assunto sobre o qual é difícil pensar porque, em certo sentido, sabemos demais sobre ele. Talvez seja o único fenômeno que apreendemos diretamente, pois, se todos os nossos sentidos fossem destruídos, ainda teríamos noção de sua duração. Além disso, todo pensamento consciente é um processo temporal, de modo que pensar conscientemente sobre o tempo é como tentar usar uma régua para medir o tamanho dela própria. A consciência da atemporalidade, que algumas pessoas têm, não pertence ao domínio do pensamento consciente e não pode ser diretamente expressa na linguagem do pensamento consciente, que é temporal. Para todo propósito humano consciente (mesmo o pensamento), somos forçados a contar (em toda acepção da palavra) com o tempo.

Ora, a igreja cristã sempre adotou uma visão totalmente realista do tempo e foi bem específica ao distinguir entre tempo e eternidade. Em sua visão do tema, o tempo não seria um aspecto ou um fragmento da eternidade, nem a eternidade uma extensão indefinida de tempo; os dois conceitos são de categorias diferentes. Ambos têm uma realidade divina: Deus é o Ancião de Dias, mas também o Eu Sou; o Eterno, mas também o Presente Eterno, o Logos e o Pai. Os credos, com suas preocupações práticas habituais, alertam duramente que cairemos em encrencas se confundirmos os dois conceitos ou negarmos a realidade de um deles. Além disso, os místicos — aqueles raros espíritos que estão simultaneamente conscientes do tempo e da eternidade — apoiam a doutrina por seu conhecimento e exemplo. Eles nunca são pessoas vagas e confusas para quem o tempo nada significa; pelo contrário, eles insistem mais do que ninguém na validade do tempo e na concretude da experiência humana.

A realidade do tempo não se altera por ser considerada uma dimensão em um contínuo espaço-tempo ou um sólido com dimensões próprias. "Há um grande demônio no universo", diz Kay em *Tempo e os Conways*, "e o chamamos de Tempo [...] Se as coisas fossem simplesmente misturadas — o bem e o mal —, tudo bem, mas elas só pioram [...] o Tempo está vencendo". O seu irmão retruca que o tempo é "apenas um tipo de sonho" e que os "Conways jovens e felizes do passado" ainda são reais e existentes. "Estamos vendo outra partezinha da vista — uma ruim, admito —, mas toda paisagem ainda está lá [...] Neste momento, ou em qualquer momento, estamos a um corte transversal de nosso eu verdadeiro. O que *realmente* somos é toda a extensão de nós mesmos, todo o nosso tempo; e, quando chegamos ao fim desta vida, nosso tempo será *nós mesmos* — o seu eu real, o meu eu real."

Suponhamos que tudo isso seja verdade — os Conways felizes ainda coexistem, agora, com os Conways infelizes de meia-idade. Suponhamos que o contrário também seja verdade — os Conways infelizes de meia-idade coexistem, então, com os Conways jovens e felizes. E daí? tudo o que fizemos foi substituir uma imagem temporal por uma espacial. Ao invés de progredir do bem para o mal, temos o prospecto (ou "paisagem") de uma mistura de bem e mal que, se vista em sua inteireza ("quando chegamos ao fim desta vida"), necessariamente conterá mais mal que bem, já que "as coisas [...] só pioram". Kay pode pensar que está "tudo bem", mas o fato de que não há aqui vitória sobre o tempo, apenas rendição incondicional, permanece.

A rendição é feita no momento em que assumimos que o tempo é mau em si mesmo e nada traz senão deterioração. É uma pena que a família Conway não tivesse um santo, um artista, alguém que conquistasse alguma realização triunfante. Uma pessoa assim teria uma opinião bem interessante, já que poderia falar com conhecimento de causa sobre o desenvolvimento da alma no tempo, da noite escura da alma que precede a crucificação e resulta em ressurreição.

Ao enfrentar o problema do mal, é inútil tentar fugir tanto do passado ruim quanto do passado bom. A única forma de lidar com o passado é aceitar o passado inteiro e, ao aceitá-lo, mudar o seu significado. O herói da peça de T. S. Eliot, *Reunião de família*, assombrado pela culpa de um mal hereditário, busca primeiro "retornar pela portinhola" para o abrigo de um passado imutável e não consegue se refugiar ali dos cães de caça celestiais. "Agora sei / O último refúgio evidente, o abrigo seguro, afinal / É ali onde eles se encontram. É o caminho espectral...". Enquanto foge do tempo e do mal, ele é seu cativo; somente quando ele os acolhe é que encontra força para transmutá-los. "E agora sei / Que meu dever não é fugir, mas perseguir, / Não é evitar ser achado, mas buscar... / Tanto é a coisa mais difícil, quanto a única possível. / Agora, eles me guiarão; com eles estarei seguro: / Não estou seguro aqui [...] Preciso seguir os anjos de luz." Então, e somente então, ele está apto para apreender o bem no mal e ver os terríveis caçadores de sua alma em sua verdadeira forma angelical. "Sinto-me tão feliz, como se felicidade / Não fosse ter o que se quer / Ou se livrar do que não se pode se ver livre, / Mas sim ver diferente." Não é a libertação da realidade, mas para a realidade.

Esse é o grandioso caminho da aceitação cristã — bem diferente da chamada resignação cristã, que meramente se submete sem êxtase. Segundo um escritor cristão,[2] "o arrependimento nada mais é que uma intenção apaixonada de conhecer todas as coisas do jeito dos céus, e é impossível conhecer o mal como bem se você insistir em conhecê-lo como mal". Para o conhecimento do mal pelo homem, "só pode haver um único remédio perfeito: conhecer o mal do próprio passado como um bem e se ver livre da necessidade de mal no futuro — encontrar o conhecimento correto e a liberdade perfeita juntos; conhecer todas as coisas como ocasiões do amor".

A narrativa da Paixão e da Páscoa Cristã é a narrativa de conquistar essa liberdade e de vencer os males do tempo. Aceita-se o fardo da culpa ("Deus tornou pecado por nós aquele que não tinha pecado", 2Coríntios 5:21), atravessa-se a última agonia de alienação de Deus (*Eloí, Eloí, lamá sabactâni?*, Marcos 15:34); quebra-se e refaz-se o corpo temporal; reconcilia-se tempo e eternidade em

---

[2]Charles Williams, *He came down from heaven.*

uma única pessoa. Não há fuga aqui para um paraíso de ignorância primeva, pois o novo reino de Deus se constrói sobre os fundamentos da experiência espiritual. Não se nega o tempo; ele se cumpre. "Sou o pão dos fortes; cresce e comer-me-ás."[3]

PERGUNTAS PARA DEBATE

1. Atualmente, nos Estados Unidos, adoramos a beleza e o vigor da juventude. Jovens enfeitam a capa de revistas, estrelam em recordes de bilheteria, dominam as propagandas e ditam a moda. Jovens são cobiçados, reinventados em cirurgias e exibidos em hobbies e esportes. Todavia, Sayers diz que, como cristãos, não devemos olhar "para trás", e sim "para a frente"; "precisamos crer na velhice" (p. 90). Você acredita na velhice? Esteja você na sua adolescência ou nos seus vinte, trinta, cinquenta ou oitenta anos, reflita sobre sua jornada de fé. De onde você veio? Onde está agora? Para onde está indo? Como sua experiência beneficia sua comunidade?

2. Você já experimentou uma "noite escura da alma que precede a crucificação e resulta em ressurreição"? Se sim, como foi? O que você aprendeu? Como isso influenciou seu crescimento espiritual?

---

[3]Edição em português: Santo Agostinho, *Confissões*, tradução de J. Oliveira; A. Ambrósio de Pina. Petrópolis: Vozes, 2017, livro VII, cap. 10. [N. T.]

8
OS OUTROS SEIS PECADOS CAPITAIS[1]

[1] Literalmente "pecados mortais". Julgo mais fiel, porém, a tradução "pecados capitais", pois a autora não busca ressaltar a distinção especificamente católica romana entre pecados mortais e veniais, mas, sim, uma teologia moral, com raiz nos pais do deserto e na teologia ascética do período medieval, que enxerga tais pecados como fonte ou fundamento dos demais. Para mais detalhes, veja Rebecca Deyoung, *Vícios esplêndidos: uma nova perspectiva sobre os sete pecados capitais e a sua cura*, São Paulo: Pilgrim, 2022. [N. T.]

Talvez a observação mais amarga sobre como a doutrina cristã tem sido ensinada nos últimos séculos seja o fato de que, para a maioria das pessoas, a palavra *imoralidade* veio a significar uma única coisa bem específica. Por uma cruel ironia, como cada vez menos reprovamos esse pecado, somos delicados na hora de nomeá-lo, de modo que viemos a usar para ele as palavras que foram feitas para cobrir todo um espectro de corrupção humana. Um homem pode ser ganancioso e egoísta; rancoroso, cruel, ciumento e injusto; violento e brutal; avarento, inescrupuloso e mentiroso; teimoso e arrogante; estúpido, preguiçoso e morto para todo instinto nobre — e ainda não estamos dispostos a chamá-lo de um homem imoral. Lembro-me de um jovem que certa vez me disse com perfeita ingenuidade: "Não sabia que havia sete pecados capitais; por favor, diga-me os nomes dos outros seis".

Sobre o pecado chamado de *luxúria*, portanto, direi apenas três coisas. Primeiro, trata-se de um pecado e deve ser chamado por esse título, sem ser soterrado debaixo de um termo genérico como imoralidade, nem ser confundido com amor.

Em segundo lugar, ao atacar esse pecado, até hoje a igreja teve a aliança ativa de César, que se preocupou em manter a solidariedade familiar e a transmissão ordenada da propriedade sob os interesses do Estado. Agora que o contrato, e não a condição, é considerado o fundamento da sociedade, César não precisa mais depender da família para manter a solidariedade social; e agora que tanta propriedade é possuída anonimamente por meio de fundos e empresas, as leis de herança perderam boa parte de sua importância. Consequentemente, César agora está muito menos interessado do que antes nas decisões de seus cidadãos sobre com quem dormir e acabou por cinicamente denunciar, dessa forma, sua aliança com a igreja. Isso é um alerta contra colocar a confiança nos filhos dos homens, particularmente em César. Se a igreja quer continuar sua campanha contra a luxúria, ela precisa fazê-lo sobre seus próprios fundamentos (sacramentais); e ela precisará fazê-lo, se não em oposição a César, ao menos sem sua ajuda.

Em terceiro lugar, há duas razões principais pelas quais as pessoas caem no pecado da luxúria. Pode ser por meio da mera exuberância de um espírito animalesco, hipótese na qual uma aplicação rígida de limites seja tudo o que é necessário para levar o corpo à sujeição e lembrar seu lugar adequado no esquema da dupla natureza do homem. Ou — como normalmente acontece em períodos de desilusão como os nossos, em que filosofias foram à falência e a vida parece não ter esperança — homens e mulheres podem cair na luxúria por puro tédio e descontentamento, tentando encontrar nela algum estímulo que não acontece no desconforto pálido de suas circunstâncias mentais e físicas. Nessa hipótese, repreensões francas e restrições são completamente inúteis. É como se fosse um esforço de curar a anemia pelo sangramento; somente reduz ainda mais uma vitalidade já empobrecida. O aspecto lúgubre da pornografia e da promiscuidade do século 20, que requerem tratamento, sugere fortemente que chegamos a um desses períodos de depressão espiritual em que as pessoas vão para a cama porque não têm nada melhor para fazer. Em outras palavras, a dissolução moral lamentável de que as pessoas respeitáveis reclamam possivelmente não tem raiz na luxúria, mas em outros pecados da sociedade, podendo ser automaticamente curada quando sua causa for eliminada.

Por isso, a igreja reconhece oficialmente seis outros pecados capitais ou fundamentais — totalizando sete. Três desses podem ser chamados, *grosso modo*, de pecados de sangue quente ou desonrosos, e os quatro restantes podem ser chamados de pecados de sangue frio ou respeitáveis. É interessante observar que Cristo repreendeu os três pecados desonrosos apenas em termos bem amenos ou genéricos, mas guardou suas injúrias mais violentas contra os respeitáveis. César e os fariseus, por outro lado, desaprovam fortemente tudo que é de sangue quente ou desonroso e abrem espaço para os pecados de sangue frio ou respeitáveis, e até fazem conspiração para tentar considerá-los virtudes. Podemos notar que, em decorrência dessa aliança profana entre o interesse mundano e a opinião religiosa, o homem comum se inclina a canonizar os pecados de sangue quente para si e agradecer a Deus abertamente por sua mente aberta, por ser dado a um alto padrão de vida e por estar sensível à justa indignação — não sendo lascivo, rígido ou molenga, muito menos como aquele fariseu. É difícil culpar tanto assim o homem comum por essa reação natural contra a identificação insistente da moral cristã com tudo o que Cristo mais fervorosamente abominou.

O pecado da *ira* talvez não seja um vício peculiar dos ingleses enquanto nação, exceto em uma forma mais específica. Em geral, somos tardios para nos irar e não gostamos da violência. Podemos ser brutais e destrutivos, todavia, normalmente, apenas sob provocação. Boa parte de nossa aparente brutalidade se deve menos à violência do temperamento que à pura estupidez em sua forma mais prosaica (um pecado detestável em si, mas diferente em sua natureza e origem). Em geral, somos um povo tranquilo e bem-humorado, que odeia com dificuldade e julga impossível cultivar rancor ou vingança.

Isso é verdade para os ingleses, penso eu. Talvez não seja bem verdade para todos que se dizem e se chamam de britânicos. Os celtas são briguentos; eles se orgulham de não levar desaforo para casa. Eles se ressentem da memória de erros antigos de uma forma que os ingleses julgam ser incompreensível — se os ingleses tivessem o temperamento irlandês, eles ainda ficariam irados por qualquer alusão à Batalha de Hastings, em vez de a resumirem filosoficamente como "1066 e tal". Os celtas se agarram firmemente a suas antigas selvagerias tribais, e seus hábitos religiosos são calorosos, polêmicos e (em casos extremos, como na fronteira irlandesa) manchados por sede de sangue e uma mania de perseguições. Porém, os ingleses não podem ter tanta pressa para se congratularem. Eles têm uma fraqueza persistente, por meio da qual podem prontamente ser levados ou ficar atrelados ao pecado da ira: eles são particularmente sujeitos a rompantes de justa indignação. Enquanto estão em um desses surtos, eles se lançam a uma furiosa depravação e cometem extravagâncias que, além de malignas, são ridículas.

Todos conhecemos muito bem o homem — ou, talvez com menor frequência, a mulher — que afirma que quem tortura um animal indefeso deveria ser flagelado até implorar por misericórdia. O tom ríspido e desafinado, bem como o rosto contorcido e o olho piscante que acompanha a declaração é suficiente para nos alertar que essa raiva justa vem do Diabo e beira à mania. Contudo, nem sempre reconhecemos essa horrível forma de possessão quando ela se disfarça como um zelo por eficiência ou uma nobre resolução de denunciar escândalos, particularmente ao se expressar apenas em meios impressos ou em discursos retóricos. É de notório conhecimento das seções mais inescrupulosas da imprensa que nada lucra mais no mundo dos jornais quanto a manufatura de cismas e a exploração da ira. Vire as páginas dos jornais mais populares se você quer ver como a avareza prospera com o ódio e as violentas paixões. Fomentar ressentimentos e dividir os homens é a maior fonte de renda para a prosperidade de agitadores e o lucro de jornalistas. Uma desavença, uma rixa ou uma guerra sempre são notícia; se tal notícia está faltando, é rentável inventá-la. A mente inglesa média é um campo fértil em que se semeia a discórdia da indignação moral, e a luta que se segue será cega, brutal e sem piedade.

Não estou dizendo que escândalos não deveriam ser denunciados e que nenhuma raiva seja justificável. Contudo, você conhece a pessoa rixosa pela maligna perversão de sua linguagem tanto quanto a maligna perversão de seu rosto e voz. A sua fúria é irrestrita e sem magnanimidade — seu objetivo não é coibir a ofensa, mas exterminar o ofensor. A pessoa rixosa prefere que o mal não seja curado a ter uma cura tranquila e sem violência. O seu maligno desejo irado não pode ser saciado a não ser que alguém seja perseguido, agredido e pisado, concluindo com uma dança de guerra bárbara ao redor do cadáver.

Eu disse que os ingleses são prontamente tentados a esse tipo de depravação. Devo adicionar que é uma depravação e, como outras depravações, resulta em dor de cabeça, uma ressaca daquelas e uma sensação insuportável de vergonha. Quando finalmente se entregam à ira, mostram-se de forma tão degradante porque a ira não é natural para eles; ela os afeta como se fosse álcool ou drogas. No comportamento envergonhado que se segue, eles se tornam desanimados, desmotivados e fracos de juízo. Portanto, preocupo-me bem mais com um espírito altamente desagradável de revanchismo que se recomenda em nossos dias, camuflado como ira justa e um espírito combatente. Não é sequer um espírito combatente — de todo modo, é bem diferente do espírito em que soldados combatem em uma guerra. O bom soldado, em geral, destaca-se tanto pela severidade de suas medidas quanto pela medida de sua severidade. Ele é sangrento quando o dever exige e, via de regra, não mais que isso. Até mesmo na Alemanha existe diferença entre o combatente profissional e o político exatamente nesse aspecto.

Contudo, há certas pessoas cujas invectivas de guerra sugerem menos o grito de guerra de um guerreiro selvagem do que a senhorita Henrietta Petowker a recitar *The Blood-Drinker's burial* na sala de estar dos Kenwigs.[2] Se digo: "não os ouçam" não é porque não há espaço para indignação, mas porque chega um ponto em que a indignação justa passa para o pecado capital da ira e, após passar esse ponto, é provável que, como todas as outras paixões, ela se precipite em seu oposto, o pecado igualmente fatal de preguiça ou acídia, do qual logo mais teremos algo a dizer. A fúria

---

[2]Referência à cena de *A vida e as aventuras*. [N. T.]

desgovernada é o pecado do sangue quente e do espírito apressado; em tais homens, há normalmente um arrependimento bem rápido, embora possa causar antes disso uma destruição irreparável. Precisamos tomar cuidado para que o hábito de ira e destruição que a guerra impõe sobre nós não se transmita ao período de paz. Acima de tudo, precisamos tomar cuidado que nossos rompantes cegos não sejam manipulados e motivados pelos de cabeça fria e sangue frio — os invejosos, os avarentos e os soberbos.

O terceiro pecado de sangue quente se chama *gula*. Em sua forma mais vulgar e mais óbvia, podemos sentir que não somos tão tentados por ele. Outros tipos de pessoas — nós, não —, é claro, acabam se chafurdando dessa forma desprezível. As pessoas pobres, de hábitos grosseiros e mal-educadas, bebem cerveja demais. As pessoas ricas, particularmente nos Estados Unidos e naqueles hotéis caros que não podemos pagar, enchem-se de comida. As pessoas jovens — especialmente garotas mais jovens que nós — bebem *drinks* demais e fumam feito chaminés. E algumas pessoas muito repreensíveis inventam, até mesmo em tempos de guerra, de se comportar como porcos em desafio às leis de racionamento — como a jovem que, segundo certa coluna de fofocas recente, conseguiu comer cinco almoços diferentes em cinco restaurantes diferentes em uma única manhã. Contudo, em geral, a Inglaterra em tempos de guerra não é um lugar em que a maioria de nós pode facilmente destruir sua alma em glutonaria. Podemos nos congratular de que, se não abandonamos exatamente nossos pecados, de qualquer forma esse pecado em particular nos abandonou.

Vamos aproveitar esse espaço vazio, enquanto ainda estamos fora do alcance da tentação, para olhar para um aspecto notável do pecado da gula. Todos ficamos cientes ultimamente de algo bem inquietador sobre o que chamamos de sistema econômico. Uma mudança estranha aconteceu conosco, desde a chegada da era das máquinas. Enquanto antes se considerava uma virtude ser frugal e contente com sua porção, agora se considera marca de uma nação avançada ser cheia de cidadãos apressados e ambiciosos que pretendem aumentar seu padrão de vida. E isso não é interpretado no sentido de simplesmente obter uma suficiência decente de alimento, roupas e abrigo da parte de todos os cidadãos. Significa muito mais e muito menos do que isso. Significa que todo cidadão é encorajado a considerar mais luxos, cada vez mais complicados, como necessários a seu bem-estar. Esse consumo guloso de bens manufaturados se tornou, antes da guerra, a virtude cívica primária. E por quê? Porque as máquinas podem produzir de forma econômica apenas em grande quantidade; porque, a não ser que as máquinas produzam de forma econômica, seu funcionamento não será lucrativo; e porque, a não ser que elas funcionem, milhões de cidadãos ficarão desempregados e a comunidade enfrentará escassez.

Não precisamos parar para dar voltas sobre o ciclo vicioso de produção e consumo. Não precisamos nos lembrar da inundação furiosa de propagandas pelas quais as pessoas são ameaçadas e paparicadas para que saiam de seu razoável contentamento para uma acumulação gananciosa de bens que não necessitam de verdade; nem apontar pela milésima vez que se apela a toda paixão maligna — esnobismo, preguiça, vaidade, concupiscência, ignorância, ganância — nessas campanhas. Nem de como comunidades despretensiosas (qualificadas como países retrógrados) têm desejos rudemente impostos sobre elas à medida que seus vizinhos se esforçam para encontrar uma vazão para as mercadorias das quais seu mercado está saturado. E não podemos passar muito tempo expondo como, à medida que a necessidade de vender mercadorias em grandes quantidades se torna mais desesperada, a apreciação da qualidade pelas pessoas é violentamente desencorajada e suprimida. Você não pode comprar mercadorias que durem demais, pois a produção não poderá continuar a não ser que as mercadorias se deteriorem, ou saiam de moda, e assim possam ser descartadas ou substituídas por outras.

Se um homem inventar algo que dê satisfação duradoura, sua invenção precisa ser adquirida pelo manufatureiro para que nunca venha a ser fabricada. Tampouco pode o trabalhador ser encorajado a se interessar mais pelo objeto que constrói; se ele o fizesse, ele poderia desejar fazê-lo na maior qualidade possível, e isso não traz lucro. É melhor que ele trabalhe em uma indiferença morta, ainda que tal abordagem seque seu espírito e o faça odiar seu trabalho. A diferença entre o operário e o artesão é que o artesão vive para fazer o trabalho que ama, enquanto o operário vive fazendo o trabalho que despreza. O serviço da máquina não pode ser de outro modo. Todos sabemos de tudo isso e não podemos tratar do assunto agora, mas peço que ainda lembrem.

O ponto que quero frisar agora é este: não importando se é desejável ou não manter esse assombroso catavento de economia industrial baseado em consumo glutão, ele não pode se manter por um único momento sem a cooperação da gula do consumidor. A legislação, o controle de salários e lucros, o equilíbrio entre exportação e importação, os planos elaborados para a distribuição de mercadorias excedentes, a propriedade estatal de empresas, os sistemas complicados de crédito social e finalmente guerras e revoluções, todos são invocados na esperança de romper com o que chamamos do presente sistema econômico. Ora, é bem possível que sua ruptura fosse um desastre terrível e produzisse um caos pior do que veio antes — não precisamos argumentar sobre isso. O ponto é que, sem nenhuma legislação, todo o sistema seria destruído instantaneamente se cada consumidor voluntariamente restringisse suas compras às coisas de que realmente precisasse. Como certo trabalhador disse em uma reunião, "o fato é: quando caímos nessas propagandas, somos tratados como idiotas". De fato. O pecado da glutonaria, da ganância, de nos encher com o excesso é o pecado que nos entregou ao poder das máquinas.

Nos dias sombrios entre as guerras, deparamo-nos com alguns contrastes horrendos entre abundância e pobreza. Esses contrastes deveriam ser, e precisam ser, reduzidos. Porém, sejamos francos, eles não vão se reduzir enquanto os pobres admirarem os ricos por aproveitarem exatamente essa forma gulosa de viver que sequestra o mundo nas garras do presente sistema econômico e derem o seu melhor para imitar os piores vícios do rico. Fazer isso é se entregar às graças daqueles mais interessados em manter tal sistema rodando. Você observa que, sob uma economia em tempos de guerra, o contraste está se achatando; somos forçados a reduzir e a regular nosso consumo pessoal de mercadorias e revisar toda a nossa noção do que significa cidadania em sentido econômico. O julgamento que recebemos do mundo é este: quando não nos corrigimos pela graça, somos compelidos ao jugo da lei. Você observa que também estamos aprendendo algumas coisas. Não parece haver, por exemplo, diminuição alguma em nossa saúde ou em nosso ânimo em virtude do fato de termos apenas uma opção de, digamos, meia dúzia de pratos em um restaurante em vez de quarenta.

Quanto à roupa, estamos começando a recuperar nosso respeito pelo material com durabilidade; não podemos mais ser enganados pelo argumento falacioso de que é mais inteligente e mais higiênico vestir roupas íntimas e meias uma única vez e depois jogá-las fora do que comprar coisas que vão nos servir por anos. Estamos tendo de aprender, dolorosamente, a guardar comida e suprimentos, e a reutilizar nosso lixo; e, ao aprender a fazer isso, descobrimos uma curiosa sensação de estarmos em uma empolgante aventura. Pois a grande maldição da gula é que ela acaba por destruir toda sensação do raro, do singular, do insubstituível.

Porém, o que será de nós quando a máquina da guerra parar de consumir nossos produtos excedentes? Vamos nos agarrar a nossa redescoberta do que realmente é valioso e dessa postura aventureira diante da vida? Se sim, vamos revolucionar a economia mundial sem nenhuma revolução política. Ou vamos novamente permitir que nossa gula se torne o instrumento de um sistema econômico com que ninguém se satisfaz? O sistema como o conhecemos depende de desperdício e lixões. Atualmente, o desperdício (isto é, o consumo por pura gula) está sendo feito por nós no campo de batalha. Na paz, se não revisarmos nossas ideias, nós mesmos seremos os instrumentos. O lixo será empilhado em nossas portas, em nossas costas, em nossos estômagos. Em lugar do consumo exagerado de caminhões e tanques, metal e explosivos, teremos de volta o consumo exagerado de rádios e meias de seda, drogas e jornal, ornamentos baratos e cosméticos, todo lixo e desperdício que enche os esgotos sobre os quais se edifica o palácio da glutonaria.

A glutonaria é de sangue quente. É o excesso e a perversão daquele humor livre, despreocupado e generoso que deseja aproveitar a vida junto com outras pessoas. Porém, como a luxúria e a ira, é um pecado irracional e inconsciente que coloca a pessoa de bom coração à mercê de quem é cabeça fria e sangue frio; e a exploram e a levam a juízo, para que, em grande medida, produza o seu oposto — a própria escassez em meio à abundância que testemunhamos horrorizados atualmente.

Ela fica à mercê especialmente do pecado chamado *avareza* ou cobiça. Em outros tempos, esse pecado se contentava em ser chamado acúmulo honesto e, sob tal nome, como dizem em Aberdeen, era de "grande respeito".[3] Os pecados de sangue frio se recomendam à igreja e ao Estado pelas restrições impostas aos pecados de sangue quente, tão vulgares e desonrosos. Os pobres poupadores não se enchem de cerveja em bares, nem se metem em brigas barulhentas nas ruas para perturbarem pessoas decentes. Além disso, é menos provável que se tornem um fardo para os contribuintes. Os poupadores prósperos não escandalizam seus vizinhos piedosos por gastanças suntuosas com gula ou luxúria — que são pecados bem caros. Ainda assim, costumava sempre haver certas ressalvas com o respeito dado à cobiça. Era um pecado sem romantismo nem espetáculo. Os mais indispostos os chamavam de nomes rudes, como "mão de vaca" ou "pão duro". Era um pecado estreito, sorrateiro, sutil; e que não gostava de se misturar. Era mais popular com César do que com seus súditos; não havia glamour.

---

[3] A autora diz que esse pecado era *varra weel respectit* (traduzido literalmente por "muito bem respeitado"). A grafia peculiar tenta imitar o sotaque escocês a fim de zombar de sua típica sovinice. [N. T.]

Coube aos nossos dias dotar a cobiça com glamour, em larga escala, e lhe dar um título que pudesse empunhar como bandeira. Alguém teve a ideia de chamá-la empreendedorismo. A partir desse momento de feliz inspiração, a cobiça aproveitou sua oportunidade e nunca olhou para trás. Ela se tornou um pecado de peito estufado, de capa e espada, um pirata, andando por aí com seu chapéu cobrindo o olho e pistolas enfiadas em suas botas. Seus gritos de guerra são "Corte o que for preciso!", "Livre concorrência!", "Doa a quem doer!", "Trabalhe enquanto eles dormem!". Ela não busca mais trabalhar e poupar; funda novas empresas; aposta e especula; pensa grande; assume riscos. Ela não pode mais se importar com riquezas reais e, assim, ficar presa ao trabalho e ao solo. Ela livrou o dinheiro de todos esses limites constrangedores; ela tem interesse em todos os continentes; é impossível restringi-la a um local ou a qualquer mercadoria concreta — é uma aventureira, um mercenário agitado e extrovertido. Parece tão alegre e jovial, parece ter tanto brilho em seus olhos perspicazes, que ninguém pode crer que seu coração é frio e calculista como sempre.

Aliás, onde está seu coração? A cobiça não encarna em pessoas individuais, mas em empresas, sociedades de ações, fusões, trustes, que não têm corpo para ser chutado, nem alma para ser condenada ao inferno — tampouco coração ao qual apelar. É bem difícil atribuir a alguém a responsabilidade pelas coisas feitas com o dinheiro. Obviamente, se a cobiça calcula errado e algum grande banqueiro vai à falência, junto com diversos pequenos especuladores, balançamos nossas cabeças hipócritas e vemos claramente de quem é a culpa. No entanto, não punimos o homem de negócios fraudulento por suas fraudes, mas por seu fracasso.

A igreja diz que a cobiça é um pecado capital, mas será que ela realmente acredita nisso? Ela está pronta para confrontar sociedades ricas para que lidem com a imoralidade financeira nos mesmos termos em que confronta a imoralidade sexual? Será que os funcionários nas portas das igrejas na Itália, que impedem mulheres com ombros à mostra de entrar, também impedem alguém bem-vestido demais, a ponto de pôr em dúvida sua honestidade?

Será que os comitês de vigilância que reclamam de livros e peças explícitos tentam suprimir a literatura que é explícita quanto a ter sucesso no mundo como o principal objetivo de vida? Será que Dives,[4] como Madalena, alguma vez recusou os sacramentos por ser, como ela, "alguém de público e notório mal viver"?[5] Será que a igreja organiza cultos, com esplêndidos cantos congregacionais, para quem se abstém completamente da usura?

Nessas questões, o histórico da igreja não é tão bom quanto deveria ser. Porém, talvez seja melhor do que aqueles que a denunciam por negligência. A igreja não é o Vaticano, nem os bispos metropolitanos, nem os sínodos de bispos; nem mesmo o vigário, pároco ou líderes leigos; a igreja é você e eu. E será que você e eu estamos tendo o mínimo de sinceridade em nosso fingimento de que desaprovamos a cobiça?

Façamos uma ou duas perguntas a nós mesmos. Admiramos e invejamos os ricos por que eles são ricos, ou por que o trabalho pelo qual ganharam seu dinheiro foi um trabalho bem-feito? Se ouvimos que o nosso velho amigo fulano de tal conseguiu um belo contrato com a prefeitura, ficamos chocados com a revelação da sorrateira corrupção envolvida ou dizemos com admiração "o fulano de tal não deixa para depois, o mundo é dos espertos"? Quando vemos um filme no cinema sobre pessoas com nada na cabeça em cenários luxuosos, dizemos "que besteira!" ou sonhamos acordados, desejando abandonar nosso trabalho comum e nos casarmos com alguém que nos desse um cenário daqueles? Quando investimos nosso dinheiro, nos perguntamos se aquela empresa representa algo útil ou apenas se será uma fonte segura o suficiente para retornar bons dividendos? Regularmente apostamos nosso dinheiro em bolões da loteria esportiva ou em corridas? Quando lemos o jornal, nossos olhos se prendem imediatamente

---

[4] Proveniente da tradicional tradução latina conhecida como Vulgata, Dives (equivalente a *rico*, em latim) é o nome atribuído ao homem rico da Parábola de Lázaro em Lucas 16:19-31. [N. T.]

[5] Palavras clássicas do Livro de Oração Comum proferidas para controlar o acesso ao sacramento da Mesa do Senhor. [N. T.]

em tudo o que traz a palavra "MILHÕES" em letras garrafais, precedidas pelo sinal de $? Já recusamos dinheiro porque o trabalho exigido seria algo que não poderíamos fazer honestamente ou com qualidade? Será que NUNCA escolhemos nossos amigos pensando na utilidade de termos tais contatos, ou buscando manter aqueles que podem dar resultado no futuro? Então — e grave a importância disto —, quando procuramos culpados pela bagunça que o mundo econômico nos legou, sempre colocamos a culpa em banqueiros perversos, lucros perversos, capitalistas perversos, empregadores perversos, gestores perversos? Ou às vezes nos perguntamos até que ponto nós contribuímos para a bagunça?

Assim como o pecado da glutonaria prospera com nossas pequenas ganâncias, da mesma forma o pecado da cobiça prospera com nossos pequenos atos de avareza — por exemplo, com o cotista minoritário estúpido e irresponsável que quer ganhar dinheiro sem fazer nada. Há um livro chamado *Wall Street under oath* [Wall Street sob juramento],[6] de leitura agradável, mas constrangedora. É uma exposição de diversas fraudes em empresas e bancos nos Estados Unidos durante a recessão do entre guerras. Quando terminarmos de nos perguntar sobre a venalidade de cara lavada, a ganância e a falta de escrúpulos dos mais notáveis banqueiros que compareceram ao tribunal para responder sobre alegações de fraude, poderemos nos perguntar com maior proveito sobre a incrível avareza e tolice criminosa de suas vítimas. Pois nenhum golpista poderia oferecer seus investimentos fajutos se não pudesse contar, em sua vítima em potencial, com uma avareza tão inescrupulosa quanto a dele — apenas mais estúpida. Toda vez que esperamos, como se diz, que o nosso dinheiro trabalhe por nós, estamos esperando que outras pessoas trabalhem por nós; e, quando esperamos ganhar mais dinheiro em um ano do que o trabalho honesto poderia produzir nesse tempo, estamos esperando que ele trapaceie e roube em nosso favor.

---

[6] Por Louise Pecora.

Estamos todos no mesmo barco. Muitas vezes me pergunto por que a Alemanha teve a tola impaciência de começar a guerra. Se tudo o que ela queria era maior dominação, poderia obtê-la sem uma gota de sangue ao simplesmente esperar o suficiente e confiar na avareza da humanidade. Você talvez se lembre do sórdido e cínico empresário francês no barco que trouxe Elie J. Bois para a Inglaterra depois da queda da França. Alguém lhe perguntou: "Por que a França caiu assim?", e ele respondeu: "Porque ela tinha homens como eu em excesso". A França foi comprada; os políticos foram comprados; a imprensa foi comprada. O trabalho foi comprado, a igreja foi comprada, as grandes empresas foram compradas, até as forças armadas foram compradas. Nem sempre em subornos com dinheiro em espécie, mas pelo apelo insidioso por segurança, interesses comerciais e poder econômico. Ninguém queria destruir nada ou abrir mão de nada; sempre havia a esperança de negociar com o inimigo. Todo mundo, desde o menor funcionário público provinciano até o mais mesquinho dos comerciantes tinha um interesse em não resistir.

Guerras não são feitas por empresários, que ficam aterrorizados com a ameaça de seus poderes: o que empresários fazem são rendições. Ninguém ora mais fervorosamente que o empresário para se ver livre do fardo esmagador de armamentos; a primeira coisa que acontece nas guerras é o congelamento de créditos internacionais, o que desagrada o empresário. O mesmo empresário que verá com perfeita indiferença a destruição absurda de peixes e frutos, café e milho no tempo de paz, porque não vale a pena distribuí-los, torna-se intensamente sensível à destruição absurda de propriedade na guerra. Paciência, esperteza e apelo à avareza podem sujeitar economicamente o mundo todo por uma lenta corrupção interior. Talvez possamos nos considerar sortudos de a paciência de Hitler ter finalmente acabado e ele ter invocado o demônio da ira para expulsar o demônio da cobiça. Quando Satanás expulsa Satanás, o seu reino não subsiste; mas precisaremos passar por uma encruzilhada terrível, se for preciso escolher entre um demônio e outro — se a única solução para a cobiça for a ira da guerra e a única salvaguarda contra a guerra for uma paz baseada na cobiça.

A cobiça é a perversão de uma virtude mais positiva e de sangue mais quente que a diligência. É o amor dos bens reais, tendo o mundo material apenas dois deles: os frutos da terra e o trabalho das pessoas. Quanto aos valores espirituais, a avareza não vê utilidade neles, pois não podem ser avaliados monetariamente e, assim que alguém tenta avaliá-los de tal forma, eles de repente desaparecem delicadamente.

Podemos argumentar eloquentemente sobre como a honestidade é a melhor política. Infelizmente, assim que se adota a honestidade por questões políticas, ela misteriosamente deixa de ser honestidade. Podemos dizer que a melhor arte deveria ser recompensada na maior proporção — o que é verdade —, mas, caso o artista deixe seu trabalho ser influenciado por questões de marketing, logo descobrirá que não está produzindo arte. E podemos dizer, com certa justiça, que uma nação irreligiosa não pode prosperar; mas, caso uma nação tente cultivar a religião com o fim de recuperar a prosperidade, a "marca" da religião resultante será direcionada para um Deus bem estranho de fato. Dizem que atualmente há um reavivamento do chamado interesse na religião. Até alguns governos se inclinam a dar tempo de transmissão à propaganda religiosa e separar dias nacionais de oração. Por mais admiráveis que sejam tais atividades, resta um sentimento assustador de que se cultiva o conhecimento de Deus porque ele pode ser útil no futuro. Todavia, Deus é sagaz o suficiente para enxergar por trás desse tipo particular de fraude comercial.

Estamos, contudo, ainda na metade da nossa lista de pecados capitais. Lado a lado com a cobiça vem sua grande companheira — a *inveja* —, que odeia ver outros homens felizes. Os nomes pelos quais ela se oferece ao mundo para ser aplaudida são direito e justiça, e ela de fato desfila como se fosse tais austeras virtudes. Ela começa perguntando, com certa plausibilidade: "Por que não devo aproveitar o que outros aproveitam?" e acaba reclamando:

"Por que outros deveriam aproveitar o que eu não tenho?". A inveja é a grande niveladora. Se não posso passar para um nível acima, trago tudo para um nível abaixo. As palavras constantes em sua boca são "meus acertos" e "meus erros". Na melhor das hipóteses, a inveja é uma ambiciosa escaladora e uma esnobe; na pior, é uma destruidora, pois, em vez de admitir alguém mais feliz que ela, prefere que todos fiquem tristes juntos.

No amor, a inveja é cruel, ciumenta e possessiva. O meu amigo e o meu cônjuge precisam estar totalmente envolvidos comigo e não podem ter outros interesses além de mim. É meu direito. Nenhuma pessoa, nenhum trabalho, nenhum passatempo podem roubar de mim qualquer parte desse direito. Se não podemos ser felizes juntos, seremos infelizes juntos, mas não pode haver escapatória para prazeres que não compartilho. Se o trabalho do meu marido significa mais para ele do que eu significo, prefiro vê-lo arruinado que preocupado; se minha esposa fica tão desprendida a ponto de gostar de Beethoven, de dançar ou de qualquer coisa que não aprecio, eu a provoco e a insulto até que ela não possa mais aproveitar tais gostos com tranquilidade. Se o meu próximo consegue ter prazer em interesses intelectuais que excedem minhas capacidades, zombarei dele e o ridicularizarei, porque ele me fez me sentir inferior, e eu não consigo suportar isso. Todos os homens têm direitos iguais, e, se essas pessoas nasceram com qualquer tipo de privilégio, tratarei de tornar tal privilégio sem valor algum, se eu puder, e por quaisquer meios a meu dispor. Que a justiça seja feita a mim, ainda que os céus caiam e a terra se despedace.

Se a avareza é o pecado dos que têm contra os que não têm, a inveja é o pecado dos que não têm contra os que têm. Se queremos ver como eles se comportam em larga escala, podemos dizer que a avareza tem sido o pecado das democracias anglo-saxônicas, e a inveja, o da Alemanha. Ambos são cruéis — um com uma crueldade pesada, enfatuada e incruenta; o outro com uma crueldade violenta, calculada e selvagem. No entanto, a Alemanha apenas exibe de uma forma mais acentuada o mesmo mal que temos em abundância nacionalmente.

A dificuldade em lidar com a inveja é precisamente o fato de ser o pecado dos que não têm, de modo que sempre pode encontrar apoio dentre aqueles inclinados à justiça e à generosidade. Suas demandas para um lugar ao sol são altamente plausíveis, e qualquer um que detectar qualquer egoísmo nas demandas pode ser prontamente silenciado por uma acusação de opressão, inércia e vontade de se aproveitar dos pobres. Vamos analisar um pouco os meios pelos quais a inveja torna o mundo seu refém.

Uma das suas conquistas foi mudar a ordem passada pela qual a sociedade se baseava na posição social e substituí-la por uma nova base: a do contrato. O status significa, *grosso modo*, que as relações das unidades sociais se organizam segundo as qualidades intrínsecas que essas unidades têm por natureza. Homens e instituições são valorizados pelo que são. O contrato significa que eles são valorizados, bem como suas relações organizadas, em virtude da barganha que podem oferecer. Por exemplo, o conhecimento e aquele que conhece podem ser avaliados a preço de mercado — apreçados, vale dizer, não por causa do conhecimento, mas pelo que se chama de sua contribuição à sociedade. Estima-se a família (ou não) de acordo com o quanto puder mostrar de valor enquanto unidade econômica. Assim, todas as desigualdades podem ser reduzidas, em teoria, a termos financeiros e utilitaristas, de modo que a própria noção de superioridade intrínseca venha a ser negada e ridicularizada. Em outras palavras, toda pretensão de superioridade pode ser desmascarada.

Os anos do entre guerras viram a campanha mais bruta de exposição a ser feita por nações supostamente civilizadas. Grandes artistas foram expostos por meio de revelações de suas fraquezas privadas; grandes estadistas, ao lhes serem atribuídos motivos mercenários e mesquinhos, ou por alegações de seu trabalho ser sem sentido, ou por ser feito por outras pessoas. A religião foi exposta para se mostrar constituída de uma mistura de superstições medrosas e ganância. A coragem foi exposta, o patriotismo foi exposto, o saber e a arte foram expostos, o amor foi exposto e, com ele, a afeição familiar e as virtudes da obediência, da veneração e da solidariedade. A velhice foi exposta pela juventude e a juventude, pela velhice. Os psicólogos desmascararam as falsas pretensões da razão, da consciência e do autocontrole, ao dizer que eram simplesmente disfarces respeitáveis de impulsos inconscientes inomináveis. A honra foi exposta com particular virulência, bem como a boa fé e o altruísmo. Tudo o que podia ser considerado uma superioridade essencial foi desvestido de honra e jogado nas trevas do desprezo. A civilização finalmente foi exposta até que não houvesse um traço para cobrir sua nudez.

É bom que hipócritas que se espalham como cogumelos à sombra de grandes virtudes sejam descobertos e removidos, mas a inveja não é o instrumento apropriado para tal missão, pois ela rompe todo o tecido para arrancar o parasita que ali cresce. Na verdade, o seu inimigo são as próprias virtudes. A inveja não pode suportar a admiração e o respeito; ela não pode suportar ser grata. Contudo, ela é bem plausível; ela sempre anuncia que trabalha em nome da verdade e da equidade. Às vezes, pode ser bom expor um pouco a inveja. Por exemplo, aqui está uma frase que tenho ouvido bastante recentemente:

"Esses serviços (pagamentos, compensações e o que mais for) não deveriam ser questão de caridade. Temos o direito de exigir que sejam oferecidos pelo Estado."

Parece esplêndido, mas o que isso significa?

Pois bem, você e eu somos o Estado e, onde quer que se assumam fardos financeiros, o pagador de impostos é o Estado. O maior fardo da tributação será naturalmente carregado por quem tem mais recursos para pagar. Quando se impõe um novo fardo, os ricos precisarão pagar pela maior parte.

Quanto ao dinheiro gasto com caridade, a maior parte, por motivos óbvios, vem de contribuições dos ricos. Consequentemente, se o fardo até aqui carregado pela caridade for transferido para os ombros do pagador de impostos, ele inevitavelmente ainda será carregado exatamente pela mesma classe de pessoas. A única diferença é esta: as pessoas não pagarão mais porque querem, em sinceridade e amor, mas porque elas precisam fazê-lo, de forma relutante e sob a pena de multas e prisões. *Grosso modo*, o resultado financeiro é o mesmo; a única diferença é a eliminação das duas detestáveis virtudes do amor e da gratidão.

Não quero dizer de forma alguma que certas coisas não deveriam ser responsabilidade do Estado — isto é, de todos. Sem dúvida, aqueles que anteriormente contribuíram por amor deveriam estar dispostos a pagar o imposto em seu lugar. Porém, o que vejo bem claramente é o ódio do ato gracioso e a determinação de que, de acordo com a inveja, a ninguém será permitido uma espécie de prazer espontâneo com boas obras. "Este perfume poderia ser vendido por alto preço, e o dinheiro dado aos pobres" (Mateus 26:9). É sintomático que tenha sido Judas que expôs tal ato de caridade.[7]

O sexto pecado capital é chamado pela igreja de *acídia* ou *preguiça*. No mundo é chamado de tolerância, mas no inferno é chamado de desespero. É cúmplice dos outros pecados e seu pior castigo. É o pecado que em nada acredita, de nada cuida, nada busca conhecer, em nada interfere, de nada gosta, nada ama,

---

[7] É digno de nota que apaziguar a inveja está se tornando um fator bem importante em nossa política doméstica em relação à guerra. Assim, certas restrições foram impostas sobre bufês em hotéis e restaurantes, a saber, não porque fariam qualquer diferença nos recursos alimentícios da nação, mas em nome da igualdade e do sacrifício. Até aí, tudo bem. Semelhantemente, pessoas com grandes depósitos foram proibidas de estocar carvão durante o verão, embora, caso isso fosse permitido até o limite do espaço disponível, o problema da entrega durante o inverno teria sido bastante aliviado para os produtores de carvão, e as pessoas com depósitos menores teriam mais chance de obter seu carvão com regularidade. Até aí, talvez, não esteja tudo bem. A controvérsia sobre a educação foi reaquecida por um belo duelo triangular. Um grupo pensa que escolas públicas integrais são um luxo tão maligno que não deveriam ser impostas nem mesmo sobre os ricos. Um segundo grupo pensa ser um luxo tão desejável que poderia ser aberto completamente aos pobres. Os que nivelam para cima e os que nivelam para baixo se constrangem dessa forma por uma incerteza frívola sobre o que é superior e o que é inferior; enquanto um terceiro grupo defende que todo o sistema de internato pesa tanto sobre pais e filhos que os pobres não gostariam de ter acesso a ele — embora não saibam se isso indica nos pobres um louvável amor pela vida familiar ou uma falta lamentável de disciplina. O único comentário possível parece ser que (a) nenhum exercício é tão difícil e exigente quanto estabelecer a verdade de um caso em seus próprios méritos (daí o desgosto popular pela casuística); (b) sempre é mais fácil nivelar por baixo do que por cima; e (c) um distinto poeta [T. S. Eliot, em *Murder in the cathedral*] nos advertiu que:

A última tentação é a maior traição:
Fazer a coisa certa pelo motivo errado.

em nada vê propósito, por nada vive e permanece vivo apenas porque nada há pelo que morrer. Já o conhecemos muito bem nos últimos anos. A única coisa que talvez não tenhamos reparado é que se trata de um pecado mortal.

A guerra sacudiu bastante nossa consciência quanto a esse pecado da preguiça, e talvez não precisemos falar muito sobre ele. No entanto, dois avisos são bem necessários.

Primeiro, é um dos truques favoritos desse pecado disfarçar-se sob uma atividade agitada do corpo. Podemos pensar que, por estarmos ocupados nos apressando para fazer isto e aquilo, não estamos padecendo de preguiça. Além disso, a atividade enérgica parece oferecer uma escapatória dos horrores da preguiça. Assim, os outros pecados se apressam para encobrir a preguiça. A glutonaria oferece um turbilhão de danças, banquetes, esportes e movimentos rápidos de um lugar para outro para vislumbrar lugares bonitos que, quando chegamos lá, profanamos com vulgaridade e lixo. A cobiça nos desperta cedo para que possamos esquentar as coisas na correria de nossos negócios. A inveja nos dispõe à fofoca e ao escândalo, escrevendo cartas contenciosas aos jornais, desvendando segredos e revirando esqueletos no armário. A ira fornece, engenhosamente, o argumento de que a única atividade legítima em um mundo cheio de malfeitores e demônios é xingar sem cessar e sem baixar o tom: "Seja quem for o bruto canalha que fez o mundo";[8] enquanto a luxúria provê mais uma rodada de promiscuidade deprimente que se passa por vigor físico. No entanto, tudo isso é disfarce para o coração vazio, o cérebro vazio e a alma vazia da acídia.

Observemos mais particularmente o cérebro vazio. Aqui a preguiça entra em conspiração com a inveja para impedir as pessoas de pensar. A preguiça nos persuade de que a estupidez não é nosso pecado, mas nosso azar; enquanto a inveja, ao mesmo tempo, persuade-nos de que a inteligência é desprezível — uma coisa empoeirada, altiva e comercialmente inútil.

---

[8] A. E. Housman, "Last poems", IX.

Em segundo lugar, a guerra nos tirou da preguiça; mas as guerras, caso persistam por tempo suficiente, induzem à preguiça no formato de cansaço da batalha e do desespero quanto a qualquer propósito. Vimos esses efeitos na última paz, quando trouxe todos os pecados consigo no trem. Há momentos em que se é tentado a dizer que o grande pecado letárgico e contagiante da preguiça é o mais antigo e maior dos pecados e o pai de todos os outros.

Porém, o cabeça e a origem de todo pecado é o pecado básico da *soberba* ou do orgulho. Em certo sentido, há tanto para dizer sobre o orgulho que podemos falar sobre ele durante uma semana e ainda não acabarmos. Contudo, em outro sentido, tudo pode ser dito sobre ele em uma única frase. É o pecado de tentar ser como Deus. É o pecado que proclama que o homem pode produzir por sua sagacidade, por seus próprios impulsos e imaginação os padrões segundo os quais deve viver — que o homem está preparado para ser o próprio juiz. É o orgulho que converte as virtudes humanas em pecados capitais ao fazer com que cada virtude autossuficiente emita seu exato oposto, como uma forma travestida, grotesca e terrível de si mesma. O nome sob o qual o orgulho caminha pelo mundo neste momento é a perfectibilidade humana, isto é, a doutrina do progresso; e a sua especialidade é fazer planos de utopia e de estabelecer o reino do homem na terra.

A razão é que a estratégia diabólica do orgulho consiste em nos atacar não em nossos pontos fracos, mas nos fortes. É preeminentemente o pecado da mente nobre — aquela *corruptio optimi* que opera mais males no mundo que todos os vícios deliberados. Porque não podemos reconhecer o orgulho quando o vemos, ficamos boquiabertos ao ver a devastação legada pelos triunfos do idealismo humano. Tínhamos intenções tão boas, achávamos que estávamos indo bem — e veja onde deram nossos esforços! Há um ditado que diz que o caminho do inferno é pavimentado por boas intenções. Normalmente o entendemos como se dissesse que tais intenções foram abandonadas por fraqueza, mas ele tem um sentido mais sutil e profundo. Tal caminho é pavimentado por boas intenções forte e obstinadamente buscadas até que se tornam fins autossuficientes e deificados.

> O pecado cresce fazendo o bem...
> O servo de Deus tem mais chance de pecar
> E tristeza do que o homem que serve a um rei.
> Pois aqueles que servem a uma causa maior podem fazer a causa
>   servir a eles,
> Ainda fazendo o bem.[9]

Os gregos temiam acima de tudo aquele estado mental que chamavam de *húbris* — os espíritos inflados que vêm com o sucesso em exagero. A excessiva autoconfiança dos homens atraía, pensavam, a inveja dos deuses. A sua teologia pode parecer um pouco indigna para nós, mas o fenômeno em si e seus efeitos são suficientemente familiares. O cristianismo, com uma teologia mais racional, traça a raiz da húbris ao pecado do orgulho, que coloca o homem no lugar de Deus como centro de gravidade e joga toda a estrutura das coisas na ruína chamada juízo. Sempre que dizemos, seja na esfera pessoal, seja na política ou social:

> Sou mestre do meu destino;
> Sou o capitão da minha alma

cometemos o pecado do orgulho; e, quanto maior for o objetivo que buscamos, mais abrangente será o desastre que se segue. É por isso que devemos desconfiar de todas as ambições elevadas e dos ideais altaneiros que tomam o bem-estar da humanidade como sua finalidade suprema. Não podemos ser felizes servindo a nós mesmos — nem mesmo quando entendemos que nosso serviço é um serviço à comunidade, pois comunidade nesse contexto é apenas uma extensão de nosso ego. A felicidade humana é um efeito colateral; está incluída em nosso serviço

---

[9] T. S. Eliot, *Murder in the cathedral*.

a Deus. Aliás, tenhamos muito cuidado em como pregamos que a fé cristã será necessária para construir um mundo livre e próspero após a guerra. Embora a proposta seja verdade em sentido estrito, pode ser enganosa do modo em que está formulada, pois parece que propomos que Deus seja um instrumento a serviço do homem. Mas Deus não é instrumento de ninguém. Se dissermos que a negação de Deus foi a causa de nossos desastres atuais, muito bem — faz parte da essência do orgulho supor que podemos fazer as coisas sem Deus.

Contudo, não podemos deixar que o mesmo pecado entre pela porta dos fundos em uma forma mais sutil e aparentemente virtuosa ao sugerir que o serviço a Deus é necessário enquanto meio para o serviço ao homem. Isso é uma hipocrisia blasfema, que terminaria por degradar Deus ao status de fetiche pagão, vinculado ao serviço de uma tribo e provavelmente jogado de ponta-cabeça rio abaixo caso deixasse de produzir um tempo favorável à colheita em retribuição aos serviços prestados.

"Maldito o homem que confia no homem", diz Reinhold Niebuhr,[10] "mesmo que seja um homem piedoso, ou talvez principalmente por ser um homem piedoso". Pois a tentação constante do homem piedoso é tornar-se o homem orgulhoso: "A alguns que confiavam em sua própria justiça e desprezavam os outros, Jesus contou esta parábola" (Lucas 18:9).

PERGUNTAS PARA DEBATE

1. Então, qual é o sétimo pecado capital? Sayers nos pede para o chamarmos do que é: *luxúria*, e não de nomes genéricos como imoralidade. Isso abre outras questões sobre sexo, sexualidade e falta de diálogo sobre pecados de luxúria dentro da igreja. A igreja é o lugar para abrir questões sobre sexo, sexualidade, luxúria e amor? Se sim, também pode ser um lugar de verdadeiro diálogo ou seria um monólogo?

---

[10]Reinhold Niebuhr, *Beyond tragedy*.

2. Outro pecado nomeado é o da *ira*, ou raiva, ou agressão. Embora Sayers comente sobre a política externa da Inglaterra em relação a esse pecado, o que você diria sobre os Estados Unidos hoje? Podemos falar sobre o pecado em relação a estruturas políticas? Se sim, a nossa invasão do Afeganistão seria uma resposta ao pecado da ira? E a nossa declaração de guerra contra o Iraque? Como Jesus aconselharia o presidente hoje, caso fosse um membro de seu gabinete?

3. A cultura britânica normalmente pinta a caricatura de americanos barulhentos, gordos e exigentes. Ao falar sobre o pecado da glutonaria, ela o conecta com "as pessoas ricas, particularmente nos Estados Unidos", as quais "enchem-se de comida". Em 2004, uma a cada quatro pessoas, em geral, sofre de obesidade. Comer demais leva a diabetes, doenças cardiovasculares, doenças no fígado e outras doenças crônicas. É verdade que comemos em excesso? A sua dieta reflete saúde e moderação ou você e a sua família lutam contra a glutonaria?

4. E a avareza? Sayers pergunta: "A igreja diz que a cobiça é um pecado capital, mas será que ela realmente acredita nisso? Ela está pronta para confrontar sociedades ricas para que lidem com a imoralidade financeira nos mesmos termos em que confronta a imoralidade sexual?" (p. 109). Como o privilégio econômico desempenha um papel na sua vida? Na sua igreja? O seu estilo de vida consiste em não ficar "por fora" de nada? Você e a sua comunidade (ainda que inconscientemente) lutam e competem em torno de roupas, bolsas, carros, filhos, educação (escolas) ou até cônjuges melhores? Como essas banalidades se comparam com aquelas 300 milhões de pessoas na África que vivem com menos de um dólar por dia?

5. Embora *preguiça* lembre mais aquele animalzinho simpático da floresta que propriamente um pecado, Sayers o chama de "o mais antigo e maior dos pecados e o pai de todos os outros"

(p. 119). Sayers descobre o que está por trás de outros pecados de ira, inveja, glutonaria e cobiça, revelando a preguiça. De fato, ela não é a inatividade em si, mas é tanto o estado de não se importar com *nada* quanto não fazer *nada*, nada de realmente bom. É o redemoinho de uma vida que gira em torno de futebol, piano, fofoca, negócios, a igreja (inclusive), música e festinhas. Pare por um momento. Com o que na vida vale a pena você se importar? O seu pensamento crítico? Você fazer o bem? Em meio ao caos, qual é a voz tranquila e suave que o chama dizendo: seja você mesmo, ajude os outros e cuide dos que estão em necessidade?

6. Você está feliz? Honestamente, quão feliz você está com a sua vida, seu trabalho e sua família? Sayers diz que "a felicidade humana é um efeito colateral; está incluída em nosso serviço a Deus" (p. 120). Como você está servindo a Deus na sua vida hoje?

9
A MORAL CRISTÃ

Deixando de lado o escândalo causado por suas alegações messiânicas e sua reputação como revolucionário político, somente duas acusações relacionadas à depravação individual parecem ter sido feitas contra Jesus de Nazaré. Primeiro, ele teria violado o Sábado. Segundo, ele teria sido "um comilão e beberrão, amigo de publicanos e pecadores" (Mateus 11:19) — ou (para retirar um pouco do véu dos arcaísmos que faz tudo parecer muito mais respeitável) ele comia com muito apetite, bebia sem muitos limites e tinha umas companhias bem malfaladas, incluindo estelionatários da pior estirpe e mulheres de reputação nada recomendável.

Por dezenove séculos e meio, as igrejas cristãs têm trabalhado, não sem sucesso, para desfazer essa impressão infeliz sobre seu Senhor e Mestre. Elas afastaram Madalenas da mesa da comunhão, fundaram sociedades de abstinência total em nome daquele que transformou água em vinho e adicionaram algumas melhorias próprias, como várias proibições e anátemas sobre a dança e o teatro. Transferiram o dia sabático do sábado para o domingo e, sentindo que o mandamento original de "não farás nenhum trabalho" era pouco demais, adicionaram um novo mandamento: "não terás diversão".

Não precisamos ponderar se tais atividades sequer estão de acordo com o espírito de Cristo. Uma coisa é certa: elas produziram alguns efeitos muito curiosos sobre a nossa linguagem. Por exemplo, elas conseguiram gerar uma interpretação estranhamente restrita de palavras como *virtude*, *pureza* e *moral*. Há um grande número de pessoas no mundo que acreditam piamente que a moral cristã, em distinção à moral secular, consiste em três coisas, e em três coisas somente: observar o domingo, não se embriagar e não fazer — bem, na verdade, não cometer imoralidade. Não digo que as próprias igrejas concordariam com tal definição, mas, sim, que essa é a impressão transmitida ao mundo, e o engraçado é que ela é extremamente diferente da impressão produzida por Cristo.

Pois bem, não quero sugerir que a igreja está errada em prestar atenção à regulação dos apetites corporais e à observação correta de dias santos. O que proponho é que, ao superestimar esse aspecto da moral e comparativamente negligenciar outros aspectos, ela não apenas traiu sua missão, mas, de quebra, também destruiu seus próprios objetivos quanto à moralidade. Aliou-se com César, e César, tendo utilizado a igreja para seus próprios fins, agora retirou seu apoio — pois é assim que César gosta de se comportar. Pelos últimos trezentos anos mais ou menos, César preocupou-se em manter uma ordem pública baseada nos direitos da propriedade privada, por isso seu interesse em manter a moral. Uma moral estrita garante a estabilidade da vida familiar e a transmissão ordeira da propriedade, por isso César (a saber, a opinião das pessoas influentes da elite) ficava feliz ao ver a igreja fazendo o trabalho de convencer o cidadão a se comportar de acordo. Além disso, um trabalhador bêbado é um trabalhador ruim, e extravagâncias improdutivas são ruins para os negócios, portanto César acolheu as exortações das igrejas em prol daquelas qualidades que acabam sendo uma forma de autoajuda para o ambiente de trabalho. Quanto à observância do domingo, a igreja poderia ficar com isso, desde que não atrapalhasse os negócios. Trabalhar o fim de semana inteiro diminuiria a produtividade, de modo que um dia de descanso a cada sete seria necessário, e o que a igreja quer fazer nele não interessa a César.

Todavia, infelizmente essa aliança mutuamente benéfica entre igreja e César não durou. A transferência da propriedade de donos privados para fundações ou sociedades empresárias permite a César continuar muito bem sem moral pessoal e estabilidade doméstica; a concepção de que o consumidor existe em prol da produção tornou o consumo extravagante e improdutivo uma necessidade comercial. Por isso, César não mais concorda com a igreja nessas questões e logo encorajará uma frivolidade pródiga no domingo tanto quanto em qualquer dia da semana. Por que não? Negócios são negócios. À igreja, chocada e horrorizada, restam protestos tacanhos contra a deserção de César e denúncias contra o relaxamento dos códigos morais, em que o mundo surdo é intensamente auxiliado e instigado pelo Estado. O caminho fácil de condenar o que César condena ou não se preocupa em defender acabou sendo como o caminho ilusório no jardim de *Alice através do espelho*: justamente quando parecia chegar a algum lugar, ele balançava, e a pessoa se via caminhando na direção oposta.

Ora, se olharmos para os evangelhos com a firme intenção de descobrir a ênfase na moral de Cristo, descobriremos que ela não respeitava os limites impostos pela opinião de pessoas influentes da elite. Pessoas infames que sabiam que eram infames foram gentilmente ensinadas a ir e não pecar mais; a linguagem realmente fora do protocolo se reservava aos cidadãos diligentes, respeitáveis e sabatistas que gozavam da aprovação de César e deles mesmos. E a única coisa que parece ter irado o manso e humilde Filho de Deus a uma demonstração de pura violência física foi justamente a suposição de que "negócios são negócios". Os cambistas em Jerusalém gerenciavam negócios bem rentáveis e dependiam de lucros tão astutos quanto os de qualquer negociador no mercado de câmbio, mas a única atitude de Cristo com esses empresários foi jogar sua propriedade degraus do templo abaixo.

Talvez se as igrejas tivessem a coragem de colocar a sua ênfase onde estava a de Cristo, não teríamos chegado à mentalidade presente, em que se presume que o valor de todo o trabalho e de todas as pessoas deve ser avaliado em termos econômicos. Talvez não aceitássemos tão prontamente a ideia de que a produção de qualquer coisa (não importando se for inútil ou perigosa) se justifica desde que aumente lucros e salários; de que, desde que o trabalhador seja bem pago, não importa se o seu trabalho é digno em si mesmo ou se é bom para a sua alma; de que, desde que um acordo seja feito sem violar a lei, não é preciso atentar para as consequências destrutivas que terá para a sociedade e para os indivíduos. Ou, de qualquer modo, agora que vimos o caos de derramamento de sangue que se segue ao caos econômico, podemos pelo menos ouvir com maior confiança a voz de uma cristandade imaculada e indivisa. Sem dúvida é preciso coragem para barrar Dives na porta da igreja tanto quanto Maria Madalena. (Eu me pergunto: será que algum banqueiro que enriqueceu com fraudes por acaso teve acesso negado à comunhão com base em ser, nas palavras do Livro de Oração Comum, "alguém de público e notório mal viver"?) Mas a falta de coragem e o conformismo diante da iniquidade institucionalizada nada fazem para reverter catástrofes ou assegurar respeitabilidade.

Na lista dos sete pecados capitais reconhecidos oficialmente pela igreja, há um pecado que às vezes é chamado de preguiça e outras vezes é chamado de acídia. Um nome é obscuro para nós, e o outro é um pouco enganoso. Ele não significa a falta de atividade; significa o lento esgotamento de todas as faculdades pela indiferença e pela sensação de que a vida não vale a pena — é absurda e sem sentido. Na verdade, é exatamente o que tem sido chamado de a doença da democracia. Ela é filha da cobiça e mãe de outros dois pecados chamados pela igreja de luxúria e glutonaria. A cobiça quebra os padrões pelos quais avaliamos nossos valores espirituais e nos faz procurar satisfação neste mundo. O próximo passo é a preguiça na mente e no corpo, o vazio no coração, que destrói energia, propósito e resulta naquela atitude geral com o universo que os músicos de jazz no entreguerras adequadamente chamaram de *blues*.[1] Para a cura do *blues*, César (que tem certos interesses em jogo) prescreve a tediosa banalização que as igrejas e as elites concordaram em chamar de imoralidade e que,

---

[1] A autora refere-se à melancolia muitas vezes expressa no *blues*, gênero musical ainda muito associado ao *jazz*, sobretudo de uma perspectiva britânica da primeira metade do século 20, distante de sua origem no sul dos Estados Unidos. [N. T.]

em nossos dias, está bem longe do gozo jovial de prazeres físicos que, na perspectiva correta, somente seriam pecaminosos em seu excesso. O aspecto tristonho e medicalizado assumido pela imoralidade na era presente é um sinal certo de que, ao tentar curar esses pecados específicos, estamos reduzindo os sintomas, em vez de tratar a doença em sua raiz.

Diante de tais fatos, é justo dizer que as igrejas finalmente estão acordando. As melhores mentes cristãs estão se esforçando arduamente para reajustar a ênfase e romper a aliança com César. O principal perigo é que as igrejas, tendo por tanto tempo aceitado a exploração da maioria por uma minoria, agora pensem que precisam reequilibrar ajudando na exploração da minoria pela maioria, ao invés de atacar os falsos padrões pelos quais todos, ricos e pobres, passaram a avaliar o valor da vida e do trabalho. Se as igrejas assim errarem, novamente estarão apenas seguindo a troca de poder de uma classe da sociedade para outra e abandonando um César acamado para apoiar seu sucessor. Uma distribuição mais igualitária da riqueza é positiva e desejável, mas dificilmente será alcançada e certamente não poderá ser mantida a não ser que abandonemos a superstição de que a ambição é uma virtude e o valor de algo pode ser representado da perspectiva de lucros e custos.

As igrejas ficam legitimamente chocadas quando o glamour de uma atriz de cinema é medido pelo número de seus casos amorosos e divórcios; ficam menos chocadas quando o glamour de um homem ou de uma obra de arte é anunciado em dólares. Elas ficam chocadas quando uma alma infeliz é reduzida à venda de seu corpo; ficam menos chocadas quando jornalistas são reduzidos à venda da alma deles. Elas ficam chocadas quando comida em bom estado é desperdiçada por um viver tumultuado; ficam menos chocadas quando colheita em bom estado é desperdiçada e destruída por causa de superprodução e subconsumo. Algo está errado nessa ênfase, e está ficando bem evidente que, até tal ênfase ser reajustada, o equilíbrio econômico do mundo estará escrito em sangue.

PERGUNTAS PARA DEBATE

1. "Há um grande número de pessoas no mundo que acreditam piamente que a moral cristã, em distinção à moral secular, consiste em três coisas, e em três coisas somente: observar o domingo, não se embriagar e não fazer — bem, na verdade, não cometer imoralidade" (p. 128). Como isso se aproxima de seu entendimento de moral? E do entendimento de sua igreja? O que pode ser mais importante que frequência à igreja, sobriedade ou abstinência (caso exista)?

2. Sayers ressalta a ironia na reação cristã a questões de gênero, de mídia e de economia hoje. Ela conclama a uma nova ênfase na importância de equidade e justiça, social e economicamente (p. 131). O foco da igreja hoje é esse? Ou ela continua enfatuada com o glamour insidioso de casos amorosos, promiscuidade e estilos de vida suntuosos como polêmicas sobre as quais pregar?

10
O TRIUNFO DA PÁSCOA

O *felix culpa!*, disse Agostinho de Hipona em uma perigosa referência ao pecado de Adão. "Oh, culpa feliz que nos fez merecer tal e tão grande Redentor!"[1]

É difícil, talvez, imaginar um pronunciamento que seja mais sujeito a mal-entendidos. É o tipo de paradoxo que bispos e clérigos são advertidos a tomar cuidado para não repetir de púlpito. Porém, o bispo de Hipona foi um bispo muito notável, com uma coragem em suas convicções rara entre eclesiásticos de alto escalão.

Se pastores espirituais devem se refrear de falar qualquer coisa que possa, até hipoteticamente, gerar mal-entendidos para qualquer pessoa, acabarão — como muitos de fato acabam — nunca dizendo nada que valha a pena ouvir. Aliás, esse tipo particular de timidez é o pecado característico do bom eclesiástico. Não que a igreja o aprove. Ela o conhece desde muito como parte do grande, infeccioso, lânguido e letal pecado da preguiça — um pecado de que pregadores de modismos, cismas, heresias e anticristos estão livres com louvor.

Os filhos deste mundo, como Cristo ironicamente observou, não apenas são mais sábios nesta geração que os filhos da luz,[2] mas também são mais enérgicos, entusiasmados e ousados. É claro que sempre é mais divertido atacar que defender, mas o bom cristão

---

[1] Hino *Exsultet*, parte da Liturgia do Sábado de Aleluia.
[2] Lucas 16:8

deveria ter aprendido por agora que é melhor defender ao atacar, uma vez que "desde os dias de João Batista até agora, o Reino dos céus é tomado à força, e os que usam de força se apoderam dele".[3]

Agostinho, de todo modo, vendo o perpétuo problema do pecado e do mal vindo à tona e sendo utilizado como uma arma contra a posição cristã, prontamente tomou a dianteira e, bom estrategista que era, apontou suas armas com uma ação de graças.

O problema do pecado e do mal, como todos sabem, precisa ser enfrentado por todas as religiões, especialmente aquelas que postulam um Deus de todo benevolente e todo-poderoso. Dizemos prontamente: "Se Deus é santo e onipotente, ele poderia intervir e assim deter esse tipo de coisa" — e, por "esse tipo de coisa", entenda-se guerras, perseguições, crueldades, hitlerismo, bolchevismo ou qualquer questão que aflija nossa mente no momento. Estejamos certos, porém, de que realmente consideramos o problema em todos os seus aspectos.

"Por que Deus não fulmina esse ditador?" é uma questão um pouco remota. Por que, minha senhora, ele não fulminou você com mudez e retardo mental antes de você soltar aquele escárnio egoísta ontem? Ou a mim, antes de me portar com aquela cruel falta de consideração para com um amigo bem-intencionado? E por que, meu senhor, ele não faz sua mão cair do pulso antes de você assinar aquele pedaço de papel cheio de falcatruas financeiras?

Você não queria dizer isso? Mas por que não? Os seus erros e os meus não são menos repulsivos porque nossas oportunidades de fazer o mal são menos espetaculares que de outras pessoas. Você está dizendo que os seus atos e os meus são triviais demais para Deus se importar? Isso vale para os dois lados, pois, nesse caso, faria pouquíssima diferença para a Criação dele caso fôssemos varridos pelo amanhecer.

Bem, talvez não seja isso que queiramos dizer. Queríamos dizer por que Deus criou um universo desse jeito, afinal? Por que ele não nos fez como marionetes, incapazes de executar algo fora de

---
[3]Mateus 11:12.

seu padrão de perfeição? Algumas escolas de pensamento afirmam que foi isso que ele fez e que tudo o que fazemos (incluindo-se o antissemitismo na Alemanha e nossa horrenda falta de educação com a tia Elisa) está rigidamente determinado, de modo que, mesmo que talvez não gostemos do padrão, seria inevitável para nós. Essa é uma daquelas teorias que supostamente nos livraria das garras da superstição. Certamente livra nossas mentes de toda responsabilidade, mas infelizmente mostra novas garras próprias. Ademais, não importando o quanto acreditemos nisso, parecemos forçados a nos comportar como se não acreditássemos.

Os cristãos, por mais surpreendente que isso seja, não são as únicas pessoas que deixam de agir de acordo com a sua fé, pois qual filósofo determinista, quando seu bacon matinal não é comestível, não culpará o livre-arbítrio do cozinheiro, como qualquer cristão? É claro, o protesto do filósofo, tanto quanto seu bacon, também está predeterminado — e é por isso que é tolo. Nossa mente é o material com o qual temos de trabalhar quando fazemos filosofias, e parece ser nada mais que um credo ilógico aquele cuja prova depende de descartar toda a evidência disponível.

De qualquer modo, a igreja diz que a vontade humana é livre e que o mal é o preço que pagamos pelo conhecimento, especialmente o conhecimento que chamamos de autoconsciência. Segue-se que podemos, pela graça de Deus, fazer algo com esse padrão. Além do mais, o próprio Deus, segundo a igreja, está fazendo algo com isso — com nossa cooperação, se quisermos cooperar, e a despeito de nós, se nos recusarmos a fazê-lo —, mas sempre, firmemente, aplicando esse padrão.

E chegamos então à questão final que nenhuma teologia, filosofia ou teoria do universo jamais conseguiu responder completamente. Por que Deus, se ele existe, deveria criar algo, em algum momento, de alguma espécie? Esse é o real mistério, e provavelmente é o único mistério completamente insolúvel que há. A única pessoa que talvez possa tentar adivinhar uma resposta é o artista, e ele, de todas as pessoas do mundo, é o menos inclinado a fazer tal pergunta, já que está acostumado a considerar que toda atividade criativa já tem justificativa própria.

Contudo, talvez todos nós possamos admitir que é mais fácil acreditar que o universo veio a existir por alguma razão ao invés de por razão nenhuma. A igreja afirma que há uma Mente que fez o universo, que ela o fez porque é o tipo de Mente que tem prazer em criar e que, se queremos conhecer qual é a Mente do Criador, precisamos olhar para Cristo. Nele, descobriremos uma Mente que amou sua criação tão completamente que se tornou parte dela, sofreu com e por ela e tornou possível que ela fosse participante de sua glória e cooperadora dele no desenrolar de seu plano para ela.

Esse é o corajoso postulado que a igreja nos pede para aceitar, adicionando que, se o aceitarmos (e todo esquema teórico demanda aceitar um postulado ou outro), as respostas para todos os nossos outros problemas farão sentido.

Então, ao aceitar o postulado e ao olhar para Cristo, o que vemos Deus "fazendo" com esse negócio de pecado e do mal? E o que ele espera que façamos sobre isso? Aqui, a igreja é clara. Vemos Deus continuamente tornando o mal em bem.

Via de regra, não por milagres irrelevantes e juízos teatrais — Cristo raramente respondia bem a quem exigia sinais ou raios do céu, e Deus é um artífice sutil demais e econômico demais para fazer uso desses métodos. No entanto, ele toma nossos pecados e erros e os converte em vitórias, como fez com o crime da crucificação para a salvação do mundo. *O felix culpa!*, exclamou Agostinho, contemplando a obra realizada.

Nesse ponto, estamos extremamente sujeitos a cair em mal-entendidos. Deus não precisa do nosso pecado e muito menos de nos fazer pecar a fim de mostrar o seu poder e glória. O seu poder não é instável para que precise se reassegurar por meio de demonstrações. Tampouco é desejável que ele crie males de propósito pela diversão de corrigi-los. Não é essa a ideia. Também não devemos imaginar que, já que Deus pode consertar tudo no fim das contas, o mal não importa.

Sempre que a igreja prega sobre isso, *não* é um otimismo ingênuo. E *não* é o conselho de fazer o mal para que venha o bem.

Tais simplificações grosseiras são tão enganosas quanto o excesso de complexidades e, da mesma forma, perigosamente atraentes. Por exemplo, é impressionante e esclarecedor ouvir um cirurgião dizer casualmente, quando parabenizado pelo milagre da cura: "É claro, não poderíamos ter feito essa cirurgia sem a experiência que ganhamos durante a guerra".

Aí está um bom resultado do mal, porém, mesmo se o número de pacientes curados excedesse todas as vítimas da guerra, isso aliviaria as dores das vítimas ou de qualquer pessoa ou diminuiria a culpa de quem tornou a guerra possível? "Com certeza, não", diz a igreja. Se um artista descobre que a experiência adquirida durante seus piores pecados lhe permite produzir sua melhor obra, isso lhe daria o direito de viver como um animal por causa de sua arte? "Com certeza, não", diz a igreja. Podemos ter o pior comportamento possível, mas não escaparemos das consequências. Segundo o provérbio espanhol, "Deus diz para você pegar o que quiser, mas você precisa pagar por isso". Ou outra pessoa pode fazer o pagamento e pagar completa, voluntária e magnificentemente, mas a dívida ainda será nossa. "O Filho do homem vai, como está escrito a seu respeito. Mas ai daquele que trai o Filho do homem! Melhor lhe seria não haver nascido."[4]

Quando Judas pecou, Jesus pagou; ele tornou o mal em bem, triunfou sobre os portões do inferno e trouxe toda a humanidade consigo, mas o sofrimento de Jesus e o pecado de Judas permanecem reais. Deus não aboliu o fato do mal — ele o transformou. Ele não impediu a crucificação — ele ressuscitou dentre os mortos.

"Quando Judas, que o havia traído, viu que Jesus fora condenado, [...] jogou o dinheiro dentro do templo e, saindo, foi e enforcou-se."[5] Assim, Judas cometeu o erro mais definitivo, mais fatal e mais lamentável de todos, pois desistiu de Deus e de si mesmo e nunca esperou para ver a ressurreição. Caso contrário, ele teria um encontro e uma oportunidade como jamais vistos, mas, infelizmente

---
[4]Mateus 26:24
[5]Mateus 27:3,5.

para ele, não foi o que aconteceu. Neste mundo, de qualquer forma, ele nunca viu o triunfo de Cristo cumprido nele, por meio dele e a despeito dele. Ele viu o temível pagamento feito e nunca percebeu que a vitória havia sido comprada por aquele preço.

Talvez todos nós estejamos prontos, quando nosso comportamento acaba tendo consequências aterradoras, a sair e nos enforcar. Às vezes fazemos pior e saímos a enforcar outras pessoas. Judas, pelo menos, parece não ter culpado ninguém senão a si mesmo, e Pedro, que tinha sua pequena traição pela qual chorar também, fez seu ato de contrição e esperou para ver o que viria em seguida. O que veio em seguida para Pedro e os outros discípulos foi a súbita certeza de quem Deus era, e como isso respondia a todas as perguntas deles.

Se Cristo podia assumir o mal e o sofrimento e tratá-los dessa forma, então é claro que tudo valeu a pena, de modo que o triunfo da Páscoa está conectado com aquela oração estranha e triunfante do cenáculo, que os eventos da Sexta-feira Santa parecem tornar tão enigmática. Quanto aos outros atores do drama, nada poderia agora alterar o fato de que eles foram estúpidos, covardes, incrédulos e, de muitas formas, especialmente inúteis, mas não permitiram que qualquer remorso mórbido e egoísta inibisse suas alegres atividades no futuro.

De fato, agora eles poderiam ir e "fazer alguma coisa" sobre o problema do pecado e do sofrimento. Eles viram as fortes mãos de Deus trocar a coroa de espinhos por uma coroa de glória, e eles sabiam estar seguros em mãos fortes como essas. Eles haviam entendido errado praticamente tudo o que Cristo lhes havia dito, mas não importava: finalmente tudo fazia sentido, e o sentido estava além de tudo o que eles jamais sonharam. Eles esperavam um W.O. e contemplaram uma vitória; esperavam um Messias terreno e contemplaram a Alma da Eternidade.

Foi dito a eles nos velhos tempos: "Homem nenhum verá a minha face e viverá";[6] mas um meio foi encontrado. Eles viram

---

[6]Êxodo 33:20, ARA.

a face do Deus vivo voltada para eles; e era a face de um Homem, sofredor e alegre.

PERGUNTAS PARA DEBATE

1. "Se pastores espirituais devem se refrear de falar qualquer coisa que possa, até hipoteticamente, gerar mal-entendidos para qualquer pessoa, acabarão — como muitos de fato acabam — nunca dizendo nada que valha a pena ouvir. Aliás, esse tipo particular de timidez é o pecado característico do bom eclesiástico" (p. 137). Quão tímido é o seu pastor? E você? Onde você pode escolher ter uma voz profética, falando em nome da mudança, da justiça e da verdade?

2. Para Sayers, Hitler era o ditador do momento. Muitos em seus dias questionavam: "Por que Deus não fulmina esse ditador?" (p. 138). Diante dessa questão, Sayers pede que o indivíduo olhe para si mesmo e pergunte: por que Deus não fulmina "a mim"? Os dois têm naturezas pecaminosas. Se ambos são pecadores aos olhos de Deus, por que um deve ser morto e o outro não? Isso influencia nossas decisões políticas modernas de matar ditadores ou não? Por quê?

3. Depois da morte de Jesus, Judas cometeu suicídio e Pedro pediu perdão; ambos haviam traído um amigo íntimo. Todavia, Sayers observa que "o que veio em seguida para Pedro e os outros discípulos foi a súbita certeza de quem Deus era, e como isso respondia a todas as perguntas deles". A ressurreição responde a "todas as perguntas deles"? E às do mundo? E às suas pessoalmente? Como o poderoso símbolo da ressurreição (multifacetado como vida, esperança, amor etc.) aponta para uma resposta maior?

11
POR QUE TRABALHAR?

Em outra ocasião, já abordei extensamente a questão de trabalho e vocação.[1] O que propus então foi uma revolução completa em toda a nossa atitude para com o trabalho. Queria que ele fosse considerado não uma inconveniência necessária para ganhar dinheiro, mas um estilo de vida em que a natureza do homem encontraria seu exercício e prazer adequados, realizando-se dessa forma para a glória de Deus. Na verdade, ele deveria ser considerado uma atividade criativa feita por amor ao próprio trabalho; e o homem, feito à imagem de Deus, deveria fazer as coisas como Deus faz, por amor a fazer bem uma coisa que vale a pena ser bem-feita.

Pode lhe parecer — como alguns amigos meus pensam — que tenho uma espécie de obsessão com esse negócio da atitude certa para com o trabalho. Porém, insisto nisso porque me parece que aquilo que esta civilização vai virar depois desta guerra dependerá enormemente de conseguirmos levar a cabo essa revolução nas nossas ideias sobre o trabalho. A não ser que mudemos toda a nossa forma de pensar sobre o trabalho, não acho que jamais escaparemos das armadilhas de confusão econômica em que nos debatemos pelos últimos três séculos mais ou menos, armadilhas essas em que caímos ao aceitar um sistema social baseado em inveja e avareza.

---

[1] Esses tópicos foram abordados em um discurso em Brighton em março de 1941. A principal parte desse discurso foi publicada em *A Christian basis for the post-war world* (SCM Press). "Por que trabalhar?" foi apresentado pela primeira vez como discurso em Eastbourne, na Inglaterra, em 23 de abril de 1942.

Uma sociedade em que o consumo precisa ser artificialmente estimulado a fim de manter a produção é uma sociedade fundada em lixo e desperdício, e essa sociedade é uma casa edificada sobre a areia.

É interessante considerar por um momento como a nossa visão foi forçosamente mudada nos últimos doze meses por causa da presença brutal da guerra. A guerra é um juízo que sobrepuja as sociedades quando elas vivem com base em ideias que entram em um conflito excessivamente violento com as leis que governam o universo. Pessoas que jamais revisariam suas ideias se verão compelidas a fazê-lo pela mera pressão dos eventos que essas ideias ajudaram a ocasionar.

Nunca pense que guerras são catástrofes irracionais: elas acontecem quando formas erradas de pensar e viver ocasionam situações intoleráveis; e, independentemente de qual lado seja mais audaz em seu objetivo e mais brutal em seu método, as raízes do conflito normalmente se encontram em alguma forma errada de vida que ambos os lados aceitaram e pelo qual todos, em certa medida, carregam a culpa.

É bem verdade que falsas noções econômicas são uma das raízes da presente guerra. E uma das falsas noções sobre economia que tivemos foi uma falsa atitude tanto em relação ao trabalho quanto aos bens produzidos pelo trabalho. Fomos obrigados a alterar essa atitude agora, sob a compulsão da guerra — e esse processo é bem estranho e doloroso, de algumas formas. É sempre estranho e doloroso ter de mudar um hábito mental; embora, depois de fazermos tal esforço, possamos encontrar um grande alívio, até uma sensação de aventura e prazer, de abandonar o falso e retornar ao verdadeiro.

Você consegue se lembrar — já está ficando difícil, eu sei — de como eram as coisas antes da guerra? As roupas baratas que comprávamos e como jogar fora era mais fácil que remendá-las? Os carros que destruíamos todos os anos para acompanhar a última moda em design e velocidade? Os pães, ossos e pedaços de gordura que enchiam as lixeiras — não apenas dos ricos, mas também dos pobres? As garrafas vazias que até os mendigos se recusavam a coletar porque as indústrias preferiam fazer outras do que limpar as velhas? As montanhas de latas vazias que ninguém se dava ao luxo de guardar, enferrujando e fedendo em montes de lixo? A comida que era queimada ou enterrada porque não compensava distribuí-la? A terra sufocada e empobrecida com cardos e abrolhos porque não arcávamos com os custos para cultivá-la? Os lenços rendados utilizados como pano de chão ou pano de prato? As luzes acesas porque dava muito trabalho apagar? As ervilhas frescas que não queríamos nos dar ao trabalho de guardar e jogávamos fora para poder usar a lata? O jornal que enchia as estantes, ficava abandonado aos montes em parques e emporcalhava os assentos dos metrôs? Os grampos inutilizados e as louças quebradas, as quinquilharias baratas de ferro, e madeira, e borracha, e vidro, e latão que comprávamos para passar meia hora no mercado e logo esquecíamos sua existência? As propagandas implorando, exortando, bajulando, ameaçando e forçando-nos a nos fartar com coisas que não queríamos, em nome de esnobismo, vaidade e apelo sexual? E a feroz concorrência internacional para achar um mercado em nações pobres e retrógradas a fim de despejar todo o entulho supérfluo que as máquinas inexoráveis criam hora após hora, para gerar renda e emprego?

Percebe como tivemos de mudar toda a nossa escala de valores, agora que precisamos não consumir, mas conservar? Fomos forçados a voltar para a moralidade social dos nossos antepassados. Quando uma roupa íntima custa três preciosos cupons, precisamos considerar não apenas a sua beleza, mas quanto tempo vai durar. Quando a comida é racionada, precisamos deixar de jogar fora os restos, mas usar zelosamente a nosso favor o que custou tanto tempo e dinheiro para cultivar e criar. Quando o papel é escasso, precisamos pensar duas vezes — ou, pelo menos, deveríamos pensar — se realmente vale a pena escrever ou imprimir nele. Quando a nossa vida depende da terra, precisamos pagar o preço por destruir sua fertilidade pela negligência ou pelo exagero. Quando uma pescaria exige uma valiosa força de trabalho que está arrebanhada nas forças armadas, com o risco de vidas humanas por causa de bombas, minas e metralhadoras, lemos sob nova luz aquelas palavras melancólicas que tantas vezes aparecem na peixaria: SEM PEIXE HOJE... Tivemos de aprender a dura lição de que, no mundo todo, há apenas duas fontes de real riqueza: o fruto da terra e o trabalho do homem; e de estimar o trabalho não pelo dinheiro que traz ao produtor, mas pelo valor daquilo que é feito.

A questão que peço que considerem hoje é esta: quando a guerra acabar, será que teremos, e será que realmente vamos *querer* manter, essa atitude para com o trabalho e seus resultados? Ou estamos nos preparando, e é o que realmente *queremos*, para voltar a nossa velha forma de pensar? Porque creio que da nossa resposta a essa pergunta depende todo o futuro econômico da nossa sociedade.

Mais cedo ou mais tarde, chegará o momento em que precisaremos decidir sobre isso. No momento, não estamos decidindo — não vamos nos enganar pensando o contrário. Alguém decidiu por nós. E não vamos imaginar que a economia de racionamento na guerra parou o desperdício. Não parou. Somente o levou para outro lugar. O lixo e o desperdício que costumavam encher nossas lixeiras foram levados para o campo de batalha. É para lá que todo o excedente de produção está indo. As indústrias rugem mais alto do que nunca, fazendo noite e dia bens que não têm valor algum para a manutenção da vida; pelo contrário, o seu único objetivo é destruir a vida e, em vez de desperdiçar, resta apenas o destroçar — na Rússia, no norte da África, na França ocupada, na Birmânia, na China, nas Ilhas Molucas e nos Sete Mares.

O que vai acontecer quando a indústria parar de fazer armamentos? Nenhuma nação descobriu até hoje uma forma de manter as máquinas funcionando e nações inteiras empregadas sob condições industriais modernas sem desperdício no consumo. Por um tempo, poucas nações conseguiram se manter sem assegurar um monopólio de produção e forçar seu desperdício em mercados novos e inexplorados. Quando não há novos mercados e todas as nações são manufatureiras industriais, a única escolha concebível até o momento parece ser entre armamentos e desemprego.

Esse é o problema que uma hora ou outra encararemos novamente, e dessa vez precisamos ter a mente pronta para enfrentá-lo. Pode não acontecer de uma vez — pois é bem provável que depois da guerra ainda tenhamos de passar por mais um período de consumo limitado até que os danos causados sejam reparados. Porém, mais cedo ou mais tarde, teremos de lidar com essa dificuldade, e tudo vai depender de qual será nossa atitude mental sobre isso.

Estaremos prontos para ter a mesma atitude na arte da paz que tivemos na arte da guerra? Não vejo razão pela qual não deveríamos sacrificar nossa conveniência e nosso padrão de vida individual tão prontamente para a construção de grandes obras públicas da mesma forma que fazemos para construir navios e tanques — mas, quando o estímulo do medo e da raiva é removido, estaremos preparados para isso? Ou vamos *querer* retornar àquela civilização de ganância e desperdício que dignificamos com o nome de "alto padrão de vida"? Fico com muito medo desse termo para padrão de vida. E também fico assustada em falar de "depois da guerra" — normalmente se fala em um tom que sugere: "Depois da guerra, queremos relaxar, voltar e viver como vivíamos antes". E isso significa voltar ao tempo em que o trabalho era valorizado quanto ao retorno financeiro, e não ao trabalho realizado.

Ora, para responder a essa pergunta, se realmente nos dedicarmos a tanto, não a relegaremos a homens ricos — empresários e investidores. Se essas pessoas governaram o mundo nos últimos anos é somente porque lhes entregamos o poder. A questão pode e deve ser respondida pelo trabalhador e pelo consumidor.

É extremamente importante que o trabalhador realmente entenda onde está o problema. É um fato inegável que nestes dias o proletariado, mais do que qualquer outra seção da comunidade, tem interesse na guerra. Alguns empresários ricos lucram com a guerra, é verdade, mas o que é infinitamente mais importante é que a guerra significa pleno emprego e bom salário para os trabalhadores.

Quando a guerra acabar, então o problema de empregar o proletariado no maquinário começará de novo. A pressão incansável do proletariado faminto está por trás do impulso ao desperdício no consumo, seja na destruição da guerra, seja na tranquilidade da paz.

O problema é posto em termos simples demais quando é apresentado como um mero conflito entre proletariado e capital, entre empregador e empregado. A dificuldade básica permanece mesmo quando você torna o Estado o único empregador, e mesmo quando o proletariado é o empregador. Não é simplesmente uma questão de lucros e salários ou de condições de vida — mas do que deve ser feito com o trabalho das máquinas e qual trabalho as máquinas farão.

Se não lidarmos com essa questão agora, enquanto temos tempo para pensá-la, então o turbilhão de produção excessiva e de consumo excessivo começará de novo e terminará em guerra de novo. E a força do trabalhador será empregada para manter a engrenagem funcionando, porque faz parte do interesse financeiro do proletariado manter o turbilhão cada vez mais rápido até que a catástrofe inevitável aconteça.

E, para manter a engrenagem funcionando, o consumidor — isto é, você e eu, incluindo os trabalhadores, que também são consumidores — novamente será impulsionado a consumir e desperdiçar; e, a menos que mudemos nossa atitude — ou a menos que mantenhamos a nova atitude a que fomos forçados pela lógica da guerra —, seremos novamente enredados por nossa vaidade, indolência e ganância a manter a engrenagem mortal da economia do desperdício funcionando. Poderíamos — você e eu — acabar com toda a fantástica economia do desperdício lucrativo da noite para o dia, sem mudança legislativa, nem revolução, simplesmente ao nos recusarmos a cooperar com ela. Digo que poderíamos, mas, na verdade, já o fizemos, ou melhor, fizeram por nós. Se não queremos voltar para a mesma situação depois da guerra, podemos evitá-la — simplesmente ao preservar o hábito adquirido na guerra de valorizar o trabalho ao invés do dinheiro. A questão é: é isso que *queremos*, afinal?

O que quer que façamos, encontraremos grandes dificuldades. Não podemos disfarçar isso. Contudo, fará uma grande diferença para o resultado se realmente estivermos buscando real mudança no pensamento econômico. E com isso quero dizer uma mudança radical da cabeça aos pés — um novo sistema; não um mero ajuste ao antigo sistema para favorecer um conjunto diferente de pessoas.

O hábito de pensar sobre o trabalho como algo que se faz por dinheiro está tão enraizado em nós que dificilmente imaginamos que mudança revolucionária seria pensar sobre ele da perspectiva do trabalho bem-feito. Desse modo, a atitude mental que reservamos ao trabalho não assalariado — nossos hobbies, nosso lazer, as coisas que fazemos por prazer — seria, *ela mesma*, o padrão para todos os nossos juízos sobre as coisas e as pessoas. Não deveríamos perguntar sobre uma empresa "Compensa?", mas, sim, "É boa?"; sobre um homem, não "O que você faz?", mas "Qual o valor de seu trabalho?"; sobre certos bens, não "O que podemos fazer para que as pessoas os comprem?", mas "Eles são úteis e bem-feitos?"; sobre o emprego, não "Quanto paga?", mas "Vai exercitar minhas faculdades ao máximo?". E os investidores em, digamos, empresas de cerveja impressionariam os diretores ao se levantar em uma reunião de investidores e exigir saber não apenas para onde os lucros vão ou quais são os dividendos a serem pagos, não meramente se os salários dos trabalhadores são suficientes e as condições de trabalho satisfatórias, mas em alto e bom som e com um senso adequado de responsabilidade pessoal: "O que vai na cerveja?".

Você provavelmente logo perguntará: que diferença essa mudança de atitude fará na questão do emprego? Porque parece que vai resultar não em mais emprego, mas em menos. Não sou economista, e apenas posso apontar para uma peculiaridade da economia em tempos de guerra que normalmente não é observada em livros de economia. Na guerra, a produção para o consumo excessivo continua, mas há uma grande diferença nos bens produzidos. Eles não são valorizados por seu impacto, mas somente por seu valor intrínseco. A arma e o tanque, o avião e o navio precisam ser os melhores do gênero. Um consumidor em tempos de guerra não quer comprar nada de má qualidade. Ele não compra para revender. Ele compra aquilo que é bom para o seu propósito, não procurando nada além de fazer bem o trabalho que tem para fazer. Novamente, a guerra força o consumidor a ter uma atitude certa com o trabalho. E, por uma estranha coincidência, talvez, ou por causa de alguma lei universal, assim que nada é exigido de algo senão sua perfeição intrínseca, seu valor absoluto, a capacidade e o trabalho do trabalhador são plenamente empregados e, por sua vez, também adquirem valor absoluto.

Provavelmente não é essa a resposta que você encontrará na teoria econômica. No entanto, o economista profissional não está realmente treinado a responder ou mesmo a fazer essas perguntas sobre valores absolutos. O economista está dentro da engrenagem, girando dentro dela. Qualquer questão sobre valores absolutos pertence à esfera, não da economia, mas da religião.

É bem possível que não consigamos lidar com nenhuma economia, a menos que vejamos a economia do lado de fora; não podemos começar a assentar valores relativos sem considerar valores absolutos. Assim, isso pode dar um sentido prático e bem preciso àquelas palavras: "Busquem, pois, em primeiro lugar o Reino de Deus e a sua justiça, e todas essas coisas lhes serão acrescentadas".[2] Estou convencida de que a razão pela qual as igrejas estão com tanta dificuldade em liderar a esfera econômica é porque elas estão tentando encaixar um padrão cristão de economia em um entendimento totalmente falso e pagão de trabalho.

Qual é o entendimento cristão do trabalho? Gostaria de lhes expor duas ou três proposições sobre a posição doutrinária que afirmei no princípio, a saber, que o trabalho é uma atividade e uma função naturais do homem — a criatura feita à imagem do seu Criador. Você verá que a aplicação de qualquer uma delas no cotidiano é tão revolucionária (quando comparadas aos modos de pensar a que nos sujeitamos), a ponto de fazer todas as revoluções políticas parecerem reacionárias.

---

[2] Mateus 6.33.

A primeira, em termos simples, é que o trabalho não é, em primeiro lugar, algo que se faz para viver, mas aquilo pelo que se vive para fazer. Ele é, ou deveria ser, a plena expressão das faculdades desse trabalhador, aquilo em que ele encontra satisfação espiritual, mental e física, e o meio pelo qual ele se oferece a Deus.

Pois bem, as consequências disso não são meramente que o trabalho deve ser feito sob condições decentes tanto na vida quanto no ambiente de trabalho. Esse ponto já entendemos, e é um ponto perfeitamente válido. Porém, tendemos a nos concentrar nele em contraste a outras considerações bem mais revolucionárias:

a. Há, por exemplo, a questão de lucro e remuneração. Já temos firmado em nossa cabeça que o fim apropriado do trabalho é a sua remuneração — produzir um retorno em lucros ou salários ao trabalhador que compense totalmente, ou até mais, o que ele investiu nele. Contudo, se nossa proposição for verdadeira, isso não é verdade. Desde que a sociedade forneça ao trabalhador um retorno suficiente em riquezas reais para capacitá-lo a continuar o trabalho adequadamente, então ele já teve sua recompensa. Pois o seu trabalho é a medida da sua vida, e sua satisfação se encontra na realização de sua natureza e na contemplação da perfeição do seu trabalho.

Na prática, essa satisfação pode ser demonstrada pelo mero fato de que um homem dedicará seu trabalho a algum hobby que nunca lhe trará retorno econômico significativo. A sua satisfação vem, de uma maneira divina, de olhar para o que ele fez e ver que é muito bom. Ele não está mais barganhando pelo seu trabalho, mas servindo a ele. É somente quando o trabalho é visto como meio para um ganho que ele se torna odioso; pois então, ao invés de um aliado, ele se torna um inimigo de quem tributos e taxas precisam ser exigidos. O que a maior parte de nós demanda da sociedade é que possamos sempre tirar um pouco *mais* dela do que o valor do trabalho que lhe entregamos. Nesse processo, nós nos convencemos de que a sociedade sempre está em dívida conosco — uma convicção que não somente acumula fardos financeiros reais, mas nos deixa ressentidos com a sociedade.

b. Aqui está a segunda consequência. No momento, não entendemos bem o princípio de que todo homem deva fazer o trabalho para o qual foi vocacionado por natureza. O empregador está obcecado com a ideia de que precisa achar mão de obra barata, e o trabalhador, pela noção de que o trabalho que melhor paga é o melhor para ele. Somente de forma tímida, inadequada e esporádica é que tentamos enfrentar o problema do outro lado e questionar: que tipo de trabalhador está preparado para este tipo de trabalho? As pessoas envolvidas com educação veem claramente que esse é o lado certo pelo qual começar, mas ficam frustradas com a pressão econômica e pelo fracasso dos pais, de um lado, e dos empregadores, do outro, de entender a importância fundamental dessa abordagem. Que o problema resulta bem mais de uma falha intelectual que de uma necessidade econômica se vê claramente em condições de guerra, quando, embora a economia da concorrência não seja mais um fator dominante, homens e mulheres ainda estão persistentemente recebendo os trabalhos errados, por pura incapacidade de todo mundo de imaginar uma abordagem puramente vocacional à questão de encaixar o trabalhador certo com o trabalho certo.

c. Uma terceira consequência é que, se realmente acreditássemos nessa proposição e organizássemos nosso trabalho e nossa escala de valores de acordo com ela, não mais pensaríamos no trabalho como algo que precisamos terminar rápido a fim de poder gozar de nosso lazer; deveríamos olhar para o lazer como o período de ritmo alterado que nos alivia para o belo propósito de voltar a trabalhar. Assim, não toleraríamos regulações de qualquer tipo que nos impedissem de trabalhar tanto quanto e tão bem quanto o nosso prazer em trabalhar demandasse. Deveríamos nos ressentir de tantas restrições que interferem monstruosamente com a liberdade do indivíduo. O tamanho da reviravolta nas nossas ideias que isso significaria deixo para vocês imaginarem. Iria virar de ponta-cabeça todas as nossas noções sobre horas de trabalho, remuneração por hora, concorrência desleal e todo o resto. Nós nos veríamos lutando, como hoje apenas artistas e membros de certas profissões lutam, pelo precioso tempo em que podemos continuar a trabalhar — ao invés de lutar pelas preciosas horas livres de trabalho.

d. Uma quarta consequência é que lutaríamos com unhas e dentes não pelo mero emprego, mas pela qualidade do trabalho que devemos fazer. Deveríamos clamar para realizar um trabalho que vale a pena ser feito, do qual podemos nos orgulhar. O trabalhador exigiria que os bens produzidos por ele fossem de qualidade — ele não mais se contentaria em pegar o dinheiro e não receber os créditos. Como os investidores na cervejaria, ele sentiria um senso de responsabilidade pessoal e exigiria saber, e controlar, o que entra na cerveja que ele faz. Haveria protestos e greves — não apenas sobre salários e condições de trabalho, mas sobre a qualidade do trabalho exigido e a honestidade, a beleza e a utilidade dos bens produzidos. O maior insulto que uma era comercial faz ao trabalhador é roubá-lo de todo o interesse no resultado do seu trabalho e forçá-lo a dedicar sua vida a trabalhar mal em coisas que não vale a pena fazer.

A primeira proposição trata primeiramente do trabalhador enquanto tal. Minha segunda proposição concerne diretamente ao cristão, e é a seguinte: faz parte da tarefa da igreja reconhecer a vocação secular, em si, como sagrada. Cristãos, e talvez especialmente líderes cristãos, precisam firmar bem na mente que, quando um homem ou uma mulher são chamados a determinado trabalho secular, trata-se tanto de vocação quanto se ele ou ela fossem chamados para uma tarefa especificamente religiosa. A igreja precisa se preocupar não somente com questões como preço justo e condições apropriadas de trabalho; ela precisa se preocupar em ver que o trabalho em si seja de tal forma que um ser humano possa executá-lo sem ser degradado — para que, por considerações econômicas ou quaisquer outras, não se exija de ninguém que se dedique ao trabalho que é desprezível, desolador ou danoso. Não é certo a igreja aceitar a noção de que a vida de um homem é dividida entre o tempo que ele gasta no seu trabalho e o tempo que ele gasta servindo a Deus. Ele precisa ser capaz de servir a Deus *em* seu trabalho, e o próprio trabalho precisa ser aceito e respeitado como meio de criação divina.

Em nada a igreja perdeu mais o seu senso de realidade do que na sua falha em entender e respeitar a vocação secular. Ela permitiu que o trabalho e a religião se tornassem departamentos separados e se surpreendeu ao descobrir que, por consequência, o trabalho secular do mundo se voltou a fins puramente egoístas e destrutivos e, em sua maior parte, os trabalhadores inteligentes do mundo se tornaram irreligiosos ou, pelo menos, desinteressados em religião.

Todavia, por que a surpresa? Como pode alguém se interessar por uma religião que parece não se preocupar com noventa por cento da sua vida? A abordagem da igreja com um marceneiro habilidoso normalmente se limita a exortá-lo a não ficar bêbado, nem fazer desordem nas suas horas livres, e a vir à igreja aos domingos. O que a igreja *deveria* dizer a ele é o seguinte: a primeira exigência que a religião faz a ele é que ele faça boas mesas.

Claro que ele deve ir à igreja e ter formas decentes de divertimento, mas de que adianta isso se no centro da sua vida e ocupação ele está insultando a Deus com uma marcenaria ruim? Nenhum pé de mesa torto ou gaveta emperrada jamais vieram, ouso dizer, da loja do Carpinteiro de Nazaré. Se viessem, ninguém poderia crer que foram feitos pela mesma mão que fez o céu e a terra. Nenhuma piedade no trabalhador compensará por uma obra que não seja congruente consigo mesma, pois qualquer obra incongruente com sua técnica é uma mentira ambulante.

Contudo, em seus edifícios, em sua arte e música eclesiásticas, em seus hinos e orações, em seus sermões e livrinhos devocionais, a igreja toleraria ou permitiria uma intenção piedosa desculpar algo tão horrível, tão prepotente, tão de mau gosto e feio, tão insincero e insípido, tão *ruim* que choca e assusta qualquer artista decente.

E por quê? Simplesmente porque ela perdeu toda noção do fato de que a verdade viva e eterna se expressa em uma obra somente quando essa obra é condizente consigo mesma, com os padrões de sua técnica. Ela esqueceu que a vocação secular é sagrada. Esqueceu que um edifício precisa ser bom enquanto arquitetura antes de ser bom enquanto igreja; que uma pintura precisa ser bem pintada antes de ser boa arte sacra; que um trabalho precisa ser trabalho bem-feito antes de poder ser chamado de trabalho de Deus.

Que a igreja se lembre disto: todo criador e trabalhador é chamado a servir a Deus *em* sua profissão ou comércio — e não fora deles. Os apóstolos corretamente reclamaram quando disseram que não era apropriado que deixassem a palavra de Deus para servir às mesas; a sua vocação era pregar a palavra.[3] Mas a pessoa cuja vocação é preparar boas refeições tem o direito de igualmente protestar: não é apropriado para nós deixar o serviço das mesas para pregar a palavra.

A igreja institucional gasta tempo e energia e, além disso, comete sacrilégio ao exigir que trabalhadores seculares negligenciem sua devida vocação para fazer trabalhos cristãos — pelos quais ela quer dizer trabalho eclesiástico. O único trabalho cristão é um trabalho bem-feito. Que a igreja se certifique de que os trabalhadores são cristãos e fazem seu trabalho bem-feito, como para Deus: então todo trabalho será trabalho cristão, seja bordar panos da igreja, seja saneamento básico. Como Jacques Maritain disse: "Se você quer fazer um trabalho cristão, seja um cristão e tente fazer um trabalho belo no qual você pôs o seu coração; não adote uma pose de cristão".[4] Ele está certo.

E que a igreja lembre que a beleza do trabalho será julgada por ela mesma, e não por padrões eclesiásticos.

Deixe-me dar-lhe uma ilustração do que quero dizer. Quando a minha peça *The Zeal of Thy House* [O zelo de tua casa] foi produzida em Londres, uma senhorinha piedosa ficou impressionada com a beleza dos quatro grandes arcanjos que ficaram em pé durante

---

[3] Atos 6:2
[4] "Christian art", seç. 2, cap. 8, in: Jacques Maritain, *Art and scholasticism with other essays*, tradução de J. F. Scanlon, New York: Charles Scribner's Sons, 1930, p. 70.

a peça em robes dourados pesados, com três metros e pouco de cumprimento da ponta da asa à ponta da sandália. Ela me perguntou, bem inocentemente, "se selecionei os atores que fizeram os anjos pela excelência de seu caráter moral".

Respondi que os anjos não foram escolhidos por mim, em primeiro lugar, mas, sim, pelo produtor, que tinha as qualificações técnicas para selecionar os atores adequados — pois isso era parte da vocação dele. E que ele selecionou, antes de tudo, jovens que tivessem mais de um metro e oitenta para que combinassem apropriadamente. Em segundo lugar, os anjos deveriam ter um bom porte físico para poderem ficar parados em um palco por duas horas e meia, carregando o peso de suas asas e vestimentas, sem tremer, balançar ou desmaiar. Em terceiro lugar, eles deveriam declamar bem poesia, em uma voz adequada e de forma audível. Em quarto lugar, eles deveriam ser atores razoavelmente bons. Quando todas essas condições técnicas fossem satisfeitas, poderiam vir as qualidades morais, sendo a primeira a habilidade de ser pontual e chegar sóbrio, já que a cortina subiria no horário, e um anjo bêbado seria indecoroso.

Depois disso, e somente depois disso, poderíamos levar o caráter em consideração, mas, desde que seu comportamento não fosse tão escandaloso a ponto de causar dissensão na companhia, o tipo certo de ator sem moralidade faria uma performance bem mais reverente e adequada do que um ator piedoso com as qualificações técnicas erradas. Os piores filmes religiosos que já vi foram produzidos por uma companhia que escolheu sua equipe exclusivamente por sua piedade. Fotografia ruim, atuação ruim e diálogos ruins produziram um resultado tão grotescamente irreverente que seus filmes não poderiam ser mostrados em igrejas sem levar ao desprezo do cristianismo.

Deus não é servido pela incompetência técnica; a incompetência e a inverdade sempre são o resultado quando a vocação secular é tratada como alheia à religião...

Em contrapartida, quando você encontra um cristão louvando a Deus por meio da excelência do seu trabalho, não o distraia nem o desvie de sua vocação apropriada para dirigir reuniões religiosas e organizar bazares de igreja. Deixe-o servir a Deus da forma que Deus o chamou. Se você o tirar dali, ele vai se exaurir em uma técnica alheia e perder sua capacidade de fazer um trabalho realmente dedicado. É tarefa de vocês, eclesiásticos, aprender o que puderem ao observar o trabalho dele — não para tirá-lo dali a fim de fazer o trabalho da igreja por vocês. Pelo contrário, se puderem, garantam que ele fique livre para fazer seu trabalho da melhor forma possível. Ele não está aqui para servir a vocês; ele está aqui para servir a Deus servindo ao seu trabalho.

Isso me leva a uma terceira proposição, a qual pode parecer a mais revolucionária de todas. É esta: o primeiro dever do trabalhador é *servir a seu trabalho*. O clichê popular hoje é que seria dever de todos servir à comunidade. Soa bem, mas há realmente um *clichê* aí. É o antigo clichê quanto aos dois maiores mandamentos. "Ame a Deus — e ao seu próximo; desses dois mandamentos dependem toda a Lei e os Profetas."[5]

O clichê, que hoje o mundo em sua maior parte esqueceu, é que o segundo mandamento depende do primeiro e, sem o primeiro, será apenas ilusão e engano. Boa parte dos nossos problemas e desilusões atuais vem de colocar o segundo mandamento antes do primeiro.

Se você colocar o seu próximo em primeiro lugar, você está colocando o homem acima de Deus, e é isso que viemos fazendo desde que começamos a adorar a humanidade e tornar o homem a medida de todas as coisas. Sempre que o homem se torna o centro de tudo, ele se torna o olho do furacão de problemas — e é precisamente esse o clichê sobre servir à comunidade. Deveríamos talvez suspeitar dessa frase quando paramos para pensar que esse é o slogan de todo estelionatário comercial que quer fazer uma atividade empresarial duvidosa passar por melhoria social.

"Serviço" é o lema do marqueteiro, das grandes empresas e das finanças fraudulentas. E de outros também. Ouça isto: "Eu espero

---

[5] Cf. Mateus 22:37-40.

que o Judiciário entenda que a nação não existe para a conveniência deles, mas que a Justiça existe para servir à nação". Isso foi o que Hitler disse ontem — e é isso que o "serviço" se torna quando a comunidade, e não o trabalho, se torna o seu ídolo. Há, na verdade, um paradoxo quanto a servir à comunidade: almejar servir à comunidade diretamente é falsificar o trabalho; a única maneira de servir à comunidade é esquecer a comunidade e servir ao trabalho. Há três boas razões para isso.

A primeira é que você não pode fazer um bom trabalho se tirar sua mente do trabalho para ver como a comunidade o está recebendo — assim como não pode dar uma boa tacada em uma bola de golfe se não olhar para ela. "Bem-aventurados os de coração não dividido" (porque é esse o sentido real da palavra que traduzimos por "limpos de coração").[6] Se o seu coração não está totalmente no trabalho, o trabalho não será bom — e um trabalho que não é bom não serve nem a Deus nem à comunidade; serve somente a Mamom.

A segunda razão é que, no exato momento em que você pensa em servir outras pessoas, você começa a ter uma noção do que as outras pessoas devem a você por sua labuta; você começa a pensar que tem direitos sobre a comunidade. Você começa a barganhar por uma recompensa, a procurar elogios e a guardar rancor se não for admirado. No entanto, se a sua mente está em servir ao trabalho, então você não tem nada a procurar; a única recompensa que o *trabalho* lhe pode dar é a satisfação de contemplar sua perfeição. O trabalho toma tudo e nada dá senão a si próprio; e servir ao trabalho é um ato de puro amor.

Em terceiro lugar, se você se propuser a servir à comunidade, provavelmente acabará meramente cumprindo uma demanda popular — e talvez nem isso. Uma demanda popular muda. Noventa por cento das peças ruins nos teatros deve sua baixa qualidade ao fato de que o dramaturgo buscou agradar a plateia,

---

[6]Mateus 5:8.

em vez de produzir uma peça boa e satisfatória. Em lugar de fazer o trabalho como a integridade dele próprio exige ser feito, ele falsificou a peça ao colocar isso ou aquilo que ele pensa apelar ao gosto popular[7] (que, quando sair a peça, provavelmente já vai querer outra coisa) e a peça falha por sua insinceridade. O trabalho foi falsificado para agradar ao público e, no final, nem o público fica satisfeito. É assim com obras de arte, é assim com todo trabalho.

Estamos chegando ao fim de uma era da civilização que começou por paparicar a demanda popular e terminou por tentar freneticamente criar uma demanda popular por um resultado tão falso e sem sentido que mesmo um público dopado se revoltou com o lixo que lhe foi oferecido e entrou em guerra em vez de continuar engolindo-o. O perigo de "servir à comunidade" é que você faz parte da comunidade e, ao servi-la, pode estar simplesmente servindo a um tipo de egoísmo coletivo. A única forma de verdadeiramente servir à comunidade é estar em verdadeira sintonia com a comunidade, ser você mesmo parte da comunidade e então servir ao trabalho, sem parar para pensar mais na comunidade. Então o trabalho vai perdurar, porque será consistente consigo mesmo. É o trabalho que serve à comunidade; a preocupação do trabalhador é servir ao trabalho.

Ficamos confusos ao misturar os *fins* a que nosso trabalho se propõe com a *forma* em que ele é feito. O fim do trabalho será decidido por nossa visão religiosa: como *somos*, assim *fazemos*. É tarefa da religião nos tornar cristãos e, então, nosso trabalho naturalmente se proporá a fins cristãos, pois o nosso trabalho é uma expressão de quem somos. Mas a forma que o trabalho é feito é governada sem nenhuma sanção, exceto pelo bem do trabalho em si; e a religião não tem conexão direta com isso, exceto para insistir que o trabalhador deve estar livre para fazer o seu trabalho de acordo com a integridade dele próprio. Jacques Maritain, um dos poucos escritores religiosos do nosso tempo que realmente

---

[7] Gíria inglesa que originariamente se referia aos espectadores dos assentos mais baratos do teatro. Veio a significar "aqueles com gosto ou juízo crítico ordinário ou simplório".

entende a natureza do trabalho criativo, resumiu a questão em uma frase:

> O que é necessário é o perfeito discernimento prático entre o fim buscado pelo trabalhador (*finis operantis*, como diria a escolástica) e o fim servido pelo trabalho (*finis operas*), de forma que o trabalhador possa trabalhar pelo seu salário, mas o trabalho seja controlado e configurado somente em relação ao seu bem, e não em relação ao salário alcançado; de forma que o artista possa trabalhar por qualquer intenção humana que ele quiser, mas o trabalho seja feito e construído apenas por sua beleza.[8]

Ou talvez, para colocar de forma ainda mais resumida: se é para o trabalho encontrar o seu devido lugar no mundo, é dever da igreja garantir que o trabalho sirva a Deus e que o trabalhador sirva ao trabalho.

PERGUNTAS PARA DEBATE

1. Ao comentar sobre a sociedade britânica de meados do século 20, Sayers fala sobre o excesso de consumismo: "Uma sociedade em que o consumo precisa ser artificialmente estimulado a fim de manter a produção é uma sociedade fundada em lixo e desperdício, e essa sociedade é uma casa edificada sobre a areia" (p. 148). Quanto "lixo e desperdício" você tem na sua vida? Quanto a nossa sociedade depende do ciclo e do ritual de comprar bens que "melhoram a vida"? E eles de fato melhoram a vida?

2. Sayers argumenta que a riqueza pode ser medida de duas formas: "o fruto da terra e o trabalho do homem [e da mulher!]" (p. 150). Porém, não da perspectiva do ganho monetário, mas

---

[8]"Art and morality", seção 2, cap. 9, in: Maritain, *Art and scholasticism*, p. 77-8.

pelo valor do objeto criado. Isto é, encontramos alegria e felicidade na construção do produto de nosso trabalho? Encontramos prazeres simples em nosso trabalho diário, a alegria de fazer algo bom no mundo?

3. Na página 160, Sayers enche seu ensaio de perguntas — boas perguntas. Leia o primeiro parágrafo. Às vezes, fazer as perguntas certas vale mais que uma boa resposta. Faça essas perguntas a si mesmo a fim de refletir sobre o seu trabalho no mundo.

4. O seu trabalho é "algo que se faz para viver" ou "aquilo pelo que se vive para fazer" (p. 155)? Embora seja difícil para a maioria de nós escolher uma profissão ou, como Sayers diz, uma vocação, o que realmente "se vive para fazer", o que você pensa sobre seu trabalho ou sua carreira? Você tem a capacidade de fazer algo que se encaixe com sua personalidade e paixões? Você já tem o luxo de ser apaixonado pelo seu trabalho?

5. Qual é a qualidade do seu trabalho? Você cria o melhor produto possível? Você faz o melhor trabalho possível? Se não, por quê?

12

EM DIREÇÃO A UMA ESTÉTICA CRISTÃ[1]

[1] Ficará imediatamente óbvio quão profundamente este ensaio deve a R. G. Collingwood em *Os princípios da arte*, particularmente no que se refere à distinção entre a arte propriamente dita (expressão e imaginação) e as pseudoartes da diversão e da magia. A única contribuição feita por mim (além de erros incidentais) foi sugerir, ainda que precariamente, um método de estabelecer os princípios da arte propriamente dita na doutrina trinitária sobre a natureza da mente criativa, que é o que, penso eu, realmente lhes é subjacente. Sobre tal fundamento talvez seja possível desenvolver uma estética cristã, que, encontrando sua força e sanção no centro teológico, seria ao mesmo tempo caracteristicamente cristã e de maior aplicação universal que qualquer estética cujo contato com o cristianismo fosse feito apenas no plano ético.

Pediram-me que falasse sobre as artes [na Inglaterra]: suas raízes no cristianismo, sua condição atual e os meios pelos quais (caso constatemos que não florescem como deveriam) seus membros mutilados e seus galhos secos poderão ser restaurados ao serem enxertados no tronco principal da tradição cristã.

Essa tarefa é particularmente difícil, e pode ser que eu não a possa cumprir exatamente nos termos que me foram propostos. E a razão é bem estranha. Em questões como política, economia, sociologia e afins, realmente há uma filosofia e uma tradição cristãs; sabemos mais ou menos o que a igreja disse e pensou sobre tais temas, como se relacionam com o dogma cristão e o que se deve fazer quanto a eles em um país cristão.

O estranho, entretanto, é que não temos uma estética cristã — não há uma filosofia cristã das artes. A igreja nunca se resolveu quanto às artes, e não é exagero dizer que ela nunca tentou. É claro, de tempos em tempos, ela teve acessos puritanos de denunciar as artes como irreligiosas e perniciosas ou tentou explorar as artes como meio de ensinar a religião e a moral, mas espero mostrar-lhes que ambas as atitudes são falsas e se baseiam em uma ideia completamente errada do que a arte deve ser e fazer. É claro, há muitos escritores sobre estéticas que calham de ser cristãos, mas raramente tentam relacionar de modo sistemático sua estética aos dogmas cristãos centrais. De fato, no que toca à estética europeia, imagina-se que ela provavelmente teria se desenvolvido exatamente do mesmo modo caso a encarnação nunca houvesse revelado a natureza de Deus — que é, vale dizer, a natureza de toda verdade. Porém, isso é fantástico. Se nos comprometemos a dizer que a revelação cristã desvela a natureza de toda verdade, então ela precisa desvelar para nós a natureza da verdade sobre a arte, dentre outras coisas. É absurdo continuar explicando placidamente a arte segundo uma estética pagã sem notar a revolução completa de nossas ideias sobre a natureza das coisas que aconteceram, ou deveriam ter acontecido, depois do primeiro Pentecostes. Irei tão longe a ponto de manter que a extraordinária confusão intelectual que temos sobre a natureza e a função da arte se deve principalmente ao fato de que, por quase dois mil anos, temos tentado conciliar uma estética pagã, ou ao menos unitariana, com uma teologia cristã — isto é, trinitária e encarnacional. Na verdade, até essa maneira de apresentar a situação nos pinta como inteligentes demais. Nem mesmo conciliar tentamos. Simplesmente permitimos que ambas existissem lado a lado em nossa mente; quando o conflito entre elas se tornou barulhento demais para ser ignorado, tentamos silenciar os ânimos por força bruta, seja subjugando violentamente a arte à religião, seja prendendo cada uma em uma cela separada e lhes proibindo qualquer comunicação entre si.

Pois bem, antes de prosseguir, quero deixar bem claro que estou falando da estética (filosofia da arte), e não sobre a arte como praticada pelos artistas. Os grandes artistas fazem suas obras segundo o que Deus estabeleceu para eles, bem alheios à estética disposta pelos filósofos. É claro, às vezes os próprios artistas se arriscam na estética, e o que eles têm a dizer é bem interessante, mas frequentemente errôneo. Se forem realmente grandes e genuínos artistas, eles farão seu poema (ou o que quer que seja) primeiro e depois tentarão conciliá-lo com a estética da moda em seu tempo. Eles não produzem suas obras para se conformar às noções da estética — ou, se o fazem, diminuem-se enquanto artistas, e a obra sofre. Em segundo lugar, o que os artistas tagarelam ao mundo e entre si não é sobre as regras de sua arte, mas sobre as técnicas de sua arte. Eles lhe dirão, como críticos, como produzir certos efeitos (o poeta falará sobre assonância, aliteração e métrica; o pintor sobre perspectiva, equilíbrio e como mistura suas cores etc.) e daí podemos extrair a errônea impressão de que a técnica é a arte ou que o objetivo da arte é produzir determinado tipo de efeito. Contudo, isso não é verdade. Não podemos marchar a não ser que aprendamos, depois de muito praticar, a controlar os músculos de nossas pernas; mas não é verdade dizer que o controle muscular é a marcha. Embora seja verdade que certos truques produzem efeitos — como o uso de vogais e consoantes por Tennyson para produzir o efeito de um gemido sonolento em "The moan of doves in imemorial elms" [O arrulhar das pombas sobre olmeiros imemoriais] ou de metal tinindo em "The bare black cliff clanged round him" [O penhasco de puro preto rangia a seu redor] —, não é verdade que o poema seja meramente um conjunto de efeitos físicos, ou mesmo emocionais. O que uma obra de arte realmente é e faz abordaremos mais tarde. No momento, eu apenas gostaria de enfatizar a diferença entre estética e arte e deixar claro que o bom artista produzirá boa arte, mesmo que a estética de seu tempo esteja totalmente despreparada para explicá-la.

Quanto às origens da estética europeia, remontaremos obviamente à Grécia, e somos trazidos mais uma vez aos dois famosos capítulos em que Platão versa sobre as artes e decide que certos tipos de arte, em particular certos tipos de poesia, deveriam ser banidos do Estado perfeito. Nem toda poesia — muitas pessoas falam como se Platão houvesse dito isso, mas não é verdade —; algumas ele gostaria de manter, e isso torna sua atitude ainda mais enigmática, porque, embora seja bem claro sobre a razão de desaprovar certos tipos, ele nunca explica o que torna os outros valiosos. Ele nunca chega a considerar, de forma construtiva, o que a verdadeira arte é e o que faz. Apenas nos diz quais são os resultados ruins, na opinião dele, de certos tipos de arte; também nunca aborda a questão de os resultados morais ruins dos quais reclama talvez se deverem a uma falsidade na arte, isto é, à obra ser pseudoarte ou não ser artística o suficiente. Ele parece dizer que certas formas de arte são intrinsecamente ruins. Toda sua abordagem nos parece bem esquisita, confusa e contraditória, contudo sua estética dominou todo nosso pensamento crítico por séculos e influenciou particularmente a atitude da igreja mais do que ela própria percebe. Então é necessário analisarmos o argumento de Platão. Muitas de suas conclusões são verdadeiras, embora frequentemente, penso eu, venham de premissas falsas. Algumas delas, penso, manifestamente falsas. No entanto, cabe dizer especialmente que todo seu tratamento da questão é inadequado. Isso não é culpa de Platão. Ele foi um dos maiores pensadores de todos os tempos, mas era um pagão, e estou convencida de que nenhum filósofo pagão pode produzir uma estética adequada, simplesmente porque lhe falta uma teologia correta. Nesse aspecto, o menor no reino dos céus é maior que João Batista (Mateus 11:11).

O que diz Platão?

Ele começa falando de histórias e mitos e, após descartar de imediato até mesmo a possibilidade de considerar histórias e poemas que são obviamente mal escritos, ele prossegue para rejeitar os que são falsos ou que atribuem um comportamento mau e grosseiro aos deuses ou que tendem a inculcar paixões ruins e vulgares ou comportamento antissocial na audiência. Depois disso (que parece bastante com o que o clero e os moralistas sempre dizem atualmente), ele deixa a questão e avança para certas formas de poesia e arte — aquelas formas que envolvem a *mimesis* —, as artes imitativas. A *mimesis* pode ser traduzida por imitação ou representação; e podemos ver de imediato que certas formas de poesia e arte são mais imitativas que outras. Teatro, pintura e escultura são, em geral, miméticos — algum objeto natural ou ação está sendo representado ou imitado (embora encontremos exceções em pinturas modernistas e surrealistas que parecem nada representar nos céus ou na terra). A música, em contrapartida, não é imitativa — nada imita do mundo natural, a não ser que contemos certos efeitos como o barulho de tambores em uma peça marcial ou um trinado ou arpejo representando o cantar dos pássaros ou o cair da água, até os guinchos, zunidos, apitos e assobios dos órgãos de cinema. No terceiro livro da *República*, Platão diz que admitirá as artes imitativas, desde que a imitação ou a representação seja de algo edificante moralmente, que dê um bom exemplo; mas ele baniria completamente a representação de objetos indignos, como heróis nacionais se desmanchando em rios de lágrimas, pessoas se embriagando ou empregando linguagem torpe. Ele pensa que isso seria ruim para os atores e para a plateia. Nem (o que parece estranho para nós) deveriam os atores imitar qualquer coisa vulgar ou vil, como artífices fazendo seu ofício, remadores de trirreme ou seus comandantes; nem deveria haver absurdos banais como efeitos de fundo e imitações de sons de animais. Nada deve ser representado ou mostrado a não ser que seja digno de ser imitado: as ações nobres de homens sábios — uma galeria de bons exemplos.

Talvez consideremos que o teatro de Platão seria de um tom mais austero. Porém, no décimo livro ele endurece ainda mais seu coração. Decide banir toda arte imitativa, toda e qualquer representação — por duas razões.

A primeira razão é que a imitação seria uma espécie de trapaça. Um artista que não sabe nada de carpintaria ainda pode pintar um carpinteiro, de modo que, se a pintura estiver exposta à distância, crianças e pessoas simples podem ser enganadas e pensar que é um carpinteiro de verdade. Além disso, de todo modo, as realidades das coisas existem apenas no céu em uma forma ideal e arquetípica; o mundo visível é apenas uma reflexão embaçada ou uma imitação ruim das realidades celestiais; e a obra de arte é apenas uma imitação trapaceira do mundo visível. Portanto, a arte representativa é simplesmente a imitação de uma imitação — um truque enganoso que atiça e entretém enquanto desvia as mentes para longe da contemplação das realidades eternas.

Nesse ponto, alguns podem começar a se incomodar e dizer: "Ei! Pare! Claramente há uma diferença entre a falsificação que engana e a representação. Admito que há caixas de biscoito feitas para parecer com as obras completas de Charles Dickens, que talvez enganem o desavisado, e que as pessoas simplórias nos teatros costumam vaiar o vilão ou pular no palco para salvar a heroína, mas, via de regra, sabemos perfeitamente bem que a imitação é apenas uma imitação e não foi feita para enganar as pessoas. E certamente há uma diferença entre imitar sons de animais e John Gielgud representando Hamlet. Ademais, mesmo se fosse possível haver a representação exata de algo, como um documentário sobre a guerra ou uma reprodução verbal exata de uma cena no Tribunal Central Criminal, não é a mesma coisa que um *Coriolano* ou a cena do julgamento em *O mercador de Veneza*; a obra de arte tem algo de diferente, algo mais — poesia ou algo do tipo...", e aí você começa a acenar as mãos vagamente.

É claro, você está perfeitamente correto. Porém, vamos observar por um momento como a concepção de arte em Platão foi influenciada por sua teologia — o mundo visível imita, copia e reflete um mundo de formas eternas imutáveis que já existem em outro lugar; e o artista é concebido como uma espécie de artífice ou artesão que se propõe a copiar ou imitar algo que já existe no mundo visível.

Ora, consideremos a segunda razão [de Platão] para banir toda a arte representativa. Ele diz que, mesmo onde a ação representada é boa e nobre em si, o efeito na audiência é ruim porque os leva a dissipar as emoções e energias que deveriam ser usadas para enfrentar os problemas da vida. Os sentimentos de coragem, resolução, piedade, indignação e assim por diante se desenvolvem nos espectadores pela encenação das paixões no palco (ou em figuras ou na música) e então se desperdiçam em uma enxurrada de emoções com essas sombras irreais, deixando a mente vazia e exaurida, sem apetite para nada senão novas sensações igualmente artificiais.

Certo, há uma acusação real contra um tipo específico de arte, a qual devemos levar a sério. No jargão da psicologia moderna, Platão está dizendo que arte desse tipo leva a fantasias e idealizações. Aristóteles, vindo cerca de cinquenta anos depois de Platão, defendeu esse tipo de arte. Ele disse que paixões indesejáveis, como dó e horror, poderiam ser sublimadas dessa forma — você se livra delas no teatro, onde não fariam mal a ninguém. Segundo ele, caso você sentisse um impulso interior de matar sua esposa, poderia ir e ver *Otelo* ou ler um bom romance de suspense bem macabro e, assim, satisfazer sua sede por sangue dessa forma. Caso tivéssemos ainda a primeira parte de sua *Poética*, a qual lidava com comédia, provavelmente descobriríamos que ele sugeria da mesma forma que um excesso de excitação sexual poderia ser liberado indo para uma boa farsa vulgar ou com uma música vulgar que expeliria tudo em gargalhadas altas e obscenas.

É verdade, as pessoas ainda discutem se Platão ou Aristóteles estavam certos sobre isso. Porém, há uma ou duas coisas que gostaria de observar aqui. A primeira: o que Platão está realmente preocupado em banir de seu Estado perfeito é o tipo de arte que busca apenas entretenimento — a arte que dissipa a energia ao invés de direcioná-la para algum canal útil. Embora Aristóteles defenda a arte para entretenimento, ele ainda está pensando sobre o mesmo tipo de arte.

A segunda coisa é que tanto Platão quanto Aristóteles — mas especialmente Platão — se preocupam com os efeitos morais da arte. Platão definitivamente admitiria a arte representativa desde que pensasse que ela teria o efeito de canalizar as energias e direcioná-las para ações virtuosas. Ele a expulsa, depois de desenvolver o argumento, somente porque chegou à conclusão de que *nenhuma* arte imitativa — nem mesmo a tragédia mais elevada — conseguiria fortalecer a constituição moral. Ele não fala claramente que tipo de poesia manteria ou por que, exceto que seria do que chamamos de tipo lírico e, presumivelmente, com um tom revigorante e tonificante, além de inculcar diretamente o amor do bom, do belo e do verdadeiro.

Em terceiro lugar, Platão viveu no começo e Aristóteles no fim da era que viu o colapso e a corrupção da grande civilização grega. Platão vê o início da corrupção e clama como profeta para o seu povo se arrepender antes que seja tarde demais. Ele percebe que a plateia no teatro está na verdade procurando o teatro por nada mais que diversão e entretenimento, que suas energias estão se dissipando em emoções espúrias — bobeiras sentimentais, risadas sem sentido, fantasias, idealizações e admiração pelo que é meramente esperto, manhoso, sagaz e divertido. E há uma sinistra semelhança entre sua era e a nossa. Nós também temos audiências, críticos e a imprensa avaliando cada peça, livro e romance por seu valor como entretenimento e toda uma geração de jovens que sonham com romances e idealizam a vida com base no cinema, que pareciam se anestesiar até à completa irresponsabilidade sobre como conduzir a vida, até que veio a guerra, como foi na Grécia, para trazê-los de volta à realidade. A civilização grega foi destruída, mas a nossa ainda não foi. Porém, faremos bem em lembrar a advertência de Platão: "Se você receber a musa dos prazeres, dor e prazer serão os reis da sua cidade, ao invés da lei e dos princípios comuns".

Há outra coisa em Platão que nos parece familiar. Parecemos conhecer a voz que incentiva artistas a produzir obras de arte com um alto valor moral — obras de propaganda, direcionadas a melhorar a mente dos jovens e a motivá-los a cumprir seus deveres, resultando, na verdade, em algo bom para eles. Ao mesmo tempo, descobrimos — dentre artistas e críticos igualmente — uma tendência de repudiar a arte imitativa em prol de algo mais rústico, primitivo e simbólico, como se aí morasse o problema.

É como se, no declínio da Grécia e no que se chama de declínio do Ocidente, tanto Platão quanto nós concordássemos em ver algo de errado com as artes — uma espécie de infecção mútua, pela qual a arte rasa, sentimental e hedonista corrompe seu público, e o público sentimentalista que ama prazer, por sua vez, corrompe as artes, exigindo dela nada senão entretenimento. E o mesmo tipo de remédio se propõe em ambos os casos — primeiro, livrar-nos de representacionalismo —, que, como se espera, retirará o prazer e o entretenimento e então curará a necessidade do público por diversão; em segundo lugar, concentrar-se nas obras que estimulam diretamente o pensamento correto e a ação correta. O que temos aqui na verdade é uma espécie de divisão da arte em dois gêneros: a arte de entretenimento, que dissipa as energias da audiência e as derrama pelo ralo; e outro tipo de arte, que canaliza a energia em uma espécie de moinho para girar a roda da ação — e é o que poderíamos chamar de arte hipnótica. Porém, essas duas funções compõem o todo da arte? Ou será que de alguma forma são arte? Talvez sejam apenas efeitos acidentais da arte, ou da falsa arte — algo que se disfarça sob o nome de arte —, ou tarefas banais a que escravizamos a arte? Será a real natureza e finalidade da arte algo diferente de ambas? Será que o real problema está em uma falha em nossa estética, de modo que não sabemos o que procurar na arte, ou não sabemos reconhecê-la quando a vemos, ou não sabemos distinguir a verdadeira da espúria imitação?

Suponhamos que estejamos a ouvir, em vez de Platão, os poetas sobre quem escreveu — Ésquilo, por exemplo, o grande escritor de tragédias. O drama certamente é uma arte representativa e, portanto, segundo Platão, arte para prazer, arte de entretenimento, arte para se emocionar e relaxar, arte que apela às sensações. Vamos ler o *Agamêmnon*. Certamente é a representação feita pelos atores de alguma coisa — bem sensacional, aliás: o assassinato do marido pela esposa adúltera. Porém, dificilmente um entretenimento seria sensacional no mesmo sentido em que um romance de suspense sobre o mesmo assunto seria sensacional. Um público que somente se importasse com prazer e idealizações dificilmente o chamaria de entretenimento. Certamente ele não relaxa. E duvido que ele dissipe nossas paixões como em Platão ou as sublime como em Aristóteles, nem que as canalize para determinada ação, embora possa nos perturbar, incomodar e introduzir ao mistério das coisas. Podemos extrair algumas aplicações morais, mas, se nos perguntarmos se o poeta escreveu tal peça a fim de aprimorar nossa mente, algo dentro de nós dirá não, penso eu. Ésquilo estava tentando nos dizer algo, mas não é tão simples assim. Ele está dizendo algo — algo importante, algo colossal. E então ficaremos imediatamente chocados com a inadequação das restrições contra a arte representativa.

Então diremos: "Isto não é a cópia ou a imitação de algo maior e mais real. Isto é maior e mais real que a cena da vida real que representa. Que uma esposa falsa assassine o marido talvez chegasse a um parágrafo do *News of the World*[2] ou desse um livro de suspense para ler no trem, mas, quando o fato é contado dessa forma, por um grande poeta, é como se ultrapassasse a trivialidade do evento real para a relevância cósmica por trás dele. Na verdade, não se trata sequer de uma representação do evento real; se um repórter da BBC estivesse presente no assassinato com a equipe de filmagem e um microfone, o que ouviríamos e veríamos não seria nada como isso. Essa peça é algo que jamais aconteceu neste mundo — aconteceu na mente de Ésquilo e nunca antes".

Neste ponto penso chegarmos a uma questão importante — uma questão que a filosofia pagã de Platão não era capaz de explicar, mas que podemos começar a explicar à luz da teologia cristã. Muito provavelmente, o poeta pagão também não seria capaz de explicar. Se ele o tentasse, também ficaria enredado pelos termos de sua filosofia. No entanto, não estamos preocupados com o que ele poderia dizer, mas com o que disse. Sendo um verdadeiro poeta, era verdadeiro com relação à sua obra — isto é, sua arte era aquele ponto de verdade nele que era verdadeiro em relação à verdade externa e que apenas poderia ser interpretada nos termos da verdade eterna.

A verdadeira obra de arte, portanto, é algo novo; não é primariamente a cópia ou representação de nada mais. Pode envolver representação, mas não é o que a constitui enquanto obra de arte. Não é manufaturada segundo especificações, como um engenheiro faz uma planta — embora possa envolver o cumprimento de regras estabelecidas para a apresentação dramática e contenha "efeitos" verbais que podem ser explicados mecanicamente. Sabemos muito bem, quando a comparamos com supostas obras de arte que seguem artificialmente um padrão, que nesse aspecto de nada vale ser circuncidado ou não, o que importa é ser nova criação (Gálatas 6:15). Algo foi criado.

---

[2]Publicação semanal britânica associada ao *The Sun*, escrita em formato tabloide e que existiu de 1843 a 2011. [N. T.]

Essa palavra — essa ideia de arte como criação — é a importante contribuição, creio eu, que o cristianismo fez à estética. Infelizmente, é provável que usemos as palavras *criação* e *criatividade* de forma bem vaga e frouxa porque não as relacionamos adequadamente à nossa teologia. Porém, é interessante que os gregos não usassem tal palavra em sua estética. Eles consideravam a obra de arte como uma espécie de *techne*, de manufatura. Nesse aspecto, a palavra também não estava em sua teologia — eles não consideravam a história como o ato contínuo de Deus realizando-a na criação.

Em que sentido se pode dizer que Deus cria e como isso se compara ao ato de criação feito pelo artista? De início, evidentemente, dizemos que Deus criou o universo "a partir do nada" — ele não estava restrito a quaisquer condições. Não há comparação aqui, pois o artista humano está no universo e restrito a suas condições. Ele somente pode criar dentro dessa estrutura e a partir do material fornecido pelo universo. Dito isso, perguntemos de que forma Deus cria. A teologia cristã responde que Deus, que é uma Trindade, cria por, ou por meio de, sua Segunda Pessoa, seu Verbo ou Filho, que é continuamente gerado da Primeira Pessoa, o Pai, em uma eterna atividade criativa. E certos teólogos adicionaram este comentário bem significativo: o Pai, dizem eles, só pode ser conhecido por si mesmo ao contemplar sua imagem em seu Filho.

Isso soa misterioso? Voltemos ao artista humano e vejamos o que isso significa usando os termos de sua atividade. Porém, em primeiro lugar, observemos uma nova palavra que se infiltrou no argumento por causa da teologia cristã — a palavra *imagem*. Suponhamos que, após rejeitarmos as palavras *cópia*, *imitação* e *representação* como inadequadas, adotemos a palavra *imagem* e digamos que aquilo que o artista está fazendo é a imagem de uma coisa ou outra, em conexão com a frase de S. Paulo: "Deus [...] falou-nos, nestes últimos dias, pelo Filho [...] O qual, sendo o resplendor da sua glória, e a expressa imagem da sua pessoa" (Hebreus 1:1-3, ARC). Algo que, por ser imagem, expressa aquilo que representa. Isso nos aproxima de outra coisa? Há algo aqui, no sentido mais profundo das palavras, de inimaginável, que se conhece (e, mais ainda, nós o conhecemos) apenas por meio da imagem em que se expressa por meio da criação; e, diz a teologia cristã de forma bem enfática, o Filho, que é a expressa imagem, não é a cópia, imitação ou representação do Pai, nem inferior, nem superior ao Pai em qualquer sentido. Em última análise, nas profundezas de seu misterioso ser, o inimaginável e a imagem são uma coisa só.

Agora, quanto ao poeta. Dissemos, quando falamos sobre o *Agamêmnon*, que essa obra de arte parecia estar acontecendo na mente de Ésquilo. Dizemos agora, talvez mais precisamente, que a peça é a expressão de seu acontecimento interior. Mas o que exatamente está acontecendo?

Há uma escola da crítica que sempre tenta explicar, ou reduzir, as obras artísticas humanas ao tentar escavar os eventos da vida e as emoções do artista a partir de suas obras e dizer: "Aqui está o Ésquilo de verdade, o Shakespeare de verdade, sendo os poemas nada mais que distantes imitações". Mas qualquer poeta lhe dirá que essa é a forma errada de apreciar sua obra. É a antiga estética pagã, que nada explica — ou que explica tudo sobre a obra, exceto o que a constitui uma obra de arte. O poeta dirá: "o meu poema é a expressão da minha experiência". Mas, se você perguntar: "Qual experiência?". Ele dirá: "Não posso responder exceto pelo que já disse no poema — o poema é a experiência". O Filho e o Pai são *um*; o próprio poeta não sabe qual era sua experiência até criar o poema que revelou sua experiência para si mesmo.

Para evitar confusão, distingamos entre um evento e uma experiência. Um evento é algo que acontece a uma pessoa, mas que não necessariamente é experimentado pela pessoa. Em um exemplo extremo, suponhamos que você machuque a cabeça e tenha uma concussão e, como é comum, ao se recuperar, não se lembre de ter machucado a cabeça. O fato de machucar a cabeça certamente aconteceu com você, mas você não o experimentou; tudo o que você experimentou foram suas consequências. Você somente experimenta algo quando pode expressá-lo — ainda que parcamente — à sua mente. Talvez você recorde aqui o jovem na peça de T. S. Eliot *The family reunion* [A reunião familiar], que diz para seus parentes:

> Todos vocês são pessoas
> A quem nada aconteceu, em um impacto perfeitamente contínuo
> De eventos externos...

Ele quer dizer que tais pessoas passaram pela vida sem experimentarem nada porque nunca tentaram expressar para si mesmos a real natureza do que lhes aconteceu.

Um poeta é um homem que não apenas sofre o impacto de eventos externos, mas também os experimenta. Ele coloca a experiência nas palavras de sua mente e, ao fazê-lo, reconhece a experiência pelo que ela é. Na medida em que todos podemos fazê-lo, todos somos poetas. Um poeta em sentido estrito é simplesmente um homem como nós com um poder excepcional de revelar sua experiência ao expressá-la, de modo que não apenas ele, mas nós mesmos também reconhecemos tal experiência como nossa.

Quero enfatizar a palavra *reconhecer*. Um poeta não vê algo — por exemplo, a lua cheia — e diz: "Que bela vista; vamos encontrar as palavras apropriadas para expressar o que as pessoas devem sentir sobre isso". Isso é o que o artista literário faz, e não significa nada. O que acontece então, ou algum tempo depois, é que ele se vê repetindo palavras em sua cabeça e falando consigo mesmo: "Sim, é verdade. Essa é a experiência da lua cheia para mim. Reconheço-a ao expressá-la, e agora sei o que aconteceu". Então, no caso de experiências mentais ou espirituais — pecado, luto, alegria, tristeza, adoração —, a coisa se revela a ele em palavras e, assim, é experimentada plenamente pela primeira vez. Portanto, ao reconhecê-la em sua expressão, aquilo se torna dele — passa a integrá-lo. Ele não mais se sente pressionado passivamente pelo impacto de eventos externos; não é simplesmente algo que acontece com ele, mas algo acontecendo nele; a realidade do evento se comunica a ele em atividade e poder. Desse modo, o ato do poeta na criação se mostra tríplice — uma trindade de experiência, expressão e reconhecimento: a realidade incognoscível na experiência; a imagem dessa realidade conhecida em sua expressão; e poder no reconhecimento, de modo que o todo compõe o ato único e indivisível da mente criativa.

Pois bem, o que o poeta faz para si, também pode fazer por nós. Quando ele faz tal imagem de sua experiência, ele pode encarná-la, por assim dizer, em um corpo material — palavras, música e pintura —, o que conhecemos como obra de arte. Já que ele é um homem como o restante de nós, devemos esperar que nossa experiência terá algo em comum com a dele. Na imagem de sua experiência, podemos reconhecer a imagem de alguma experiência nossa — algo que aconteceu conosco, mas que nunca entendemos, formulamos ou expressamos para nós mesmos e, portanto, nunca conhecemos como uma experiência real. Quando lemos o poema, assistimos à peça ou ao filme ou ouvimos a música, é como se uma luz acendesse dentro de nós. Dizemos: "Ah! Eu reconheço isso! É algo que senti obscuramente acontecendo dentro de mim, mas que não sabia o que era e não podia expressar. Porém, agora que o artista fez a sua imagem — refletida — em mim, posso possuí-la e me apropriar dela, torná-la minha e fazê-la fonte de conhecimento e força". Essa é a comunicação da imagem em poder, pela qual a terceira pessoa da trindade do poeta nos leva, por meio da imagem encarnada, ao conhecimento direto do que é a realidade incognoscível e inimaginável em si mesma. "Ninguém vem ao Pai, a não ser por mim" (João 14:6), diz a imagem encarnada; e adiciona: "Mas, quando o Espírito da verdade vier, ele os guiará a toda a verdade" (João 16:13).

O reconhecimento da verdade obtida na obra do artista chega a nós como uma revelação de uma nova verdade. Que fique claro: não estou me referindo a uma espécie de assentimento dado ao escrito acenando a cabeça em tom de superioridade e observando: "Sim, sim, muito bom. É verdade. É isso que sempre digo!". O meu argumento é o reconhecimento da verdade que nos diz algo sobre nós que não dizemos sempre, algo que coloca um novo conhecimento de nós mesmos à nossa disposição. É novo, surpreendente e talvez esmagador, mas chega a nós com um senso de familiaridade. Não sabíamos disso antes, mas, no momento em que o poeta nos mostra, sabemos que, de uma forma ou de outra, sempre soubéramos disso.

Muito bem. No entanto, francamente, é isso que o cidadão britânico médio recebe, ou espera receber, quando vai ao teatro ou lê um livro? Não, não é. Na maioria das vezes, é o que ele menos espera ou quer. O que ele procura não é esse tipo de arte criativa e cristã. Ele não espera nem deseja ser chateado com revelações súbitas sobre si mesmo e o universo. Como as pessoas da Atenas decadente dos dias de Platão, ele esqueceu ou repudiou a origem religiosa de toda a arte. Ele quer entretenimento, ou, se for um pouco mais sério, quer algo com uma moral ou receber alguma hipnose ou encanto que o instigue à ação virtuosa.

É claro, o entretenimento e o incentivo moral certamente têm os seus usos, mas não são arte em sentido estrito. Podem ser efeitos incidentais da boa arte, mas também podem ser o próprio objetivo e essência da falsa arte. Se continuarmos a exigir das artes apenas essas duas coisas, vamos subnutrir e silenciar o verdadeiro artista e encorajar o falso artista, o qual pode se tornar uma força bem sinistra, afinal.

Consideremos a arte de entretenimento. O que ela nos dá? De modo geral, o que exigimos e obtemos dela é sentir emoções que normalmente acompanham a experiência sem ter de passar pela experiência. Ela não nos revela nada sobre nós; simplesmente projeta em uma tela mental uma figura de nós mesmos que já nos imaginamos sendo — apenas maior e mais brilhante. O produtor desse tipo de entretenimento não está em sentido algum interpretando e revelando sua experiência a si mesmo e a nós — ou ele está realizando suas idealizações ou, de forma ainda mais falsa e venal, dizendo: "O que o público pensa que gostaria de experimentar? Vamos mostrar isso para eles de modo que possam se chafurdar em emoções fingindo que o experimentaram". Esse tipo de pseudoarte é literatura "idealista" ou "escapista" no pior sentido dos termos. É uma fuga, não do "impacto de eventos externos" para a cidadela da realidade experimentada, mas uma fuga da realidade e da experiência para um mundo de eventos meramente externos — a progressiva externalização da consciência. Para relaxar de vez em quando, não há problema nisso, mas pode chegar ao ponto em que não apenas arte, mas todo o universo dos fenômenos se torna uma tela em que vemos a projeção ampliada de nossos egos irreais como objeto de emoções igualmente irreais. Isso ocasiona a completa corrupção da consciência, que não mais pode reconhecer a realidade na experiência. Quando isso acontece, temos uma civilização que vive por diversão, uma civilização sem coragem, sem experiência e fora da realidade.

Ou considere a arte hipnótica. À primeira vista, parece ser melhor porque leva à ação, o que também tem sua utilidade. Contudo, é perigosa demais em excesso porque novamente não revela a realidade na experiência, mas apenas projeta uma imagem mentirosa do ego. Assim como a arte de entretenimento busca produzir as emoções sem a experiência, essa pseudoarte busca produzir o comportamento sem a experiência. No fim das contas, almeja sujeitar o comportamento do público à vontade do hipnotizador e, como seu nome indica, não é arte, mas arte mágica. Em sua forma mais vulgar, torna-se pura propaganda. Pode (como bem sabemos) de fato conseguir transformar seu público no que deseja que ele seja. No fim das contas, ela pode realmente corromper a consciência e destruir a experiência até que o ego interior das vítimas seja completamente externalizado, e elas se tornem marionetes e instrumentos de suas paixões espúrias. É por isso que é tão perigoso para qualquer um — até para a igreja — exortar artistas a produzirem obras de arte com o fim expresso de fazer bem às pessoas. Sim, que ela encoraje os artistas a expressar sua experiência cristã e comunicá-la a outras pessoas. Isso é o verdadeiro artista dizendo: "Olha! Reconhece tua experiência na minha". Mas a "arte edificante" frequentemente pode ser o pseudoartista dizendo corruptamente: "É isso que você deve acreditar, sentir e fazer — e eu proponho gerar em você um estado mental em que você acreditará, sentirá e fará o que lhe for ordenado". Essa pseudoarte não comunica realmente seu poder a nós; ela simplesmente exerce seu poder sobre nós.

O que é, então, que essas duas pseudoartes — a de entretenimento e a hipnótica — têm em comum? E como elas se relacionam à verdadeira arte? O que elas têm em comum é a falsificação da consciência; e elas estão para a arte como o ídolo está para a imagem. Os judeus eram proibidos de construir qualquer imagem para adorar porque, antes da revelação da unidade tríplice em que a imagem e o inimaginável são um só, era fácil demais trocar a imagem pelo ídolo. A revelação cristã libertou todas as imagens, mostrando que a verdadeira imagem subsistia dentro da própria divindade. Não era cópia, imitação, representação, nem inferior, nem superior, mas o resplendor da sua glória e a expressa imagem de sua pessoa — o próprio espelho em que a realidade se conhece e se comunica em poder.

Mas ainda existe o perigo, e existirá sempre, de que a doutrina cristã da imagem seja esquecida. Em nossa estética, essa doutrina nunca foi plenamente utilizada ou entendida e, por consequência, toda nossa atitude com a expressão artística da realidade foi confusa, idólatra e pagã. Vemos as artes se degenerando em mero entretenimento que corrompe e relaxa nossa civilização, de modo que tentamos advertir e corrigir isso exigindo uma arte mais moralizada e estimulante. Porém, isso apenas coloca um ídolo no lugar de outro. Ou vemos que a arte está se tornando idólatra e supomos que podemos corrigir as coisas nos livrando do elemento representativo nela. No entanto, o que está errado não é a representação em si, mas o fato de que o que estamos olhando e procurando nela não é a imagem, mas um ídolo. Filhos, guardem-se dos ídolos (1João 5:21).

Tornou-se um lugar comum dizer que as artes vivem dias ruins. Na verdade, nós as entregamos aos mestres do entretenimento e da hipnose e, porque não entendemos que essas duas funções não representam a verdadeira natureza da arte, os verdadeiros artistas foram, por assim dizer, excomungados e perderam seu público.

Contudo, penso eu, não há tanto um abandono da estética cristã quanto uma falha em encontrar e examinar uma estética realmente cristã com base no dogma, e não na ética. Isso talvez não seja ruim. Finalmente há um novo horizonte para explorar que não foi pisoteado, soterrado e combatido por gerações incontáveis de críticos contenciosos. Temos de partir da doutrina trinitária da mente criativa e da luz que essa doutrina lança na verdadeira natureza das imagens.

Tenho certeza de que o melhor é não ficar nervoso com Deus — não tentar expulsar o Senhor Emanuel de qualquer esfera da verdade. A arte não é ele — não podemos substituir Deus pela arte; contudo, ela também é ele, pois é uma de suas imagens que, portanto, revela sua natureza. Vemos apenas um reflexo obscuro, como em espelho — vemos apenas as imagens; mas, em outro lugar, veremos face a face, no lugar em que a imagem e a realidade são uma coisa só.

PERGUNTAS PARA DEBATE

1. Para estabelecer um fundamento e um comparativo de teoria estética, Sayers esboça a filosofia da arte de Platão e seus efeitos danosos da arte enquanto "entretenimento ou hipnose". Em contraste à estética platônica ou aristotélica, ela reivindica que a estética cristã afirma uma noção original de arte como "criação". Considere a arte no nosso país hoje. Ela é por puro entretenimento? Tem algum efeito na moralidade? Reflete o mistério da criação?

2. Para o artista, poeta ou pessoa comum, a autora contrasta um "evento" com uma "experiência" (p. 180). Qual é a diferença? Você experimenta a vida ou passa de evento para evento?

3. Bono, da banda U2, afirma saber que uma música será um *hit* quando sente que sempre a conheceu. Sayers fala sobre a escrita dos poetas: "Não sabíamos disso antes, mas, no momento

em que o poeta nos mostra, sabemos que, de uma forma ou de outra, sempre soubéramos disso" (p. 183). O que a psicologia diria sobre isso? Que tipo de arte, poesia, música ou literatura você "experimentou" como se já soubesse daquilo (se isso for possível)? O que a Bíblia diria sobre isso?

4. Sayers escreve sobre a doutrina trinitária da mente criativa na seguinte sequência: experiência, expressão e reconhecimento. Considere um artista que você conhece ou estudou, ou uma experiência de "criar" que você mesmo já teve. O processo criativo seria assim? Descreva.

13

A LENDA DE FAUSTO E A IDEIA DE DIABO

É evidente que uma das grandes dificuldades de escrever um livro ou uma peça sobre o Diabo é evitar que esse personagem roube a cena. Qualquer ator poderá confirmar que o papel de Diabo, não importa como seja representado, é tiro certo. E provavelmente será tiro certo não apenas no sentido de que o Diabo é uma figura caricata, chamativa e dinâmica — isso seria verdade para qualquer vilão. Porém também é verdade no sentido de que o Diabo provavelmente conseguirá conquistar a simpatia do público.

Essa questão é séria, seja para o artista, seja para o público, seja para ambos. Ou talvez fosse melhor dizer que é sempre uma questão séria para o público, porque, para o artista, poderá ser sério de três formas. Ou ele sabe o que está fazendo e o aprova (caso em que há algo errado com ele espiritualmente, enquanto ser humano); ou, como Blake disse sobre Milton, "ele está no partido do Diabo sem saber" (caso em que o mal espiritual é mais profundo e incurável); ou simplesmente há uma falha de comunicação em sua arte.

É claro, não é surpreendente que o Diabo pareça atraente ou que, em um ato da imaginação, ele seja pintado assim. A especialidade do Diabo é justamente parecer atraente — o exato significado do que é a tentação ao pecado. A não ser que o artista transmita parte dessa atração, o seu Diabo será apenas uma carranca malfeita, gerando apenas tédio ou zombaria, sem transmitir ou comunicar em nada o poder do mal. Contudo, é importante tanto artística quanto teologicamente asseverar se o artista é capaz de ver sua própria criação de forma crítica ou se ele caiu, consciente ou inconscientemente, sob o poder de seu encantamento.

De fato, há uma dificuldade teológica grave com o Diabo, que deveríamos analisar e resolver o quanto antes (na medida do possível) antes de passar para o lado artístico do assunto. É a antiga dificuldade sobre onipotência e livre arbítrio. Se Deus é todo-poderoso e criou todas as coisas, como podemos explicar a existência de um poder maligno ou de qualquer tipo de mal na criação? Uma resposta, a dos maniqueus, é negar que Deus é onipotente e permitir a presença coexistente de dois poderes: bem e mal, luz e trevas. Até mesmo nessa interpretação, geralmente se supõe que a boa vontade eventualmente vencerá o mal. No entanto, a suposição por trás disso é que o mal e as trevas são tão primários quanto o bem e a luz. Uma variação disso é que as trevas são primárias; que elas existiram no caos ou no abismo antes de a luz trabalhar sobre elas, e que a luz — o que chamamos de Deus — continuamente se propõe a edificar a criação em direção ao bem contra o arrasto para trás que busca reduzir tudo ao caos primevo. Essa posição é heterodoxa e, em sentido estrito, herética. Ela está por trás de muito da filosofia de Berdyaev e parece ter muito a ver também com a doutrina da evolução emergente, segundo a qual o próprio Deus estaria supostamente evoluindo a partir do caos durante um imenso processo temporal.

A concepção cristã ortodoxa é mais sutil e menos otimista; também é menos envolvida com o processo temporal. Segundo ela, a luz, e apenas a luz, é primária; a criação, o tempo e as trevas são secundários e começam juntos. Quando você passa a considerar esse assunto, é literalmente sem sentido dizer que as trevas poderiam preceder a luz em um processo temporal. Onde não há luz, não há sentido para a palavra *trevas*, pois as trevas são simplesmente um nome para onde não há luz. A luz, simplesmente por existir, cria as trevas ou ao menos a possibilidade de trevas. Nesse sentido, é possível entender aquela profunda declaração: "Eu formo a luz e crio as trevas, promovo a paz e causo a desgraça; eu, o SENHOR, faço todas essas coisas" (Isaías 45:7).

Contudo, é isso que possibilita o mal, as trevas e o caos se gloriarem: "Estávamos ali antes da luz e a luz usurpou nossos direitos". É uma ilusão; o mal, as trevas e o caos são uma pura negação, e não há um estado de "antes da luz", porque é a luz primária que cria todo o processo temporal. É uma ilusão; e essa é a ilusão primária dentro da qual o Diabo vive e na qual ele engana a si e aos outros. Essa ilusão primária é apresentada com perfeita clareza pelo Mefistófeles de Goethe:

> Parte da parte eu sou, que no início tudo era.
> Parte da escuridão, que à luz nascença dera,
> À luz soberba, que, ora, em brava luta,
> O velho espaço, o espaço à Noite-Mãe disputa;[1]

Essa é a reivindicação do Diabo, a exata formulação do orgulho pelo qual caiu do céu. Soa extremamente bem e, quando se fala em linguagem atraente, às vezes é difícil lembrar que o Diabo é um mentiroso e o pai da mentira. Em *Paraíso perdido*, vemos Satanás fazendo a mesma reivindicação. Ele "achou-se leso"[2] por causa da autoridade do Filho de Deus. Ele crê, ou deseja crer, que é anterior ao Filho e não deveria, portanto, submeter-se a ele. Na argumentação que se seguiu com Abdiel, ele se mostra péssimo na lógica, mas, se quisermos, podemos supor que a esta altura ele realmente acredita em sua afirmação ou se convenceu da ilusão da crença — pois a corrupção da vontade suga o intelecto, e o Diabo, enfim, é tanto tolo quanto vilão. Tenhamos a certeza de que ele é a vítima da própria ilusão. Porém, não Milton; Milton sabe e diz que o Filho é anterior a Satanás e, na verdade, é o próprio poder pelo qual Satanás foi criado.

---

[1] Johann Wolfgang von Goethe, *Fausto*: uma tragédia, 7. ed, tradução de Jenny Klabin Segall. São Paulo: Editora 34, 2020, p. 141 (5.175). No original, a autora cita o texto em alemão: "Ich bin ein Teil des Teils, der Anfangs alles war, / Ein Teil der Finsternis, die sich das Licht gebar, / Das stolze Licht, das nun der Mutter Nacht / Den alten Rang, den Raum, ihr streitig macht".
[2] John Milton, *Paraíso perdido*, 2. ed., São Paulo: Editora 34, 2016, p. 385 (5.665).

Na posição cristã ortodoxa, portanto, a luz é primária e as trevas são secundárias e derivadas; e isso é importante para toda a teologia do mal. Em *The Devil to pay* [Devendo ao Diabo], tentei estabelecer esse ponto, e lembro que um crítico de jornal me puxou a orelha porque eu teria, depois de uma grande dose de rebuliço sem sentido, simplesmente chegado à conclusão de que Deus era luz, o que não parecia muito inovador ou profundo. Inovador, certamente não; dificilmente seria tarefa de escritores cristãos introduzir novidades sobre as doutrinas cristãs fundamentais. Já a profundidade é outra questão; a teologia cristã é profunda e, desde que não fui eu que a inventei, tenho o direito de dizê-lo. Estes são os versos ditos por Mefistófeles, na presença do Juiz ante quem mentira alguma pode subsistir:

> FAUSTO: Quem te fez?
> MEFISTÓFELES: Deus, como a luz faz as trevas.

Este é o reconhecimento da derivação. Logo se segue:

> FAUSTO: Quem és tu, Mefistófeles?
> MEFISTÓFELES: Sou o preço que todas as coisas pagam pelo ser.
>   A sombra sob a palavra, projetada ao mundo
>   Iluminada pela própria luz, luz esta que é Deus.

Sem levar em conta se esses versos são boa poesia, eles nos trazem ao problema fundamental. O mal é "o preço que todas as coisas (isto é, todas as coisas criadas, Deus não é uma 'coisa') pagam pelo ser" — isto é, por existirem em forma criada e material. Existe para elas, em paralelo à realidade de Deus, a possibilidade de não Deus. Para as coisas inorgânicas, isso se conhece apenas como mudança, e não como mal; para as criaturas orgânicas, mas sem autoconsciência, há tanto mudança quanto dor — e aqui jaz um imenso mistério, que não estamos em condições de resolver porque nada sabemos de como é a dor para um organismo sem autoconsciência. Porém, para a criatura autoconsciente, o não Deus é conhecido como mudança, dor, e também erro intelectual e mal moral; e é nesse ponto que ela se torna genuinamente má no sentido mais profundo da palavra porque ela pode abraçar tal possibilidade e acioná-la pela vontade. A possibilidade do mal existe desde o momento em que se faz uma criatura que pode amar e fazer o bem, porque ela escolhe, e não porque é incapaz de fazer o contrário. O estado do mal existe desde o momento em que a escolha é feita na direção errada. O pecado (mal moral) é a escolha deliberada do não Deus. E o orgulho, como a igreja sistematicamente apontou, é a sua raiz, isto é, a recusa de aceitar o status de criatura; fazer da diferença entre o eu e Deus um antagonismo contra Deus. Satanás, como Milton corretamente demonstra, "achou-se leso" e naquele momento escolhe que o mal será o seu bem.

Essa é a doutrina católica ortodoxa. Não quero argumentar sobre isso aqui porque nos desviaria de nosso tema, mas quero deixar claro o que ela é. O mal é a escolha da alma pelo não Deus. O corolário é que a condenação, ou o inferno, é a escolha permanente do não Deus. Deus não (naquela frase monstruosa e ultrapassada) "envia" ninguém para o inferno; o inferno é o estado da alma em que sua escolha se torna endurecida e fixa; a punição (por assim dizer) daquela alma é permanecer eternamente no estado que escolheu.

No *mythos* cristão, a fonte principal dessa ofensa não está dentre a humanidade. Aconteceu primeiro em outra ordem de seres criados. Os demônios são anjos caídos. Satanás e seus seguidores escolheram o não Deus e, quando o fizeram, descobriram que era o inferno. Eles sofrem nessa obstinação e buscam levar o restante da criação para tal sofrimento — e, no que concerne a nós, particularmente o homem. Toda a sua vontade é odiar, negar e destruir e, se conseguissem cumprir completamente tal vontade, eles não seriam mais felizes, pois a felicidade não está neles — eles destruíram a própria capacidade para a felicidade. A concupiscência de destruição de nenhuma forma aumenta a felicidade dos que a têm — na verdade, quanto mais prosperam nela, mais infelizes se tornam —, mas persistem nela porque destruíram a própria vontade de fazer qualquer outra coisa. É claro, esse estado mental é desvairado, mas o intelecto é justamente uma das primeiras coisas que o mal destrói. Que esse estado mental não é impossível é bem evidente — pois o vemos presente em seres humanos hoje —, e às vezes podemos vê-lo claramente até em nós mesmos, virtuosos como somos. Por exemplo, o ciúme busca avidamente por novas ocasiões de atiçar a desconfiança que o atormenta; ou nosso ressentimento selvagem contra quem nos ofendeu nos motiva a renovar a ofensa e aumentar o infeliz ressentimento.

Peço desculpas por preliminares teológicas tão extensas, que parecem necessárias a fim de podermos examinar a questão do Diabo na literatura. Porque é de suma importância distinguir o Diabo como ele é (aos olhos de Deus) e aquilo que hoje pode ser chamado de "esquema diabólico". A realidade subjacente é miserável, horrível e sórdida; o esquema é a fachada que o Diabo mostra ao mundo — uma fachada frequentemente nobre e, quanto mais nobre, mais perigosa. O Diabo é um lunático espiritual, mas, como diversos lunáticos, pode ser extremamente razoável e astuto. O seu cérebro, por assim dizer, funciona perfeitamente bem, exceto por um pequeno nódulo corrompido bem no centro, onde mora a ilusão eterna. Seu método de agir é nos apresentar seu magnífico esquema, esperando que não utilizemos nosso cérebro ou nossas faculdades espirituais para penetrar a ilusão. Ele está tentando ser simpático, por isso é bem mais prático explorar nossas virtudes que apelar para nossas paixões inferiores; consequentemente, é quando o Diabo parece mais nobre e razoável que ele é mais perigoso. E aqui os poetas se tornaram inconscientemente, ou até conscientemente, seus aliados. Para ser justa com os poetas, é necessário que descubramos se a ilusão está neles ou em nós.

Gostaria de dar dois ou três exemplos do esquema satânico a partir da obra de poetas que lidaram com a questão, entre eles os que lidaram com a lenda de Fausto e o tema da barganha com o Diabo.

Na lenda de Fausto original não há esquema, a não ser o mais óbvio. É a simples história de um homem que abre mão da sua esperança na próxima vida por sucesso ou poder nesta, sabendo exatamente o que está fazendo. O esquema apresentado nessa versão e em outras peças medievais de mistério pode ser encontrado nas atuações tradicionais do bobo da corte em que o Diabo é uma figura central. A teologia até está correta — o Diabo é um bobo e perde a aposta, no final —, mas suspeito que ele tem sido, para o público, um "personagem favorito" por causa do alívio cômico. Em geral, isso provavelmente era saudável, ao menos naquele tempo. O riso é uma bênção, e o orgulho do Diabo não o suporta com facilidade. "O Diabo, o espírito orgulhoso, não aguenta o deboche" (*sir* T. More). Foi apenas muito depois que o Diabo passou a lucrar com essas transgressões medievais. Porém, já no *A história trágica do Doutor Fausto*, de Marlowe, vemos algo diferente.

Com frequência se diz que Marlowe foi, ou disse ser, ateu, mas sua leitura da lenda é até ortodoxa. Fausto fecha o acordo sabendo no que se metia e é devidamente punido. E é interessante entender qual foi o acordo. Como disse um editor[3] da obra no século 19, "o Diabo de determinada era ou povo é o inimigo do que tal era ou povo considera supremamente bom". Isso é apenas parcialmente verdade. Em *A história trágica do doutor Fausto*, a oferta do Diabo é exatamente algo que a era de Marlowe considerava, ou passava a considerar, supremamente bom — conhecimento, especialmente o poder adquirido pelo conhecimento. Prazeres sensuais sem dúvida estão incluídos — Fausto deseja "garotas e grana", mas, acima de tudo, aventura, romance e poder nas formas mais esplêndidas — e o conhecimento como meio para tais coisas.

> ... reis, imp'radores,
> Apenas são p'los mais obedecidos...
> P'lo seu domínio, que tudo isto excede,
> Alcançando até onde a mente alcança,
> Um mágico sagaz é deus pod'roso![4]

---

[3] Calvin Thomas.
[4] Christopher Marlowe, *A história trágica do doutor Fausto*, São Paulo: Hedra, 2006, cena I.

Isso foi quando Fausto veio estudar magia; e depois:

> Tivesse eu tantas almas, como há estrelas,
> Todas por Mefistófeles as daria.
> Por ele serei Imperador do mundo,
> Uma ponte farei nos ares moventes
> Pra o oceano passar co'um bando de homens,
> De África aos montes litorais ligada,
> Que à Espanha assim contígua ficará,
> Tornadas ambas minhas tributárias.
> Somente por minha licença viverão.
> Quer o Imp'rador, quer da Alemanha os grandes.[5]

Quando o trato é feito, Fausto — logo se cansando do aprendizado meramente acadêmico da astronomia (que ele descarta como trivial) — se encontra passeando pelo mundo. O que o Diabo está realmente lhe oferecendo é o futuro imediato: os esplendores da Renascença, o triunfo da política do poder, a abertura da era econômica — o novo humanismo —, a exaltação da mente do homem. O Diabo está do lado de todas as grandiosas novidades — da expansão e do progresso, e de todos os deuses da era por vir. Porém, de qual lado estaria Marlowe?

Formalmente, do lado de Deus. Os presentes são presentes de Deus, e Fausto vai para o inferno. Fausto proclama: "*Condenação*, não o assusta o termo, / Pois que o Inferno e Elísio iguais lhe são, / Se ficar co'os filósofos antigos".[6] Contudo, no fim, ele está tanto condenado quanto aterrorizado. As simpatias de Marlowe podem estar com Fausto, mas ele na realidade condena suas próprias simpatias. Até aí, bem ortodoxo. No entanto, uma nova nota soa na apresentação de Mefistófeles:

> FAUSTO: E julgados pra onde?
> MEFISTÓFELES: Pra o Inferno.

---

[5] Ibidem, cena III.
[6] Ibidem, cena III.

> FAUSTO: Como é que então de lá te encontras fora?
> MEFISTÓFELES: Isto é o Inferno, e fora dele não estou!
> Pois pensas que eu, que vi de Deus a face,
> E os eternos prazer's do Céu provei,
> Não me atormento com dez mil infernos,
> Por 'star privado do perene bem?[7]

Em decorrência de uma linguagem tão imponente, o público é levado a reagir comovido: "Oh, pobre criatura!". Fausto, de fato, zomba de Mefistófeles e lhe exorta:

> Máscula fortaleza aprende em Fausto,
> Desdenha os bens que nunca possuirás![8]

Esse conselho será retomado pelo Satanás de Milton. Porém, enquanto isso, observamos a estrutura da fachada satânica já funcionando. É verdade que Mefistófeles é relativamente franco sobre a origem de seus sofrimentos:

> FAUSTO: Não foi já dantes Lúcifer um anjo?
> MEFISTÓFELES: Foi, Fausto, sim, de Deus um bem amado.
> FAUSTO: Como então se tornou dos Diabos príncipe?
> MEFISTÓFELES: Por cobiçoso orgulho e insolência,
> P'los quais do Céu foi expulso por Deus.[9]

Todavia, de alguma forma, a insinuação de que Satanás e seus seguidores são até nobres em seu sofrimento já está aqui. É apenas uma insinuação, transmitida mais pelo tom que pelo teor dos versos, mas ainda está aqui. É o começo do que podemos chamar de esquema prometeico — a representação simpática do triste e orgulhoso sofredor que desafia a onipotência.

---

[7] Ibidem, cena III.
[8] Ibidem, cena III.
[9] Ibidem, cena III.

No Satanás de Milton, esse esquema se completa de forma magnífica. "Nobreza" é o refrão de Satanás, e ele o explora ao máximo. Ele foi "lesado", seu orgulho foi ferido, foi privado de seus direitos, seus sofrimentos são cruéis, mas ele os suporta soberbamente, ele se apresenta como o herói de todos os nobres rebeldes, ele é o espírito indomável

> Por desafiar o onipotente a armas.[10]

E tudo é tão grandioso, tristonho e estoico a ponto de enganar os próprios eleitos. O que Satanás não menciona (embora Milton mencione) é que Satanás não sofreu qualquer injustiça real e não passa por tormento algum senão o que foi deliberadamente escolhido. Ele aposta na simpatia e a consegue. Como um amigo meu observou quanto a isso: "Não se pode deixar de admirar alguém que luta com tanta coragem uma batalha, que sabe ser inútil, contra um inimigo onipotente". De fato, a admiração atrai tanto que se ignora o fato de que a batalha foi causada sem nenhuma necessidade e por uma causa totalmente indigna.

Já faz um tempo que há uma tendência de alegar que Milton foi traído por sua eloquência e que ele "na verdade ajudou o partido de Satanás sem saber". Espero que as refutações de Charles Williams e C. S. Lewis já sejam o suficiente para abandonar tal alegação. Milton não era ingênuo. É verdade que ele podia invocar uma simpatia imaginativa suficiente para com Satanás para apresentar seu argumento com uma plausibilidade diabólica — mas simpatia imaginativa não é aprovação moral. Milton sabia muito bem que o esquema dos "infernais pares"[11] era nada mais que um esquema — a realidade era uma obscenidade perversa. "De cócoras qual sapo, rente ao tímpano de Eva"[12] — a serpente sibilante rastejando sobre o ventre, amante monstruosa do pecado e genitora da morte. Milton não caiu no engano.

---

[10]Milton, ibidem, p. 37 (1.49).
[11]Ibidem, p. 141 (2.507).
[12]Ibidem, p. 315 (4.800).

Penso, contudo, que há certa justificativa para imaginar que sim — e é uma justificativa puramente literária. Penso que a grandiosidade ordenada e magnífica do estilo de Milton talvez não tenha sido um instrumento tão satisfatório para comunicar sordidez e bestialidade. Ele comunica beleza a despeito de seu autor. Ainda que seja flexível dependendo da direção empregada, ainda não cai fundo o suficiente no real abismo do inferno. Porém, não quero entrar na guerra civil sobre Milton, travada por tantos nas antigas universidades até hoje. Apenas observo que, dentro dos últimos dois séculos, esse esquema satânico específico foi aceito como está por um grande número de críticos literários, de quem esperaríamos mais.

O esquema do nobre sofredor alcançou sua expressão mais impetuosa quando se tornou o esquema byroniano e avançou e se popularizou durante o período *Sturm und Drang* de Diabos heroicos e heróis diabólicos. Durante essa época, os poetas se tornaram completamente ingênuos. Sua poesia dificilmente melhorou por causa disso, e o esquema (nessa forma) se tornou motivo de piada, embora ainda aceito ingenuamente, em outra forma, por muitas pessoas simplórias que supunham haver nobreza em se rebelar contra o governo do universo e que a própria heresia seria prova de um entendimento superior.

Com Goethe, chegamos a uma forma diferente do esquema, que tem o mérito de levantar uma dificuldade teológica bem central. É essencial para o cristianismo afirmar que Cristo (e, nele, todos os cristãos) pode redimir o mal para torná-lo um bem maior. *O felix culpa!* Do pecado de Adão surgiu a ocasião da encarnação; o homem redimido foi mais incisivamente abençoado que o homem inocente jamais poderia ser. Essa é a glória do Deus que se fez homem, e essa é a doutrina católica. Porém, ao mesmo tempo, o mal não é menos mal simplesmente porque pode se tornar bem, em um sentido literal. "O Filho do homem vai [...] Mas ai daquele que trai o Filho do homem!" (Mateus 26:24). Do mal pode vir a ocasião do bem, mas ele permanece intrinsecamente mau e condenável.

A doutrina é essa. Mas, a partir disso, basta um passo em falso para chegar à afirmação de que o mal é bom porque dele vem a ocasião para o bem. Dessa afirmação, constrói-se uma nova fachada. Nesse esquema, o Diabo se torna parte de um processo divino, por assim dizer, desempenhando o mesmo papel na constituição cósmica que os defensores do partidarismo político designam para a oposição. O seu trabalho é estimular os parlamentares em favor do governo e não deixar que façam um trabalho malfeito.[13] Tal visão é atribuída por Goethe aos lábios do próprio Deus:

> O humano afã tende a afrouxar ligeiro,
> Soçobra em breve em integral repouso;
> Aduzo-lhe por isso o companheiro
> Que como Diabo influi e incita, laborioso.[14]

Precisamos, portanto, supor que, em certa medida, o próprio Goethe se encontrava no "partido do Diabo" — e não sem saber.

O novo tipo de Diabo certamente é um alívio muito bem-vindo do Diabo byroniano e muito mais saudável. Livramo-nos da noção de que é possível orgulhar-se da oposição obstinada à ordem da vida. O espírito da negação se expõe em sua infertilidade, sua futilidade e também em sua vulgaridade — pois o Mefistófeles de Goethe, em que pese seu charme cínico, é no fundo uma pessoa simplória. Estoura-se muito bem a bolha da nobreza satânica. Nessa ocasião, é verdade dizer que se utiliza o Diabo para representar o inimigo do que o período aceita como seu maior bem. A era do progresso e da perfectibilidade está chegando, e o Diabo é visto ou como a pedrinha que emperra as engrenagens, ou — e

---

[13] Cf. o Livro de Jó, em que "Satanás" aparenta exercer exatamente essa função. Todavia, aqui ele não é representado como espírito maligno no mesmo sentido de quando nos referimos ao "Diabo".
[14] Johann Wolfgang von Goethe, *Fausto*: uma tragédia, 7. ed., tradução de Jenny Klabin Segall. São Paulo: Editora 34, 2020, p. 57 (*Prolog im Himmel*, 118). No original, a autora cita o texto em alemão: "Des Menschen Tätigkeit kann allzuleicht erschlaffen, / Er liebt sich bald die unbedingte Ruh; / Drum geb' ich gern ihm den Gesellen zu, / Der reizt und wirkt und muss als Teufel schaffen". [N. T.]

aqui precisamos trocar a metáfora — como a fibra que irrita e estimula o sistema a realizar seu metabolismo. É a visão otimista de uma era otimista, borbulhando com todo o vigor de uma nova vida e confiante em seu poder de assimilar os pedaços mais duros e convertê-los em sustento vital.

Todavia, algo se perdeu — uma perda fatal. Talvez vejamos o que se perdeu ao comparar a barganha com o Diabo em *Fausto* com *A história trágica do doutor Fausto*. Doutor Fausto faz uma escolha; Fausto faz apenas uma aposta. Doutor Fausto pode dizer que ele não acredita na imortalidade da alma, mas na realidade ele sabe o que fez e que é irrevogável. Fausto faz uma aposta, confiante de que vencerá, e não se atormenta com medo do inferno — pois ele não escolheu o inferno; ele simplesmente o desafiou. O autor estabelece que o Diabo foi enganado na barganha — até corretamente, em certo sentido, visto que a vontade de Fausto não consente com o mal. No entanto, o que se perde é a concepção da dignidade e da finalidade da escolha e da realidade e malignidade do mal. Fausto alcança o céu pelo esforço — e, no fim, um esforço que traz certo bem ao mundo; mas, com todo seu remorso por Margarete, há pouco de uma real convicção do estrago do mal ou do custo de sua redenção. O preço de aceitar o esquema progressivo é que, no fim, ele nos persuade a não levar o mal tão a sério.

Sejamos justos com Goethe. No famoso discurso que já citei, há uma ressalva:

> É o magano o que me pesa menos,
> De todos vós, demônios que negais.[15]

Sugere-se que pode haver outros espíritos malignos piores que o irritante Mefistófeles. Contudo, a sugestão não é, penso eu,

---

[15]Johann Wolfgang von Goethe, *Fausto*: uma tragédia, primeira parte, 7. ed., tradução de Jenny Klabin Segall. São Paulo: Editora 34, 2020, p. 57 (*Prolog im Himmel*, 118). No original, a autora cita o texto em alemão: "Von allen Geistern, die verneinen, / Ist mir der Schalk am wenigsten zur Last". [N. T.]

desenvolvida; e certamente é justo dizer que Mefistófeles nem por um momento é representado como um espírito atormentado, e que a aparição da boca do inferno na cena final é puramente decorativa, o que fica quase explícito. Na verdade, Mefistófeles até o explicita:

> Fazeis bem em encher de assombro os pecadores;
> Pois julgam que é ilusão, tão só, mentira e sonho.[16]

O inferno se tornou uma figura para assustar pecadores; não se transmite a sensação de ser uma possibilidade real.

Qualquer que seja nossa visão teológica sobre a possibilidade da condenação final, penso ser verdade dizer que a era do progresso e da perfectibilidade da qual estamos saindo ostentou certas marcas desse esquema satânico específico. Ela parecia propagar a crença de que, de algum modo, o bem emergiria por si mesmo no processo mundial, desde que não fosse impedido; minimizou a presença do pecado e a natureza intolerável do mal; depreciou a ideia de que qualquer ato ou escolha pode ser definitivo e irrevogável; e o resultado disso tudo foi, na verdade, um afrouxamento da rígida concepção de responsabilidade pessoal diante de fatos eternos.

Se agora tenho a licença de dizer uma palavra ou outra sobre o meu *Devil to pay* [Devendo ao Diabo], não é porque penso ser uma companhia digna de poetas como Marlowe, Milton ou Goethe, mas porque foi uma tentativa de aplicar a fábula do trato com o Diabo ao período do entre guerras. Na minha peça, as transações de Fausto com o Diabo passam por duas fases. Na primeira, a ideia de que o mal é um meio para o bem alcança sua conclusão quase inevitável — isto é, trata-se de uma aceitação e exploração *conscientes*. Fausto, enojado com o sofrimento humano a seu redor,

---

[16]Johann Wolfgang von Goethe, *Fausto*: uma tragédia, segunda parte, 6. ed., tradução de Jenny Klabin Segall. São Paulo: Editora 34: 2020, p. 999 (11.655). No original, a autora cita o texto em alemão: "Ihr tut sehr wohl, die Sünder zu erschrecken;/ Sie halten's doch fur Lug und Tug und Traum". [N. T.]

tenta pegar um atalho para o remédio e expulsar o mal corpóreo ao invocar o auxílio do mal espiritual. Muitos construtores de utopias terrenas e novas ordens parecem preparados para fazer o mesmo. Quando essa tentativa de expulsar Satanás pelo poder de Satanás falha, ele reage com a próxima fase, que é repudiar a veracidade do mal e, com ela, toda a responsabilidade pessoal pela redenção do mal. A ilusão de Helen é a ilusão de que é possível retornar a antes da Queda e recuperar a simples inocência animal que Walt Whitman admirava, ou fingia admirar — a inocência que desconhece o mal:

> Serpente do Éden, pegue sua maldição de volta,
> Desfaça o pecado de Adão, faça voltar os anos
> De primeva inocência.

Mas os anos não voltam mais. Não podemos, como disse o sr. Charles Williams, retornar à inocência primeva simplesmente removendo nossas vestes de folhas de figueira. Quando a vontade humana consentiu o mal e, assim, trouxe o mal à existência concreta, ela aprendeu a reconhecer o bem existente assim como o mal; e o corolário foi que, na ausência do conhecimento do mal, não se podia conhecer nem o bem, nem o mal. Fausto faz uma barganha em busca da inocência animal — essa é sua escolha, e é o que ele obtém. A sua alma se torna a alma de um animal, sem conhecer o bem ou o mal, e irresponsável. Nesse modo irresponsável, ele é instrumento de toda maldade — como toda a natureza inocente e inorgânica é instrumento da vontade maligna. A vontade maligna o utiliza para fazer guerra, assim como usa todas as forças inocentes e irresponsáveis da natureza. No momento da morte, ele invoca Cristo e Lisa e, nesse último momento de lucidez, encontra salvação — mas como pelo fogo, tendo de passar no purgatório pelo sofrimento redentivo que antes repudiara.

Não cabe a mim dizer se fui traída por meu próprio esquema — espero que não. Se fui, não sei. O meu Mefistófeles começa como um filantropo plausível, suspirando contendas contra a ineficiência de Deus — esse é o esquema. Na sequência, ele é vulgar e cruel — e é enganado, porque a barganha em que entrou destruiu a identidade da alma que queria para si; ele próprio cai na ineficiência que alegou superar. Ele acaba fazendo o que quer a vontade de Deus, mas a despeito de si mesmo. Até aí, penso que a teologia está correta — embora seja uma peça tão pequena que seria impossível até para um grande escritor explorar questões mais profundas.

Quanto à ideia de que a peça estava condicionada pela época em que foi escrita, digo apenas isto: primeiro, um grande número de pessoas expressou a opinião de que seria melhor que Fausto escolhesse permanecer em seu estado animal por toda a eternidade, em vez de redimir pela purgação sua alma humana; em segundo lugar, que a peça ficou em cartaz apenas algumas semanas em Londres — em grande medida por causa da iminência da guerra que fomos amplamente responsáveis por causar ao recusar a responsabilidade e por uma recusa determinada de crer na possibilidade de uma vontade deliberada de fazer o mal.

Desse esboço tão breve e apressado, há um poeta cuja ausência é notável. Você provavelmente está se perguntando por que — ao menos, deveria estar se perguntando — e se remexendo em seu assento com ansiedade de gritar (mas a cortesia o impede) que, nessa galeria de retratos do Diabo, omitiu-se o exemplo mais importante de todos.

Não o esqueci. O maior poeta, o teólogo mais preciso, o intelecto mais maduro de todos deveria ter sido, cronologicamente, analisado primeiro, mas deixei-o por último, porque, se agora devemos levar outra vez o mal mais a sério, é com ele que precisamos lidar. Ele nunca caiu no esquema satânico; nem sua poesia — aquele incrível e flexível instrumento que podia se mover quando quisesse e quase em um piscar de olhos dos enlevos do paraíso, "cheio de fogo e ar", passando pelas familiaridades mais terrenas, até os extremos da sujeira, sordidez e bestialidade do inferno —, nem sua poesia jamais propiciou a seus leitores a menor desculpa de considerar o Diabo nada menos que diabólico. Passando pelos grandes círculos estéreis da escolha perversa petrificada, o inferno segue se estreitando até seu centro congelado, abismo após abismo; no topo estão os irresponsáveis, que recusaram a escolha; abaixo deles, as pessoas que incontinentemente caíram no mal pela falha em controlar sua escolha, levados pelos ventos ou imersos no pântano de suas paixões; depois o endurecimento deliberado da vontade na escolha do erro com pleno conhecimento — a vontade de violência, a vontade de enganar —, círculo abaixo de círculo de fogo, imundícia e doença, até a mentira suprema em que todo sentimento, todo intelecto, cada concepção, se congela. E ali, fixa em gelo no fundo de tudo, a corrupção última, ressentida e desesperada, passiva e rebelde, petrificadora e petrificada, fixa para sempre em uma miséria sem dignidade, a realidade grotesca e medonha atrás da fachada. Em certo sentido, ele ainda parece nada menos que o arcanjo arruinado, mas a ruína aqui é completa; a beleza não brilha na corrupção: é a corrupção da própria beleza:

> S'ei fu si bel com' egli e ora brutto
> e contra il suo Fattore alzo le ciglia,
> ben dee da lui procedere ogni lutto.

"Se outrora foi belo sendo agora feio, e levantou sua fronte contra seu Criador, bem pode ser ele a origem de toda angústia."[17] Ele escolheu imitar a glória da Trindade e foi escolha dele; a paródia monstruosa de três cabeças jaz fixa aqui em sua inimitável vontade egoísta, mastigando traidores em sua boca; as seis asas do serafim imortal batem de forma selvagem, impotentes para levantá-lo do gelo de sua obstinação e aumentando o gelo pelo vento de seu movimento.

> Quindi Cocito tutto s'aggelava;
> con sei occhi piangeva, e per tre menti
> gocciava il pianto e sanguinosa bava.

---

[17] Essa tradução oferecida pela autora é menos literal que esta, de Italo Mauro: "Se belo foi quão feio ora é o seu modo, / E contra o seu feitor ergueu a fronte, / Só dele proceder deve o mal todo" Dante Alighieri, *A divina comédia: inferno*, 5. ed., tradução de Italo Eugenio Mauro, São Paulo: Editora 34, 2019, p. 226 (XXXIV.34-6). [N. T.]

"Assim todo Cocito se congelou; com seis olhos chorava e por seus três queixos fluíam lágrimas e baba ensanguentada."[18]

Eis o que está por trás de tudo isso: o horror idiota e babão. Na entrada de seu domínio, há duas frases temíveis:

"Aqui habita a triste gente que perdeu o bem do intelecto",[19]

e o temível paradoxo da vontade corrompida:

"Todo seu medo se transforma em desejo".[20]

Essa é a figura vista pelo poeta que levava o mal a sério. E não podemos escapar de Dante dizendo que não acreditamos nesse tipo específico de julgamento após a morte. Porque ele mesmo disse que seu poema era, de fato, literalmente, um relato do que acontecia no além, mas também, alegoricamente, um relato do que acontece dentro da alma. O seu inferno é uma representação da possibilidade eterna dentro do coração do homem; e ele adiciona que a porta para tal inferno está sempre escancaradamente aberta.

PERGUNTAS PARA DEBATE

1. Depois de avaliar diferentes teodiceias (a questão do mal no mundo) de diferentes escolas de pensamento, Sayers avalia a realidade do pecado. Ela afirma: "O pecado (mal moral) é a escolha deliberada do não Deus" (p. 195); (que ela chama de

---

[18]Essa tradução oferecida pela autora é menos literal que esta, de Italo Mauro: "As águas de Cocito congelava. / Por seis olhos chorava, e dos três mentos / Sangrenta baba co'o pranto pingava." (Alighieri, ibidem, p. 227 (XXXIV.52-4). [N. T.]

[19]A edição brasileira utilizada (Alighieri, ibidem) assim traduz o mesmo trecho: "das tristes gentes das quais já te disse / que têm perdido o bem do intelecto" (p. 37, III.17-18). Como Sayers não fornece o original italiano aqui, por coerência, traduzimos diretamente do inglês. [N. T.]

[20]A edição brasileira utilizada (Alighieri, ibidem) assim traduz o mesmo trecho: "a cambiar seu receio em alvedrio" (III.126, p. 41). Como Sayers não fornece o original italiano aqui, por coerência, escolhemos manter uma tradução direta do inglês. [N. T.]

mudança, dor e erro intelectual). O que significa participar do mal, do pecado e do não Deus? Para questionar o entendimento teológico de Sayers sobre Deus, podemos perguntar: (a) Será que Deus muda (veja de Gênesis a Apocalipse: considere a personalidade de Deus)?; (b) Deus permite a *dor* (ver Jó, Jesus e Paulo)?

2. Comparando o *Fausto* de Goethe com *A história trágica do doutor Fausto* de Marlowe, ela observa que, no último, o Diabo oferece ao Doutor Fausto "os esplendores da Renascença, o triunfo da política do poder, a abertura da era econômica" (p. 198). Sendo isso uma alegoria, o que o Diabo nos oferece atualmente como um desejo supremo, uma tentação última para a nossa alma?

3. Sayers observa que, em *A história trágica do doutor Fausto*, Fausto pretende "expulsar o mal corpóreo ao invocar o auxílio do mal espiritual. Muitos construtores de utopias terrenas e novas ordens parecem preparados para fazer o mesmo" (p. 205). Embora Sayers provavelmente esteja se referindo aos regimes totalitários baseados no comunismo durante essa era, o que podemos dizer do capitalismo? Ele está construindo uma utopia hoje? Como pensamos sobre o "outro lado" do capitalismo (isto é, quem "faz" o trabalho de fazer os produtos em fábricas ao redor do mundo etc.)?

14

UM VOTO DE AGRADECIMENTO A CIRO

Tenho certo débito com Ciro, o Persa. Conheci-o bem cedo, pois ele vivia entre as páginas de uma revista para crianças, em uma série intitulada *Tales from Herodotus* [Histórias de Heródoto], ou coisa assim. Havia uma ilustração de sua educação pelo pastor do Rei Astíages, vestido em uma curta túnica bem parecida com as vestes do jovem Teseu ou Perseu nas ilustrações de *Os heróis*, de Charles Kingsley. Ele definitivamente pertencia aos tempos clássicos; não havia vencido Creso, aquele rico rei de quem Sólon havia dito: "Não chame um homem de feliz até que ele morra"? A história era metade conto de fadas — "sua mãe sonhou", "o oráculo falou" —, mas a outra metade era história real: ele mandou seus soldados desviarem o curso do Eufrates, para que pudessem marchar até Babilônia pelo leito do rio, o que soa como uma estratégia bem realista para uma guerra. Ciro foi inculcado na minha mente junto com os gregos e os romanos.

E por um bom tempo ali permaneceu. Então, um dia, percebi, com o choque de um sacrilégio, que naquela famosa expedição ele havia marchado para longe de Heródoto e chegado diretamente na Bíblia. *Mene, mene, tequel, parsim* — o palácio reluzia com os espólios de Ciro, e a festa de Belsazar virou bagunça sob os olhos sóbrios e críticos do profeta Daniel.

Mas Daniel e Belsazar nem viviam nos clássicos. Eles viviam na igreja, com Adão, Abraão e Elias, e se vestiam como personagens bíblicos, especialmente Daniel. E lá estava Deus envolvido — não Zeus, Apolo ou mais alguém da turba olímpia, mas o feroz e desgrenhado do Monte Sinai —, invadindo a história grega da maneira mais incomum e se interessando por eventos e pessoas que pareciam totalmente fora de sua província. Foi desconcertante.

E lá estava Ester. Ela vivia em um livro chamado *Stories of the Old Testament* [Histórias do Antigo Testamento] e havia feito muito bem para o povo escolhido de Deus por sua abordagem diplomática com o Rei Assuero. Que nome típico de encontrar no Antigo Testamento esse, Assuero, lembrando Acabe, Acaz e Acazias. Não me lembro de qual livrinho aleatório de conhecimento geral me trouxe a surpreendente equação, atirada casualmente em uma frase qualquer, "Assuero (ou Xerxes)". Xerxes! Mas eu sabia tudo sobre Xerxes. Não era simplesmente na literatura clássica, mas na história real; foi contra Xerxes que os gregos haviam feito sua defesa desesperada e heroica em Termópilas. Não existia nada da atmosfera de conto de fadas que havia em Ciro nele — sem sonhos, oráculos ou pastores fiéis —, somente o barulho e a sujeira de exércitos atropelando o relevo acidentado e as cores vivas de uma paisagem grega, onde o sol sempre brilha muito mais vividamente do que na Bíblia.

Penso que foram principalmente Ciro e Assuero que me empurraram para a tardia convicção de que a história era uma só e que a Bíblia fazia parte dela. Talvez se espere que Jesus fosse uma ligação entre dois mundos — os Césares são história clássica, é claro, mas Jesus seria um caso especial. Usa-se um tom específico para falar sobre ele, e ele não se vestia como a Bíblia ou como os clássicos — ele se vestia como Jesus, em uma moda seguida de perto (até na auréola) pelos discípulos. Se fosse para alocá-lo em algum lugar, seria em Roma, a despeito dos intensos esforços proféticos de identificá-lo com a história da Bíblia dos judeus. De fato, os próprios judeus passaram por uma misteriosa mudança por entre as páginas em branco que dividem os Testamentos: no Antigo, eram pessoas boas; no novo, são ruins — parecia duvidoso se realmente era o mesmo povo. De todo modo, no Antigo ou no Novo, todas essas pessoas viviam na igreja e eram personagens bíblicos — não eram reais no sentido em que o Rei Alfred era uma pessoa real;

ainda menos se sua conduta fosse julgada pelos padrões aplicados aos nossos contemporâneos.

A maior parte das crianças, suponho, começam mantendo partezinhas diferentes da história em compartimentos isolados a vácuo, sendo o da Bíblia o mais lacrado e impenetrável. Porém, algumas pessoas parecem nunca abandonar esse hábito — possivelmente porque nunca encontraram de verdade um Ciro e um Assuero (ou Xerxes). Críticos bíblicos, em particular, parecem ser pessoas de um crescimento mental um tanto vagaroso. Veja, por exemplo, a notória controvérsia em torno do Evangelho segundo João.

Não me proponho a entrar nos detalhes dessa controvérsia. Apenas quero apontar que os argumentos utilizados são tais que nenhum crítico jamais sonharia em aplicá-los a um livro moderno de memórias escritas por uma pessoa real sobre outra. Os defeitos imputados a S. João seriam virtudes no caso do sr. Jônatas, e os valores e a autenticidade da contribuição do sr. Jônatas para a literatura se provariam pelos mesmos argumentos utilizados para minar a autenticidade de S. João.

Por exemplo, suponhamos que o sr. Bernard Shaw fosse... escrever uma obra de reminiscências sobre o sr. William Archer. Será que alguém faria a objeção de que a obra deveria ser recebida com suspeita porque a maior parte dos outros contemporâneos de Archer estão mortos ou porque o estilo de George Bernard Shaw seria bem diferente de uma nota de óbito no jornal *Times* ou porque o livro continha várias conversas íntimas não registradas em outros livros de memória e deixasse de fora diversos fatos que poderiam ser facilmente consultados por meio do *Dictionary of national biography* [Dicionário de biografia nacional]? Ou se o sr. Shaw (sendo um octogenário menos vigoroso do que felizmente [foi]) houvesse ditado parte desse material para um clérigo respeitável, que, por sua vez, adicionasse uma observação especial de que Shaw era o autor real e que os leitores podiam confiar na precisão das memórias, já que, afinal, Shaw era amigo íntimo de Archer e devia saber dessas coisas. Teríamos a sensação de que esses dois homens honestos demonstrariam ser mentirosos confessos e descartaríamos sua obra conjunta como uma inútil invenção? Provavelmente não, mas o sr. Shaw é uma pessoa real que vive, não na Bíblia, mas em Westminster. Não chegou a hora de duvidar dele. Ele já é uma lenda, mas ainda não um mito; daqui a uns dois mil anos, quem sabe?

Vamos imaginar por um momento que Jesus foi uma pessoa real que viveu para ser lembrado por pessoas ainda vivas e que João foi um autor real que escreveu um livro de verdade; que tipo de anúncio colocaríamos na página sobre literatura de um jornal comum? Vamos fazer uma pequena resenha, mudando alguns nomes para evitar a sensação de estarmos falando da Bíblia.

Memórias de Jesus Cristo. Por João filho de Zebedeu; editado pelo Presbítero João, pastor da igreja da Fé, Éfeso. Kirk, 1978.

O público geral precisou esperar por um bom tempo pelas impressões pessoais íntimas do grande pregador, embora a substância do que ele disse já seja familiar nos círculos eclesiásticos. Os amigos do sr. filho de Zebedeu o exortavam frequentemente a colocar suas memórias no papel. Isso foi o que ele fez, com a ajuda do trabalho editorial cuidadoso do pastor da igreja da Fé. O livro atende a uma necessidade antiga.

Há pouquíssimos livros publicados sobre a incrível personalidade que exerceu tanta influência sobre a última geração. A pequena coleção de "Ditos" por "Q" agora está, como todos sabem, esgotada, e é difícil de achar. O prejuízo não é tanto porque a maior parte foi incorporada ao breve estudo obituário do sr. J. Marcos e nas biografias subsequentes do sr. Mateus e do sr. Lucas (que, infelizmente, não pôde concluir a sequência *Atos dos apóstolos*). Porém, até agora, todos os relatos compostos eram de segunda mão. Agora, pela primeira vez, temos o testemunho de um amigo íntimo de Jesus que, como esperávamos, oferece um material adicional muito rico.

Refletindo seu sólido raciocínio crítico, o sr. filho de Zebedeu evitou cobrir material já batido, exceto com o propósito de preencher a cronologia que, nos relatos anteriores, era uma omissão gritante. Assim, ele deixa claro que Jesus visitou ao menos duas vezes Jerusalém durante os três anos de seu ministério — uma contribuição que esclarece uma série de pontos confusos na narrativa de sua prisão; e os dois julgamentos nos tribunais eclesiásticos finalmente se distinguem com clareza. Muitos novos episódios são relatados; em particular, agora se tornou possível revelar os fatos sobre o misterioso caso em Betânia, até então discretamente ocultado pelos membros sobreviventes da família de Lázaro, tendo os rumores acerca disso levado a muita curiosidade vulgar e embaraço político.

Porém, as porções mais interessantes e importantes do livro se dedicam às aulas de Cristo no templo e às instruções teológicas e filosóficas dadas privativamente a seus seguidores. Naturalmente, elas diferem consideravelmente em conteúdo e forma das "palestras" a céu aberto dadas a uma audiência diversa e jogam nova luz tanto no poderio intelectual invejável do pregador quanto na natureza verdadeiramente surpreendente de sua autoridade. O sr. filho de Zebedeu interpreta e comenta tais importantes discursos com um conhecimento considerável e com um entendimento íntimo de alguém familiar aos hábitos de pensamento de seu mestre.

Finalmente, o autor dessas memórias revela ser um agradável *rara avis*, um "escritor nato". Ele dispõe de uma fina economia e precisão no uso de diálogos; sua apresentação dos personagens (como na delicada comédia do mendigo cego no Tanque de Siloé) são obras-primas de suave humor, enquanto seus relatos da refeição no cenáculo, a visita de Simão filho de Jonas e ele próprio ao sepulcro e o último encontro estranho no Lago de Tiberíades se distinguem por uma qualidade atmosférica que destaca esse relato sobre o Nazareno em uma categoria única.

Quão razoável parece ser, quando dito nos jargões editoriais que estamos acostumados! E quão prontamente podemos aceitar discrepâncias e adições quando nos livramos daquela noção de "quanto mais antigo, mais puro" que, por mais que seja plausível no caso de folclore, é inteiramente irrelevante quando se trata de uma biografia real. Na verdade, a primeira biografia de qualquer celebridade hoje em dia se considera um documento provisório. Para uma apreciação mais detalhada, precisamos esperar até que muitos contemporâneos passem para aquela etapa em que o boato não possa atingi-los, até que o luto e a paixão tenham se aquietado, até que a emoção seja lembrada com tranquilidade.

É uma infelicidade considerável que a alta crítica bíblica tenha começado em um tempo em que toda crítica textual tendia a ser destrutiva — quando o corpo de Homero estava sendo esquartejado em fragmentos, o romance arturiano, reduzido a elementos celtas, e a autoridade dos manuscritos, estabelecida por um sistema mecânico de paralelos verbais. Os grandes acadêmicos seculares já se retrataram e adotaram o slogan do grande arqueólogo Didron: "Sempre que puder, preserve; raramente restaure; nunca reconstrua". Quando se trata da Bíblia, o espírito da destruição foi de um iconoclasmo mais descontraído por causa das extravagâncias conservadoras da teoria de inspiração verbal. Mas a raiz do problema se encontra, suponho (como sempre), no colapso do dogma. Cristo, mesmo para os cristãos, não é real de verdade — não é plenamente humano — e a mancha da irrealidade infectou seus discípulos, amigos e biógrafos; eles não são escritores "reais", apenas escritores "bíblicos". João, Mateus, Lucas e Marcos, no todo ou em parte, discordam sobre a ocasião em que certa parábola foi contada ou um epigrama dito. Um deles (ou todos) precisa ser um mentiroso ou não ser confiável porque Cristo (não sendo tão real assim) precisa ter feito cada consideração uma vez só. É claro, ele não poderia, como um mestre real, ter usado a mesma ilustração duas vezes, ou ter considerado necessário bater no mesmo ponto vinte vezes seguidas, como se faz ao se dirigir a um público formado por pessoas reais (e não por personagens bíblicos).

Nem Cristo, imagina-se, teria se portado da forma comum como se relata expressamente sobre ele. "Lemos duas vezes que ele chorou, mas nunca que ele riu" — a inferência então seria que ele nunca riu. Semelhantemente, sem dúvida, podemos inferir que ele nunca disse "por favor" ou "obrigado". No entanto, talvez essas cortesias comuns tenham sido omitidas precisamente porque eram comuns, enquanto as lágrimas seriam "novidade", por assim dizer. É verdade, ultimamente temos o hábito de colocar cortesias comuns em manchetes; o jornal que publicou a resenha das Memórias de S. João provavelmente teria anunciado no passado:

> PROFETA RI
> O profeta de Nazaré riu graciosamente ontem ao se convidar para almoçar com o pequeno sr. Zaqueu, um coletor de impostos, que havia escalado um sicômoro para vê-lo passar.

Lucas, com um senso melhor de estilo, simplesmente relataria: "Quando Jesus chegou àquele lugar, olhou para cima e lhe disse: 'Zaqueu, desça depressa. Quero ficar em sua casa hoje'. Então ele desceu rapidamente e o recebeu com alegria" (Lucas 19:5-6).

A boa educação sugeriria que não se exige a hospitalidade de outras pessoas com uma carranca sombria e que, se é para ser recebido com alegria, é porque há um comportamento agradável da sua parte. Contudo, essas considerações apenas se aplicariam a pessoas reais, é claro.

"Plenamente homem, constando de mente racional e corpo humano."[1] Pode ser muito bom que de vez em quando Ciro marche para fora de Heródoto diretamente para a Bíblia em prol da síntese da história e da confirmação da história.

PERGUNTAS PARA DEBATE

1. Neste capítulo, Sayers costura a história hebraica, grega, babilônica e romana juntando narrativas, culturas e figuras históricas — provando que a Bíblia é mais que um "livro de contos de

---
[1]Alusão ao Credo de Calcedônia. [N. T.]

fada", mas uma coleção de obras bem realistas, contando com épocas, lugares e pessoas reais. Quando lê a Escritura, você considera os personagens que nela aparecem pessoas reais, com conflitos e vida reais? Ou eles parecem caricaturas distantes do "mundo bíblico", mais parecidos com desenhos animados para crianças?

2. E Jesus? Leia (ou releia) o Evangelho de Marcos com novos olhos, prestando atenção à humanidade de Jesus. Quão "real" é Jesus para você? Hoje focamos muito em sua divindade como Cristo, Filho de Deus. Mas e o homem Jesus? Quais foram suas lutas, conflitos, sentimentos e desejos?

15
A ESCRITA E A LEITURA DA ALEGORIA

Nos últimos tempos, a alegoria tem repercutido mal na mídia, como se diz popularmente. Quase toda referência a ela na crítica literária contemporânea parece ser tanto ofensiva quanto superficial, sendo associada a expressões como "artificialidade" "frias abstrações", "rígidos conceitos alegóricos", "didática entediante", "personificações convencionais sem vida". Ainda mais significativo é que a própria palavra seja frequentemente usada como um simples termo pejorativo; assim, um resenhista pode dizer: "O livro nunca degenera em alegoria, antes, pelo contrário, é uma rica obra que incita a imaginação". Por fim, a palavra pode ser aplicada, de forma bem aleatória, a algo que nem é alegoria, mas que calha conter algum ensino religioso ou moral de que o crítico não gosta ou não consegue entender. Quando C. S. Lewis publicou seu romance *Perelandra*,[1] que hoje é uma fantasia do gênero que chamamos agora "ficção científica", contando de forma bem direta os começos da vida racional nesse planeta e como uma nova queda do homem foi impedida pela intervenção de um viajante da nossa terra, a fim de evitar mal-entendidos, escreveu em seu prefácio: "Todos os personagens humanos neste livro são puramente fictícios e nenhum deles é alegórico". Ainda assim, um resenhista, depois de narrar a viagem que acontece pelo espaço, conclui a sua resenha: "Então começa a alegoria". Isto é, após deliberadamente categorizar erro-

---

[1] Rio de Janeiro: Thomas Nelson Brasil, 2019. (Trilogia Cósmica, 2.)

neamente o livro, ele presume que uma obra assim não teria nada mais de útil a dizer.

Pois bem, quando todo um departamento de literatura é, portanto, unanimemente e, por assim dizer, automaticamente condenado pelo mero crime de ser o que é, além de ser excluído de qualquer atenção crítica séria, é bem seguro dizer que simplesmente esquecemos como avaliá-lo. No mínimo, é extremamente improvável que um gênero que, no passado, produziu tantas obras-primas reconhecidas como *A divina comédia, A rainha das fadas* e *O Peregrino* seja totalmente sem valor. Tampouco é provável que um gênero que gozou de tantas centenas de anos de popularidade não corresponda a nenhuma necessidade fundamental da natureza humana. É muito mais provável que tenhamos perdido o contato com ele, de modo que não nos lembramos mais de como se joga esse jogo literário específico — qual é seu objetivo ou suas regras —, estando, dessa maneira, sem condições de dizer se foi bem-feito ou malfeito, ou sobre o que quer que seja. Estamos na mesma situação de um americano que, não sabendo nada sobre críquete, se vê plantado no Lord's Pavillion[2] para ver uma partida. A única impressão que ele deve ter é que se trata de um jogo lento e formal, bem diferente do beisebol. Ele apenas terá uma noção bem vaga do que todos se esforçam para fazer, e as jogadas mais sutis passarão totalmente despercebidas.

É o mesmo com a alegoria. É claro, a maioria de nós está um pouco mais avançada que o resenhista do romance do dr. Lewis; sabemos que uma alegoria é uma história que diz uma coisa e significa outra; embora, naquela ocasião, o dr. Lewis tenha dito exatamente o significado das palavras, nem mais, nem menos. No entanto, podemos muito bem nos perguntar por que um escritor escolheria o que nos parece um jeito tão cheio de rodeios ao se expressar. Além disso, toda a questão fica obscura para nós com tantos argumentos sobre mitos e símbolos, imagens e fantasias,

---

[2] Famoso estádio para jogos de críquete sediado em Londres, Inglaterra. [N. T.]

figuras e arquétipos e assim por diante, o que se mistura com o assunto e torna difícil ver o todo além das partes.

Talvez a forma mais simples seja começar dizendo que a alegoria é uma forma literária diferente, cujo objetivo e método é dramatizar uma experiência psicológica para torná-la mais vívida e compreensível. Parábola e fábula são outras duas formas literárias que fazem, na maior parte, a mesma coisa. Cada uma delas conta uma narrativa literária que é completa em si, mas que também se assemelha a alguma experiência espiritual ou psicológica para poder ser usada para significar e interpretar essa experiência; e a narrativa se conta, não por si só, mas pelo que significa. No fundo de todas essas histórias, jaz a percepção da semelhança entre duas experiências, uma conhecida e outra não tão conhecida, de modo que uma pode esclarecer a outra. "Novamente ele disse: 'Com que compararemos o Reino de Deus? Que parábola usaremos para descrevê-lo?'" (Marcos 4:30); "O Reino dos céus é como o fermento que uma mulher tomou e misturou com uma grande quantidade de farinha, e toda a massa ficou fermentada" (Mateus 13:33). Normalmente, a história é muito mais elaborada que isso, como, por exemplo, na parábola do semeador. Uma série de eventos ocorre, cada um podendo ser interpretado com referência ao sentido real (isto é, figurado); mas sempre as duas histórias continuam diferentes e paralelas — correspondendo em todos os pontos, mas nunca uma intervindo na outra.

Na fábula, que normalmente é uma história aparentemente sobre animais, mas na verdade é sobre seres humanos, o sentido figurado se comprime, via de regra, em uma moral no fim:

> Os ratos fizeram uma reunião para decidir qual era a melhor forma de se protegerem do gato. Um rato mais jovem propôs que um sino devia ser amarrado ao gato, para que o ouvissem chegar. "Muito bem", disse um rato mais velho, "mas quem vai amarrar o sino no gato?".
>
> *Moral da história*: É fácil propor soluções impossíveis.

Ambas as formas de narrativa figurada são, evidentemente, muito antigas — mais antigas que a *alegoria*, cuja característica mais marcante é que os personagens da história literal são personificações de abstrações. Eis um pequeno conto que está, por assim dizer, no muro, a meio caminho entre a fábula e a alegoria.

> Fogo, Água e Reputação resolveram viajar juntos. Antes de iniciar a jornada, pensaram ser melhor planejar como se encontrariam caso se separassem. O Fogo disse: "Sempre que virem fumaça, ali me encontrarão". A Água disse: "Sempre que a grama estiver mais verde, ali me encontrarão". Mas a Reputação disse: "Tomem cuidado para não me perder, pois não é fácil recuperar uma reputação perdida".

É evidente que o terceiro falante nesse diálogo é diferente dos outros. O fogo e a água são coisas concretas, por mais que sejam personificados, mas a reputação não é uma *coisa*, mas, sim, uma personificação de uma abstração.

Visto que é esse tipo de personificação com que a alegoria caracteristicamente lida, é bem evidente que ela não deve se manifestar a não ser em uma civilização avançada, em que as pessoas já estão aprendendo a pensar por meio de conceitos abstratos.

No reinado de Augusto, no fim do período que chamamos "a.C.", é que começamos a observar algo peculiar acontecendo com as divindades olimpianas que os romanos haviam herdado dos gregos. Em vez de serem caracterizadas plenamente como personagens autossuficientes e super-humanos, gozando de uma vida comunitária, com emoções, interesses, aventuras e casos amorosos meio vergonhosos, eles começaram a se tornar abstrações. Marte, por exemplo, antigamente, embora considerado o patrono da guerra, nunca era pura e simplesmente guerra; ele também tinha momentos de lazer e interesse em outras coisas. Ele teve um caso com Vênus e quando Vulcano, o marido dela, pegou-os em flagrante, jogou sua rede sobre o casal adúltero e os arrastou até a presença dos outros deuses, houve enorme festa no grande Olimpo. Se ele interferisse em uma guerra humana, era para apoiar um lado ou outro por razões pessoais — para vingar uma ofensa ou auxiliar algum herói em que estava interessado. Contudo, na *Tebaida* de Estácio, que a escreveu no início da era cristã, vemos Marte cumprindo outra função bem diferente. Júpiter quer começar uma guerra para punir a cidade de Tebas, por isso manda uma mensagem a Marte e lhe diz para iniciá-la. Marte faz isso e, tendo executado a ordem, aproveita para iniciar guerras em outros lugares. Em tudo isso, Júpiter ainda age como uma divindade mitológica — ele tem razões pessoais para ficar ofendido com Tebas. No entanto, Marte não tem interesse em Tebas de forma alguma; ele simplesmente existe para iniciar guerras sob o comando do destino. Ele deixou de ser o deus da guerra; ele passou a ser a personificação da guerra. Posteriormente no poema, atributos semidivinizados entram em certas pessoas para desempenhar o papel que anteriormente seria de um deus ou de outro. A alegoria passou a existir.

A nossa reação natural é dizer: que grande pena. O Marte mitológico é muito mais pitoresco e poético que uma abstração chamada guerra. No entanto, a alma humana não pode viver por poesia e pelo que é pitoresco. Sob o império, os antigos deuses já morriam; eles vinham morrendo fazia anos. Não era mais possível interpretar destinos humanos e comportamento humano em termos olimpianos. Na verdade, os romanos estavam desenvolvendo um novo tipo de consciência moral.

Os gregos, incuravelmente intelectuais, tinham sempre assumido em sua filosofia que, para ser bom, bastava conhecer o bem. Como alguns pensadores mais recentes, eles assinaram embaixo do bordão de que todas as disposições malignas poderiam ser curadas pela educação. Porém, nesse período de crise e confusão, os romanos, sempre incuravelmente preocupados com a moral, estavam descobrindo dentro de si aquele deslocamento interno entre conhecer e fazer o bem que chamamos de vontade dividida e, às vezes, da sensação de pecado. Eles sabiam, pela dolorosa convicção da experiência, o que significava dizer: "Vejo e aprovo o melhor, mas sigo o pior". Nesse dilema, nem as antigas religiões oficiais de Roma, nem os novos deuses da Grécia poderiam ajudar. Eles se voltaram para os mistérios orientais, com sua oferta de livramento e redenção do eu por meio da integração no Uno. O cristianismo, chegando literalmente, pode-se dizer, no momento psicológico, com essa vontade dividida no próprio centro da doutrina da natureza humana, falava à condição deles. Contudo, o cristianismo não induziu tal condição neles; ela já estava lá.

Assim, não é surpreendente que o homem, tornando-se agudamente ciente de um conflito consigo mesmo, procurasse por um modo literário de exprimir esses novos sentimentos. Ele sente que sua vida não é tanto uma luta contra certas forças externas, mas, sim, contra forças internas; e ele começa a personificar essas forças e dramatizar o conflito. A alegoria se torna seu meio poético, e as alegorias do período mais comumente assumem a forma de *psicomaquia*, uma batalha pela alma, travada entre os vícios e as virtudes. A tradição da psicomaquia provou-se excessivamente resiliente e vívida; aliás, ela se transmitiu para nosso discurso atual de tal modo, que dificilmente podemos nos livrar dela hoje em dia. Quando utilizamos expressões como "ele estava dividido entre o medo e a ganância" ou "a sua curiosidade venceu a sua decência", estamos fazendo psicomaquia — um combate alegórico entre qualidades personificadas. Podemos nos reassegurar, em nossos momentos mais filosóficos, que abstrações como medo e curiosidade não têm uma existência independente — há somente uma pessoa real que teme ou sente curiosidade; mas é muito difícil não falar nem mesmo pensar como se nossa personalidade fosse um campo de batalha para emoções diferentes de nós e mais fortes que nós.

É claro, há certas dificuldades técnicas para escrever uma psicomaquia em grande escala. As qualidades personificadas, não tendo existência pessoal fora das qualidades que personificam, provavelmente serão razoavelmente limitadas em suas atividades e diálogos. Isso é uma desvantagem de toda alegoria, que ocasiona e até justifica, em certa medida, as acusações de rigidez e artificialidade; veremos posteriormente como os grandes mestres da alegoria a superam. Ademais, embora a guerra seja uma ocupação apropriada para vícios como ira, ciúmes e crueldade e para virtudes como coragem, força, lealdade e outras assim, há certas qualidades — especialmente virtudes mais suaves e cristãs como paciência, mansidão, humildade e assim por diante — que não se dão muito bem com as armas. Alguns dos combates em Prudêncio, por exemplo, são bastante grotescos. Outros temas adequados tiveram de ser encontrados para a alegoria — por exemplo, o epitalâmio ou o casamento entre virtudes selecionadas, cada uma acompanhada por um cortejo apropriado. E assim por diante. Indubitavelmente esses primeiros experimentos seriam bem entediantes para nós, e ansiaríamos pela elasticidade e a humanidade multifacetada dos antigos deuses. Contudo, para esses escritores pioneiros, a alegoria não era uma convenção monótona — era um novo e empolgante meio para explorar regiões virgens da alma e fazer as primeiras aventuras em psicologia analítica.

Também encontraram outra utilidade. A alegoria se tornou um instrumento para interpretar não somente o presente, mas também o passado. Com seu auxílio, pagãos piedosos encontraram um sentido satisfatório para aqueles contos mitológicos que começaram a chocar intelectuais por sua imoralidade e irresponsabilidade; e os cristãos piedosos podiam realizar um trabalho parecido com as porções míticas e históricas do Antigo Testamento. Desse modo, as antigas histórias reluziam sob nova luz. De fato, a interpretação alegórica da Escritura gozou de uma vida surpreendentemente longa; a teologia moderna encontrou uma forma melhor de lidar com mitos religiosos, mas há poucas pessoas da minha idade que ouviram sermões em sua criação que não conheçam exercícios espirituais dessa natureza. É claro, muitas das interpretações eram fracas e monocromáticas, mas não é bom julgar qualquer forma literária por seu sofrimento na mão de pessoas devotas em busca de edificação. E, caso se insista em alegorizar uma história que não foi escrita originariamente com essa intenção em vista, decerto haverá momentos em que a interpretação se tornará forçada e artificial.

Não obstante, a possibilidade de alegorizar retroativamente, por assim dizer, foi de grande ajuda para aqueles que estavam escrevendo alegoria original como uma obra diferente; alargou o campo de experimentação e sugeriu uma variedade maior de histórias literais para carregar a significação alegórica.

Do que venho dizendo, esperaríamos que a alegoria, enquanto moda literária, sempre tenderia a acompanhar uma profunda mudança na constituição psicológica humana. De fato, isso muitas vezes é o que acontece. A era dourada da alegoria na Europa se estabelece com um rebuliço psicológico notável no século 12 por meio da descoberta do amor romântico.

Estamos tão acostumados atualmente em presumir que o amor romântico entre os sexos é uma das coisas mais importantes e sagradas da vida que é difícil acreditar que, antes do século 12, tal ideia nunca teria entrado na cabeça de ninguém — se tivesse, não apenas seria considerada imoral, mas também ridícula. Que seres humanos se apaixonavam, com efeitos colaterais bem perturbadores, evidentemente tratava-se de um fato que ninguém em qualquer era poderia ignorar, mas nunca havia sido costumeiro considerar isso causa de admiração. Pelo contrário, a paixão, em contraste à decência da afeição conjugal, sempre foi considerada uma coisa ruim, tanto em homens quanto em mulheres — mas especialmente em homens, já que subjugava sua razão soberana, e fazia com que se comportassem como lunáticos e (ainda pior) submetia-os aos caprichos do sexo inferior. Nesse ponto, pagãos e cristãos estavam de acordo. A adoração apaixonada da mulher era uma fraqueza, ou coisa pior. Ovídio escreveu uma sátira sobre o assunto chamada *A arte de amar*, em que a vítima é o amante tolo que se tornou escravo de uma mulher e é sarcasticamente advertido quanto aos melhores métodos de mostrar sua tolice em público:

> Se ela te mandar que apareças no foro, faz sempre por chegar
>   mais cedo
> que a hora determinada e não partas dali, a não ser tarde.
> Acorre a um lugar qualquer, dir-te-á; adia tudo

E corre, e nem a multidão ponha tardança no caminho que
começaste.
À noite, regressará, tornando a casa, depois de ter saído de um
festim;
Mesmo então, se ela chamar por um escravo, vai tu.
Se estiver no campo e disser: "Vem!", o amor odeia indolentes;
Se não tiver uma quadriga, põe-te ao caminho a pé...[3]

E assim por diante.

Ao mesmo tempo, os pregadores cristãos nunca se cansaram de advertir os homens contra as astúcias das mulheres e os enganos do amor. Com certeza, eles discordavam quanto aos prazeres do sexo serem malignos em si mesmos. O sexo, como tal, dificilmente poderia ser mau, já que Deus o ordenara; mas talvez ele devesse ser aceito simplesmente como um meio necessário para manter a população humana, e não para ser usufruído — pois isso era estar no mesmo nível das bestas. Alguns teólogos propuseram uma visão mais otimista, em que os prazeres do amor não eram ruins desde que se confinassem aos sentidos e não tomassem conta da razão. Todos concordavam, porém, que aquele tipo de paixão que domina a alma e o corpo de um homem, tornando-o indiferente a todas as demais considerações terrenas (e celestiais também, é claro), era completamente maligna e vergonhosa. E todo leigo, gentil ou simplório, embora sem dúvida considerasse o casamento proveitoso e a fornicação escusável, teria concordado sinceramente com os pais da igreja que a própria ideia de um homem prostrado aos pés de uma jovem em devoção era algo tolo, degradante e a inversão da ordem própria das coisas.

Então, quase imprevisivelmente, começando pelos trovadores de Provença e inspirando músicas pela Europa em todas as línguas românicas, veio o novo culto ao amor cortês. Não podemos parar agora para investigar qual foi a causa; é suficiente

---

[3] Ovídio, *Ars amatoria*, II.223. [Edição em português utilizada: *A arte de amar*, São Paulo: L&PM, 2001].

dizer que veio, espalhou-se como fogo e se estabeleceu, mudando cada aspecto da vida humana e efetuando uma das poucas genuínas revoluções sociais da história. Surgiu e registrou-se, e ao fazê-lo ajudou a produzir mudanças psicológicas profundas, que demandavam expressão política. Escritores se preocuparam em examinar e dissecar essa experiência interior completamente nova; e a alegoria, que já havia se provado útil no laboratório espiritual, foi novamente forçada a servir. Por uma curiosa ironia, *A arte de amar* de Ovídio, escrita como sátira, foi aceita como um livro-texto sério para a conduta correta de um caso amoroso e, com isso em mãos, os poetas cortesãos começaram a desenvolver toda uma arte e ciência da paixão do amor. Poemas inteiros foram dedicados a debates na corte do amor, em que os detalhes da conduta amorosa foram descortinados com a mesma precisão diligente que se emprega nos tribunais do direito; e um correto ritual de devoção à mulher foi inventado, com uma semelhança perigosa com as devoções prescritas pela igreja, para gerar escândalos e acusações de blasfêmia.

Não que os poetas se limitassem à pura didática; eles nunca negligenciavam o dever de contar uma boa história. O material literário que tinham em mãos para isso era aquele rico depósito tradicional de maravilhas e aventuras que chamamos de matéria da Bretanha ou, mais popularmente, romance arturiano. Histórias como a de Tristão e Isolda, ou de Owain, que lidavam com temas de poções do amor ou com o rapto e o resgate de mulheres em perigo, obviamente providenciaram com exatidão o tipo básico de material que era necessário. As histórias foram agressivamente modernizadas, expandidas e alteradas quando necessário, tornando-se veículo para ideias novas da moda. Na maior parte do tempo, o poeta estava contente em contar uma história direta, mas, quando uma personagem precisava escolher entre duas alternativas de ação possíveis, encontramos uma tendência de a narrativa virar alegoria. Assim, em *O romance de Lancelot*, de Chrétien de Troyes, o herói, que perdera seu cavalo, descobre que, para ter notícias de sua amada, a rainha Guinevere, precisaria submeter-se a ser carregado em uma carreta comum. Lancelot hesita por um momento antes de montar nesse meio de transporte tão indigno para um cavaleiro, e sua hesitação assume a forma de um debate entre o Amor e a Razão:

> Razão não julga como Amor
> Pede pra que não dê rumor
> Ao exortar e repreender
> Para que não venha fazer
> O que cause qualquer vergonha.
> Mesmo que ao coração oponha,
> Na boca habita a Razão.
> Mas o Amor, no coração,
> Também não se cala e decreta
> Pra que suba, sim, à carreta.
> O Amor quer, então será,
> Pois não se envergonhará
> Daquilo que o Amor mandar.[4]

É interessante que o *Tristão* de Tomás da Bretanha, em que o poeta tenta fazer longas passagens de análise psicológica direta sem recorrer quase nada à alegoria, parece ter alcançado praticamente nenhuma popularidade em seus dias. Para nós, a abordagem de Tomás parece mais moderna e direta que a de Chrétien, mas os de sua época a consideraram obscura e pouco dinâmica, na ausência daquelas personificações que estigmatizamos como entediantes e artificiais. Na verdade, Tomás estava à frente de seu tempo, pois, do século 12 ao 14, a alegoria estava se preparando para ganhar espaço como a forma dominante de literatura.

Então, de romances de aventura, com passagens alegóricas, chegamos a poemas que foram concebidos como alegorias do começo ao fim. Algumas são alegorias de amor cortês, outras

---

[4]*Charrette*, p. 369.

são alegorias religiosas e outras ainda são compêndios imensos e confusos lidando com tudo o que uma pessoa educada deve saber. Felizmente, um dos melhores e mais influentes exemplos de pura forma alegórica se apresenta como de extrema utilidade para nosso estudo, tendo sido traduzido para nós por Chaucer. É a primeira parte do *Romance da rosa*, escrita por Guilherme de Lorris por volta da metade do século 13. Sua representação alegórica é a mais simples possível: é a história de um jovem que se apaixona por uma garota. Na história literal, a moça nem aparece; ela apenas se manifesta a nós por meio das personagens alegóricas que tipificam diversos aspectos de seu caráter. O único ser humano real que aparece no poema é o próprio Amor. Como tantas alegorias medievais, a história se dá na forma de um sonho, contada por quem sonha. O Amor sonha, então, que está acabando de se levantar em uma bela manhã de maio:

> Em um tempo de amor e alegria,
> Em que tudo se regozija.[5]

Ele lava as mãos e se veste, prendendo suas mangas com um alfinete de prata, e sai para se divertir em um campo "macio, doce e verde", pelo qual passa um límpido rio. Logo ele chega a um jardim às margens, cheio de belas árvores em que cantam os pássaros, cercado de altos muros. Esse jardim representa a vida na corte e, fora dos muros, estão pintadas figuras daquelas qualidades que desqualificam alguém para essa vida — vícios como Ódio, Felonia e Vilania (que significa Vulgaridade), Cobiça e Avareza (pois um cortesão precisa ser desprendido com seu dinheiro), e Inveja e Puritanismo — também Angústia, Velhice e Pobreza, pois não são bem-vindos no parque de diversões da juventude dos nobres. O Amante, é claro, fica ansioso para entrar em um lugar tão agradável e, ao finalmente encontrar uma portinhola, bate repetidamente. Depois

---

[5] "In time of love and jollity, / That all things ginneth waxen gay." [N. T.]

de um tempo, a porta é aberta por uma bela senhorita chamada Ociosidade. Ela se veste muito bem e parece uma pessoa desacostumada a trabalhar, pois, como diz o poeta, quando acaba de pentear seu cabelo e se arrumar até a perfeição, ela "dá por encerrado o dia".[6] A Ociosidade informa ao Amante que o jardim pertence ao Senhor da Mirra e, depois de súplicas insistentes, permite-lhe entrar. O lugar é tão encantador e tão melodioso por causa dos pássaros que lhe parece ser um paraíso terreno; e ali ele encontra boas companhias em uma dança — a Cortesia, que lhe dá as boas-vindas enquanto se aproxima, e Mirra com sua mulher Amabilidade; Beleza e Riquezas com seus amantes; Luxo, Classe e Juventude; e dentre eles está o próprio Deus do Amor com seu escudeiro, Bonito-de-Olhar, carregando seu arco e flecha. Não temos tempo de ler a descrição de todas essas pessoas bonitas, nem das tantas árvores e flores frescas adornando o jardim que o Sonhador então parte para explorar. Ele eventualmente chega a uma fonte, tendo duas pedras de cristais no fundo. E o cristal é um cristal mágico, pois, olhando nele, pode-se ver o jardim e tudo o que há nele refletido. E ali ele vê uma roseira carregada, que tanto o atrai que o faz imediatamente buscá-la. Ao chegar, ele diz:

> Das rosas o doce perfume,
> A raiz cordial o cume,
> Por completo embalsamou.

Uma rosa específica — com um botão meio aberto escarlate — o enche do desejo de arrancá-la, mas a roseira está protegida por uma densa cerca viva cheia de espinhos, e ele não sabe como se aproximar.

Ora, enquanto isso, sem ele ver, o Deus do Amor o seguia com um arco na mão. E, quando ele vê o desejo do Amante tão fixado na rosa, diz:

---

[6] *Thenne had she don al hir journe* [no inglês médio de Chaucer].

Pegou flecha mais afiada
E, com o arco tensionado
E a corda até a orelha —
Oh, força que não há parelha —,
Acertou-me em tal precisão
Que pel' olho ao coração
Fincou aquela funda ponta.

A flecha se chama Beleza, e o deus acerta outras quatro depois dela: Simplicidade, Cortesia, Companhia e, finalmente, Fina Aparência,

Aquela em que, sem duvidar,
Amante nenhum deixará
Servir de coração em tudo,
Contra qualquer perigo agudo.

Assim ferido, o Sonhador se rende ao Amor, que o sujeita a seu serviço e lhe admoesta, em um discurso bem longo, sobre todos os deveres do que ama.

Até aí, é bem fácil entender a alegoria. Um jovem vai para a corte e goza da alegre e luxuosa vida ali. Ele é imprudente o suficiente para olhar os olhos de uma senhora (durante o episódio das pedras de cristal na fonte) e vê ali a promessa de outros prazeres (a roseira). Particularmente, ele sente que seria prazeroso conquistar o amor da senhora (a rosa). Enquanto ele brinca despreocupado com tais pensamentos, acaba se apaixonando perdidamente.

Agora chegamos a uma parte bem mais sutil. Enquanto o Amante apaixonado contempla desvairadamente o que está além da cerca viva, vem a ele um jovem animado chamado Bialacoil (Boas-Vindas), que lhe afirma que, desde que ele se comporte como um cavalheiro, ele terá todo o prazer de lhe permitir passar pela cerca viva para ver a rosa mais de perto e fazer quaisquer outros serviços em sua alçada Essa juventude tão solícita é a primeira das qualidades pessoais da Senhora; e aqui começamos a ver a vantagem do artifício alegórico, pois, embora possamos perceber imediatamente o que Bialacoil representa, dificilmente colocaremos isso em palavras sem várias perífrases desconcertantes. Pode-se dizer que ele é o instinto da Senhora de querer agradar as pessoas, de modo que pensa ser bom para o Sonhador estar tão obviamente atraído por ela, e ela recebe tal atenção com prazer — em poucas palavras, ela lhe dá "Boas-vindas", Bialacoil. A alegoria, que parece ser o caminho mais longo, acaba sendo, como se pode ver, o caminho mais direto nessas questões.

Então Bialacoil deixa o Amante passar pela cerca viva. Explica que não pode fazer tanto por ele quanto gostaria, pois teme os três guardiães que a Castidade instalou para vigiar a roseira. O primeiro é a Vergonha, filha da Razão e da Transgressão; novamente, esses pais parecem-me transmitir de forma bem precisa a nossa atitude curiosamente ambígua em relação à modéstia sexual. Os outros guardiães são Malebouche (Maledicência), o medo da calúnia; e Perigo, de quem falaremos mais em breve. Bialacoil ousa, contudo, apresentar o Amante não com uma rosa, mas com uma folha que cresceu perto dela, ou seja, a Senhora concede algum tipo de favor ou sinal de gentileza ou compaixão. Isso encoraja o Amante a perguntar se ele pode arrancar a rosa. Porém, nesse momento, o pobre Bialacoil fica aterrorizado e o Perigo sai do arbusto em que estava escondido — um camponês horrendo de cara preta, que assusta Bialacoil e empurra o Amante para fora da cerca viva. Realmente, o jovem foi longe demais; a garota fica extremamente chocada e ofendida e o reprime com uma espécie de rudeza e brutalidade primitivas que podem ser facilmente suscitadas em mulheres por uma abordagem súbita e direta que se aproveita de sua gentileza.

É claro, tudo isso é somente o começo da história, que logo se torna mais complexa. A Razão tenta em vão dissuadir o Amante de sua empreitada; Vênus (a paixão física) intervém em seu favor para minar a resistência da Senhora; a Suspeita (Jalousie) é provocada; um muro é construído ao redor da roseira e Bialacoil é banido para uma masmorra. Guilherme de Lorris nunca terminou seu poema; ele foi completado posteriormente em uma extensão problemática por Jehan de Meung — um poeta mais potente, porém de menor habilidade alegórica. Contudo, o fragmento que temos mostra quão delicado e preciso instrumento pode ser a alegoria nas mãos certas. Também é notável a extrema pureza de sua forma; não há confusão entre a figura e a coisa figurada — não há intrusão de pessoas de carne e osso nas abstrações personificadas que desempenham todos os papéis nesse pequenino drama.

E aqui nos lembramos de duas cautelas que Dante expôs sobre o método correto de ler e escrever alegorias. Defendendo o retrato alegórico do Amor em seu livro anterior, *Vita nuova*, ele diz que um leitor "poderia ter dificuldade com o que digo em relação ao Amor, como se fosse uma coisa em si, e um ser não só inteligente, mas também corpóreo. O que seria, segundo a verdade, falso, pois o Amor não existe como um ser em si, mas como uma *qualidade do ser* (um acidente em uma substância)". E ele continua para dizer que quem escreve alegoria "não deveria falar sobre isso sem ter alguma interpretação do que diz em sua mente, pois é uma imensa vergonha para quem traça rimas sob uma figura ou um floreio retórico depois não poder, se solicitado, retirar tal veste de suas palavras, de modo que haja real significado" (*Vita nuova*, xxv). Ou seja, não podemos ser levados por nossa eloquência a atribuir a abstrações o tipo de realidade que pertence apenas a pessoas reais. E também precisamos cuidar para que os sentidos literais e figurados possam se separar de tal modo a ponto de formarem duas histórias independentes, correspondendo em todos os pontos, mas cada uma coerente e completa em si.

Evidentemente, o próprio Dante é o maior de todos os alegoristas, mas é um caso à parte. Na *Divina comédia*, ele inventou um método tão peculiar que ninguém jamais conseguiu realmente utilizá-lo novamente em larga escala. Todos os seus personagens de fato representam qualidades em uma pessoa; mas ele usou, ao invés de abstrações personificadas, pessoas reais da história ou da mitologia que estão aptas a servir como símbolos naturais dessas qualidades. Assim, os diversos tipos de orgulho são representados não por uma senhora chamada Superbia ou por um gigante chamado Orgoglio, mas por pessoas como Capaneus, Farinata, Umberto, Aldobrandesco, Oderisi, o Pintor, e Provenzano Salvani. Assim, em um só golpe, Dante abole as limitações que impedem a conversa e o comportamento da abstração e recupera parte da liberdade que pertencia à abordagem mitológica com os deuses. Contudo, embora totalmente cheia de simbolismos e contextualizada em uma grande estrutura simbólica, *A comédia* pode ser interpretada alegoricamente em não menos do que três níveis, sem nenhuma intromissão da figura sobre a coisa figurada, ou vice-versa. Mas ninguém jamais foi capaz de repetir o feito de Dante, e é mais fácil estudar o esboço clássico da alegoria nas obras de mestres menores. Todavia, podemos notar que, na sua história literal, Dante escolheu um esquema que se tornou bem popular e recompensador — o da jornada de peregrinação.

É no século 14 que a alegoria se torna uma forma dominante na literatura. Quase tudo o que um escritor queria dizer, em qualquer assunto, foi introduzido em um romance alegórico de algum tipo, como ao tentar fazer a roupa caber em uma mala apertada. Semelhantemente, no século 19, as visões heterogêneas do escritor sobre a vida geral emergiam, quase automaticamente, de sua mente na forma de um romance sentimental. Isto é, o que quer que fosse o livro, ele se propunha a ser uma história sentimental de João e Maria. Sempre que uma forma literária alcança a hegemonia, o resultado é a produção massificada de obras: algumas ruins, outras boas e muitas medíocres; e o esboço clássico da forma torna-se distorcido — deformado como uma mala, sob a pressão de um conteúdo exagerado que o distorce por completo.

Quando chegamos ao livro *A rainha das fadas*, de Spenser, a alegoria já está com toda carga que pode carregar e começa a ficar fora de moda. Spenser sabia disso, como se mostra por seu uso deliberado de um estilo arcaico de linguagem. Para sua história literal, ele usa o pano de fundo de um antigo romance arturiano — não como conhecido pelo século 12, mas no desenvolvimento fantástico ocorrido nas mãos de Boiardo e Ariosto, em que aventura se soma a aventura, história se entrelaça com história, de forma que se permite uma imensa riqueza descritiva e variedade de detalhes. O método de Spenser é genuinamente alegórico e frequentemente contém alegoria dentro de alegoria — como nos apresenta a Casa de Alma, com a figura alegórica autocontida de um corpo humano, envolta dentro da alegoria de temperança, que forma o assunto do segundo livro. Também está entrelaçada com a alegoria moral certos traços de uma alegoria política; e a própria palavra *entrelaçamento* é uma forma de dizer que a pura forma da alegoria está se dissolvendo.

Não é possível abandonar os empréstimos poéticos do sentido político de *A rainha das fadas* e apresentá-lo como uma entidade completa e coerente. Manifesta-se apenas em remendos; os níveis de interpretação se tornam confusos. Nem sempre é possível distinguir claramente entre a pessoa e a personificação, entre a figura e a coisa figurada. *Sir* Guyon, por exemplo, é um homem temperado ou a virtude da temperança em um homem? Ser peregrino certamente parece representar mais uma qualidade que uma pessoa, mas, quando Guyon subitamente pega uma fechadura de ferro, uma estaca e cem moedas de ferro para prender Ocasião e Furo, não podemos deixar de nos perguntar como um cavaleiro peregrino conseguiu obter esses objetos andando a pé no meio do nada. A alegoria invade a história real com resultados preocupantes.

Não que tais pontos impeçam nosso aproveitamento da obra, desde que mantenhamos em mente durante a leitura que o significado alegórico é o significado que realmente importa. Porém, se tentarmos esquecer a alegoria e lermos apenas em busca da história, ou pelo que as pessoas chamam de poesia, seremos levemente incomodados por um tipo de incongruência que nunca sentimos ao ler a *Comédia* ou o *Romance da rosa*, por um lado, ou os absurdos irresponsáveis de *Orlando furioso*, por outro. Em Spenser, a flor da alegoria desabrocha plenamente e as pétalas começam a cair, embora sua fragrância e beleza sejam incomparáveis. Após esta obra, a alegoria extensa desaparece enquanto gênero narrativo, embora, no teatro de moralidade, a forma de pura alegoria mantenha suas aparições até datas bem tardias. A peça

Everyman [Todo homem] no fim do século 15 é tão sem mistura quanto *O romance da rosa* de trezentos e cinquenta anos antes, e suas qualidades personificadas são humanamente, ainda que não tão sutilmente, caracterizadas. "O quê?!", diz a Beleza, surpresa de se ver acompanhando Everyman em uma jornada que finda no túmulo, "Devo me sufocar aqui?", e, quando ouve que a resposta é sim, adiciona rapidamente:

> Risco tudo isso: por S. João, adeus!
> Ponho meu chapéu, te vira com o teu.

Enquanto a Força faz o papel do amigo cândido e razoável:

> Sim, já te falei o suficiente;
> Já tens a idade, eu compreendo,
> De ser só, um peregrino colendo,
> Eu me arrependo de vir até cá.

Porém, ainda que não em sua maior parte, quando chegamos aos séculos 16 e 17, as pessoas já conhecem o suficiente de seus processos mentais conscientes para conseguirem representá-los diretamente, sem recorrer a simplificações alegóricas. Há, contudo, uma região do campo psicológico em que os simples, e até os eruditos, precisam de ajuda para se comunicar claramente.

A grande insurgência teológica que teve seu centro em Genebra transferiu a sensível área da experiência religiosa de um confronto com um Deus transcendente externo para as operações do espírito dentro da alma. Como sempre, uma forte convicção de pecado — uma vívida consciência da personalidade dividida — exigia alguma forma de expressão dramática. Na Inglaterra, a aguda consciência dessa crise interior induzida pelos conflitos e perseguições do fim do século 17 resultou nas obras de John Bunyan, especialmente *A guerra santa* e *O Peregrino*.

É difícil dizer quais foram os modelos de Bunyan para esses livros. Dizer que ele se baseou na Bíblia nada explica, pois a Bíblia, ainda que rica em mitos e parábolas, quase não tem alegorias. Não se sabe se Bunyan sequer leu um poema alegórico ou viu um teatro de moralidade. Contudo, caso estes nunca existissem, seus livros seriam diferentes, porque todas as características típicas estão ali: as personificações, a peregrinação ou a psicomaquia, os debates entre abstrações, o ambiente de sonho. Provavelmente a tradição da alegoria, fixada na mente humana por gerações, foi transmitida em sermões de pregador a pregador. *A guerra santa* tem uma forma tão clássica e pura quanto *O romance da rosa*; *O Peregrino* é um tipo spenseriano misto, uma vez que há momentos (como com o sr. Grande Coração ou o Intérprete) em que não se pode saber muito bem se estamos lidando com pessoas ou abstrações e momentos em que há uma pequena confusão entre a história literal e a alegórica (como no martírio de Fiel na Feira das Vaidades).

A guerra santa nunca gozou do mesmo prestígio ou atraiu o mesmo carinho que *O Peregrino*. Todavia, a meu ver, isso se deve tanto à austeridade de sua forma quanto ao fato óbvio de que a guerra, especialmente quando envolve um cerco, não consegue abarcar uma variedade tão grande de incidentes interessantes quanto uma jornada. A psicomaquia, embora seja o maquinário mais óbvio para analisar a vontade dividida, nunca se provou satisfatória a longo prazo. Contudo, um livro expõe tão brilhantemente quanto o outro o dom supremo de Bunyan enquanto alegorista — sua genialidade para inventar abstrações com uma humanidade caseira, bem-humorada e convincente. Considere, por exemplo, a defesa do sr. Incredulidade quando é julgado como prisioneiro de guerra por resistir às forças do divino Rei Shaddai. A Incredulidade não é um habitante original da cidade de Alma Humana, mas um membro das forças inimigas de Diabolus, ocupando-a desde que Diabolus conquistou a cidade.

> Então disse a Incredulidade: "Não conheço a Shaddai; amo meu antigo príncipe. Pensava que o meu dever era cumprir o que me foi confiado e fazer o que estivesse ao meu alcance para incentivar as mentes dos homens de Alma Humana a fazerem o máximo

para resistir aos estrangeiros e forasteiros, combatendo-os ferozmente. Nem mudei, nem poderei mudar minha opinião por temer problemas, ainda que tenhas no momento posição e poder".

A defesa é ilegítima, mas é a defesa de um ser humano, não de um conceito rígido e abstrato, e já ouvimos muitas defesas parecidas nos últimos julgamentos depois da guerra.

Bunyan é o último alegorista inglês da grande tradição. Depois dele, temos 150 anos de racionalismo e senso comum, de mente integrada e da onipotência da educação. Ou, quando havia homens como William Blake ou grupos como os românticos, conscientes de suas dissensões interiores, seus protestos não se verbalizavam em alegorias formais, mas em simbolismo, profecia ou argumentação e exposição direta.

Contudo, no fim do século 19, o sentimento de desintegração e insegurança espiritual, produzido por incômodas visões científicas recentes sobre o lugar do homem na natureza, provocou uma nova tentativa de alegoria em larga escala — *Idílios do rei*, por Tennyson. Essa é uma obra muito interessante, que tem sido tratada com uma frivolidade absurda pelos críticos do século 20, os quais, negligenciando sua intenção alegórica, ignoram ou desprezam a forma alegórica como tal, tendo constantemente confundido suas virtudes com vícios e condenando-a de acordo com tal julgamento.

De fato, é um livro muito desajeitado e desequilibrado em sua técnica alegórica. Isso se deve em parte ao fato de que, durante esse tempo, a arte de escrever e ler alegoria fora perdida e em parte graças ao fato de a composição de *Idílios* ter se estendido por mais de quarenta anos, de modo que as primeiras poucas narrativas não foram feitas com nenhuma intenção alegórica em mente. Foi somente enquanto prosseguia que Tennyson se tornou plenamente consciente de que estava escrevendo, como diz na *Dedicatória*, uma alegoria "do bom senso em guerra com a alma". Em geral, Tennyson está no seu pior momento quando simplesmente reescreve Malory e no seu melhor quando alegoriza deliberadamente o que ele próprio escreveu. No idílio de abertura, *A vinda de Arthur*, que vem primeiro, mas foi um dos últimos a ser escrito, tanto a alegoria quanto a poesia estão em sua melhor forma.

Como Dante (que ele conhecia bem), Tennyson escolheu não usar abstrações personificadas, mas personagens tradicionais em quem tais abstrações poderiam ser simbolizadas e, como os romanceiros do século 12 e Spenser, ele escolheu a matéria da Bretanha como o assunto de sua história literal. Há uma crítica por ele ter convertido cavaleiros arturianos em cavalheiros e damas vitorianas, mas aqui Tennyson está certo e seus críticos, errados. Um alegorista precisa escrever da perspectiva dos problemas contemporâneos. Tennyson está fazendo com os arturianos o que os romanceiros fizeram quando os converteram em devotos medievais do amor cortês e o que Spenser fez quando os converteu em elisabetanos de uma sólida moral protestante. Nenhum escritor pode realmente assumir toda a mentalidade de outra era — ou, caso pudesse, produziria nada mais que um pastiche. Não importa como vistamos a produção, o Lear de Shakespeare não é um rei lendário de um folclore, mas um homem complicado da Renascença.

Nem é muito razoável falar depreciativamente do "sofrível resfolegar do irrepreensível rei de Tennyson".[7] Talvez não consideremos o Rei Artur muito amável, mas Guinevere era da mesma opinião. A alegoria é justamente isso, pois a imagem central que domina o poema é o casamento de Arthur e Guinevere. A não ser (e este é todo o argumento) que a Alma (Arthur) possa reter sua lealdade ao Coração (Guinevere), não pode consolidar seu governo sobre a Natureza humana (Logres), pois o reino será "traído pelo que é falso por dentro". Realmente, a culpa é de Guinevere, contudo é necessário que sua traição não seja simplesmente perversa. Há em Arthur, como em todo idealismo, algo que o coração indisciplinado facilmente considera repulsivo. O real erro de Tennyson aqui foi cair até certo ponto no insistente pecado

---

[7] Graham Hough. *The last romantics*.

do alegorista de confundir a história figurada e a literal. As relações sexuais entre Arthur e Guinevere são apenas uma imagem das relações entre a Alma e o Coração; mas no idílio chamado *Guinevere* ele caiu no erro de tratar o problema como se fosse simplesmente uma questão de ética sexual — se um homem enquanto autoridade pública poderia ser justificado em tolerar abertamente o adultério de sua esposa.

Mas é difícil ver como a Alma pode repudiar publicamente o Coração em prol de estabelecer um bom exemplo — a não ser em uma visão dualista e ascética da vida, que Tennyson certamente não tinha. Não digo que seria impossível argumentar por uma interpretação alegórica aqui, mas certamente isso exigiria uma boa dose de engenhosidade e ainda pareceria forçado e artificial. Todo o tom da passagem sugere, na verdade, que Tennyson, confrontado com os fatos da história literal como encontra em Malory, desviou-se de sua alegoria principal para tratar de um problema diferente — o de perdoar o pecador e, ao mesmo tempo, não apenas condenar o pecado, mas também deixar claro que é isso que ele está fazendo. A meu ver, é errado estigmatizar Arthur como um pedante santarrão; ele está preocupado (como hoje nós talvez não estejamos preocupados o suficiente) em manter um padrão público de conduta, e não podemos descartar um dilema bem real ao simplesmente usar palavras como *arrogante* e *hipócrita*. Porém, penso ser justo dizer que a história, como Tennyson a formulou, não se encaixa muito bem na estrutura alegórica principal do poema como um todo.

Por outro lado, em *A vinda de Arthur*, o longo argumento sobre o parentesco de Arthur — sobre ele ser

> Filho de tanta vergonha,
> Ou nascido filho de Gorlois depois da morte,
> Ou filho de Uther, e nascido antes do tempo —

é uma boa e criativa tradução do ponto de vista da tradição do debate alegórico, das introspecções advindas da teoria evolutiva.

O que era a alma? Ela vinha do céu, ou evoluiu a partir de instintos animais, ou era fruto de ilusão? Ela tinha algum direito de ser soberana sobre o resto da natureza humana, ou tal alegação era pura usurpação? E o debate termina no relato de Merlin da chegada misteriosa de Arthur em Tintagel — a tempestade, o navio como um dragão alado e o bebê nu carregado para a margem em um redemoinho de fogo e água —

> ... e hoje, então, segue calma,
> Céu aberto e estrelas.

Tennyson é um escritor honesto demais para responder a sua pergunta, exceto implicitamente. Merlin, que representa o intelecto, não se pronunciará:

> Onde está o conhecedor?
> De grande abismo a grande abismo vai.

O idílio inteiro é um exemplo magnífico de escrita alegórica: precisa, sutil e alcançando o nível mais alto de execução técnica. De mesma qualidade, ainda que menos densa em textura alegórica, são *Lancelot e Elaine* e *O santo graal*, ambos lidando com os efeitos mórbidos de um idealismo desequilibrado: por um lado, fuga para uma fantasia de emoção egoísta; por outro, fuga para uma religião hiperespiritualizada.

Escolhi *Os idílios do rei* para representar este período por duas razões. Em primeiro lugar, porque a questão aqui é simples e não precisamos nos confundir ao abordar, por exemplo, *Peer Gynt*, de Ibsen, e falar de mito, imagens e simbolismo. Em segundo lugar, porque o poema e sua recepção atual refletem claramente o que acontece quando a escrita e a leitura de alegoria entram em decadência. O próprio manuseio de Tennyson é incerto — raramente ele tem certeza sobre o tipo de poema que está escrevendo ou se não deveria se desculpar por chegar a escrever alegoria. E o efeito na apreciação crítica foi um desastre, porque, ignorando ou desprezando a alegoria demais para levá-la a sério, os críticos basearam seu juízo em padrões totalmente irrelevantes. Chegamos ao período em que é suficiente xingar algo de alegoria para encerrar o debate. Assim, um escrito recente cita Yeats da seguinte forma: "Penso que, embora eu ame o simbolismo, que muitas vezes é o único tipo de discurso adequado para algum mistério da vida incorpórea, incomodo-me em grande parte pela alegoria, que se faz, como Blake diz, pelas 'filhas da memória', de forma fria, sem inspiração mágica". Ele comenta: "O simbolismo é a única expressão possível de uma essência espiritual inexprimível de outro modo, enquanto a alegoria é *uma tradução arbitrária de algum princípio que já é familiar, de algo que já foi expresso em outros termos*".[8]

Historicamente, vimos que isso não é verdade. A alegoria, em mãos competentes, pode (como o próprio símbolo) vir a ser utilizada para expressar o que já é familiar, mas ela sempre começa com um esforço de expressar algo para o que ainda não se inventaram os termos literais.

Desde que nos lembremos disso, podemos prontamente concordar que o simbolismo tanto provém quanto inspira níveis mais profundos e primitivos da alma. De fato, como dissemos ao começar, a alegoria não é primitiva, nem é possível para mentes primitivas produzi-la.

Se há qualquer verdade na tese que temos tentado estabelecer de que uma consciência forte e incômoda de deslocamento psicológico tende a resultar na produção de alegoria, o que devemos dizer sobre nossos tempos? Pois vimos que a alegoria é desprezada e mal compreendida enquanto forma literária — contudo, nunca houve um período em que o nosso entendimento da psique dividida foi tão intenso. Não deveríamos experimentar um vigoroso avivamento da alegoria? Por que ela deveria obstinadamente permanecer morta sob as exatas condições que a deveriam trazer à vida?

---

[8]Graham Hough. *The last romantics*, p. 228.

A simples resposta é que estamos, *sim*, passando por um avivamento da alegoria, mas não exatamente no lugar onde a costumávamos encontrar. Na verdade, sua ressurreição aconteceu antes que os críticos conseguissem enterrar o corpo, e veio, não de poetas, mas de psicanalistas, especialmente os da escola freudiana. Não estou me referindo aos usos estranhos e às vezes perversos que eles fizeram de mitos primitivos, mas ao interessante vocabulário que se viram impulsionados a utilizar para expressar suas conclusões experimentais sobre a psicologia do inconsciente. Esse vocabulário não é científico, mas poético, e impõe uma forma poética, até fictícia, em toda formulação do assunto.

> A concepção [de Freud] da mente (diz o professor J. C. Flügel) é essencialmente dinâmica. Ele considera o movimento ou a conação (para usar o termo psicológico geralmente aceito) como a real função da mente, e a oposição entre diferentes partes da mente pode, segundo ele, ser mais bem expressa como o conflito entre tendências mentais incoerentes e opostas ou "desejos".[9]

Isso é bem claro. Como os exploradores pioneiros do consciente, os exploradores pioneiros do inconsciente podem pensar e se expressar de forma eficiente apenas por meio da psicomaquia. Esse artifício também é herdado e empregado por seus sucessores, Adler e Jung. Toda a tropa derrotada de abstrações personificadas participa do conflito — algumas novas, algumas já conhecidas, mas agora com outros nomes: a Libido (que, em alguns aspectos, corresponde bastante à Cupidon medieval), a Censura (que Dante localiza nos limites do assentimento, mas Freud, no limite inferior da consciência), Eros e Ágape (novamente intimamente correspondendo às figuras anteriores de Vênus e Amor), a Vontade de Vida, a Vontade de Morte e a Vontade de Poder (que formam uma espécie de grupo familiar, como os

---

[9] *Outline of modern knowledge*, p. 375.

personagens de Spenser Sansfoy, Sansloy e Sansjoy, embora evidentemente não tendo qualquer outra semelhança com eles) e aquela outra trindade aliada: o Ego, o Superego e o Id. O ataque dos Desejos infames à Casa da Consciência, seu encontro com a Censura, que firmemente se opõe a sua entrada e os aprisiona repressivamente nas masmorras abaixo do Limiar; sua fuga em disfarces por meio do portão de marfim até o Jardim dos Sonhos; as travessuras sagazes que pregam nos seus respeitáveis moradores, Mente e Comportamento; e o longo processo pelo qual os magos do bem — Análise, Transferência e Sublimação — desmascaram-nos, convertem-nos e eventualmente os sujeitam ao controle do Consciente e os fazem jurar lealdade à Pessoa (a personalidade integrada), tudo isso formando uma emocionante história digna de adornar as páginas de qualquer alegoria. Realmente, trata-se de uma alegoria, com todo seu esclarecimento persuasivo e alguns dos perigos da alegoria. O principal perigo da alegoria, como Dante cuidadosamente apontou, era se enganar confundindo sua verdade poética com fatos concretos. O escritor previamente citado diz, ao tratar da "moral inconsciente" pela qual tendemos a nos conformar a padrões conscientes recebidos de pensamento e conduta:

> Essa moral [hoje] é considerada uma entidade definida dentro da mente e se chama *Superego*. É sob as ordens do Superego, por assim dizer, que a Censura faz o seu trabalho.

O seu emprego impreciso do termo filosófico *entidade* não pode nos enganar — e, se somos treinados na interpretação da alegoria, não seremos enganados — em supor que o *superego* ou qualquer outra qualidade personificada realmente é uma *entidade*, isto é, um ser de existência independente no mundo.

> O que seria, segundo a verdade, falso, pois o Amor não existe como um ser em si, mas como uma *qualidade do ser* (um acidente em uma substância).

Desde que nos lembremos disso e não atribuamos uma realidade objetiva existente e demoníaca a cada atividade de uma única psique, podemos facilmente aceitar essas alegorias modernas como figuras úteis de nossas dificuldades interiores. Se não, as alegorias da psicologia moderna findarão sendo estereótipos tão irreais quanto as da antiga psicologia de faculdades ou tão perigosas à personalidade quanto o dualismo maniqueísta entre matéria e espírito.

Seria estranho caso o aparato alegórico da nova psicologia não adentrasse, finalmente, na literatura. E é o que acontece. Boa parte da poesia e ficção modernas nos atrai ao parecer carregar algum tipo de significado alegórico, mas será muito difícil, como diz Dante, "retirar tal veste de suas palavras, de modo que não tenha real significado". Para começar, as imagens não são as tradicionais; tampouco nos ajuda o escritor ao dar nomes, via de regra, explicativos para seus personagens, como os antigos alegoristas fizeram quando personificaram Bialacoil, Duessa ou o Gigante Desespero; eles nem mesmo usaram abertamente as figuras alegóricas dos psicanalistas. Além disso, tanto os próprios autores quanto seus defensores parecem evitar o rótulo *alegoria* como se fosse uma palavra obscena, preferindo expressões como *mito* ou *símbolo*, que, quando empregadas corretamente, significam algo diferente.

Um exemplo impressionante de alegorista moderno pode ser visto em Franz Kafka, que morreu em 1924. Seus dois maiores e mais importantes romances, *O processo* e *O castelo*, são esforços de encontrar uma expressão alegórica satisfatória para a consciência do homem da relação com um poder maior que ele. Ele sente, obscuramente, que esse poder reivindica toda sua lealdade e o lugar absoluto para julgar seus pensamentos e ações, mas não pode entender sua reivindicação ou os seus critérios de julgamento. Ele nunca pode entrar em contato direto com tal poder, e todos os intermediários que oferecem canais de comunicação com ele apenas levam a labirintos de absurdos, frustrações, desordens ou pura imundícia. Contudo, a compulsão de encontrar o caminho e estabelecer um relacionamento persiste e torna qualquer acomodação fácil com a vida cotidiana impossível. Em todo lugar, há uma sugestão de que é precisamente a determinação do homem de intelectualizar sua situação e se justificar que impede o seu sucesso nesse relacionamento. Ambos os livros foram deixados incompletos pelo autor e não se oferece solução completa alguma para esse lamentável mistério.

Uma chave para entender os escritos enigmáticos de Kafka está na obra de Herbert Tauber (*Franz Kafka: an interpretation of his works* [Franz Kafka: uma interpretação de suas obras]). Talvez não seja completa e possa estar errada aqui e ali. (Afinal, levou seiscentos anos para lidarmos com o problema de Dante, e ainda estamos perdidos na floresta!) A questão que nos concerne agora é que essa chave trata os livros como francas alegorias. Tauber afirma: "Kafka se vale das antigas leis de licença poética, usando paisagens para simbolizar estados mentais, casas e cômodos como símbolos da personalidade, homens e animais para simbolizar aspectos de seu ego e até representando o Destino como uma função do caráter". Ele prossegue: "Todas essas características, particularmente exaltadas pelos surrealistas como novas descobertas e utilizadas por ele como uma crítica ao 'antigo' mundo da realidade, encontram-se na obra de Kafka". Ele poderia ter adicionado que, embora essas características não se encontrem em romances "realistas", elas estão longe de ser uma nova descoberta, sendo encontradas em todos os alegoristas desde o primeiro século. Qualquer obra de ficção que personifique estados mentais e aspectos do ego trata-se na verdade de uma alegoria, empregue ou não mitos e símbolos.

Penso que há três principais erros a evitar na leitura da alegoria. O primeiro é uma insistência obsessiva de encontrar significados em cada palavra do texto, até em passagens que estão ali obviamente apenas para dar verossimilhança e vivacidade à história literal. Se Dante disse que não foi necessário mais que três passos para acompanhar alguém, é razoavelmente desnecessário associar uma importância alegórica ao número três e um significado alegórico diverso para cada passo; tampouco é sensato tentar encontrar um sentido específico para cada árvore que cresce no jardim de Guilherme de Lorris. Um literalismo tacanho desse tipo, tão querido por muitos comentaristas medievais e alguns modernos, é um dos grandes responsáveis pelo desgosto e pela irritação que a palavra *alegoria* suscita na mente das pessoas. O senso comum e uma sensibilidade à expressão poética normalmente nos indicam se estamos lidando com linguagem figurada ou mera ornamentação; e uma boa regra é que qualquer significado que pareça forçado ou arbitrário provavelmente não está de acordo com a intenção do autor.

O segundo erro é confundir o sentido alegórico com o literal. Como vimos, isso às vezes pode ser culpa do autor, mas também é um erro em que o leitor pode se enredar sozinho. Um pouco de prática na leitura dos grandes mestres da forma alegórica rapidamente capacitará o leitor a evitar alarmes falsos e a também detectar onde o autor acidentalmente deu um tiro no pé.

O terceiro erro é muito mais fundamental e constitui uma receita infalível para enfado da carne e tristeza do espírito. Falo da noção tão disseminada de que a melhor forma de usufruir a alegoria é lê-la por causa da poesia ou da história literal, e não se importar com seu significado. Isso é o exato oposto da verdade. Se lermos, por exemplo, o *Inferno* de Dante simplesmente como uma apresentação de tormentos literais em um inferno físico, provavelmente nos veremos escandalizados e atônitos antes da metade do livro, sem inclinação alguma de apreciar seus raros momentos de puro lirismo. Porém, caso o virmos como primariamente uma exploração sobre as infinitas possibilidades do mal que habita nas profundezas da psique, veremos sua relevância inesperada para a situação humana e suas reflexões importunamente penetrantes. Isso é verdade não apenas para poemas austeros como os de Dante, mas também para aqueles, como *O romance da rosa* e *A rainha das fadas*, que são radiantemente adornados com "artifícios singulares e agradáveis". Somente quando virmos sobre o que o todo realmente trata poderemos nos deliciar racionalmente nas milhares de belezas que acompanham e valorizam as figuras significativas da história, pois fomos feitos para que logo nos cansemos de ornamentação pela ornamentação, e até da beleza que não apela ao coração ou ao entendimento.

PERGUNTAS PARA DEBATE

1. Aqueles que são fãs ou estudiosos de C. S. Lewis apreciaram este ensaio. Sayers recupera a "alegoria" para autores modernos como uma forma legítima de escrita, para além do mito. Defina mito e alegoria. Qual é a diferença entre eles?

2. Sayers fala sobre a "psicomaquia", ou guerra da alma, como a raiz da alegoria. Na verdade, ela afirma que esses escritos ousaram explorar os territórios desconhecidos da psicologia analítica pela primeira vez. Considere O Peregrino. Quais conflitos se manifestaram dentro da narrativa e mesmo dentro do cristão? O que a psicologia hoje nos oferece como forma melhor de entender essas alegorias?

3. Ao resumir a lenda do Rei Artur, Sayers alterna entre conflitos do amor cortês, desejo, coração, alma, carne e espírito. Que tipo de conflitos a lenda do Rei Artur revela e resolve? Quais conflitos dualistas existem? Ou eles são mais complicados que um número de variáveis dentro da "psicomaquia"?

4. Sayers adverte os leitores quanto a traduções literais — o que ela chama de o "literalismo tacanho" da teoria psicológica (a saber, freudiana) — da *Divina comédia*, de Dante, e outras alegorias. Mas e a Bíblia? Se ela está cheia de mitos, poemas e parábolas, como ela afirma, devemos interpretar literalmente cada palavra? Por quê?

16
PINTANDO PROBLEMAS

Até então temos investigado a correspondência entre os credos cristãos e a experiência do artista na questão da mente criativa e vimos que há, na verdade, uma incrível concordância entre eles.

Agora, em que isso se relaciona com o homem comum? Ficou abundantemente claro nos últimos anos que algo deu extremamente errado com nossa concepção de humanidade e da atitude adequada da humanidade com o universo. Começamos a suspeitar que uma abordagem puramente analítica aos fenômenos está nos levando mais e mais para o abismo de desintegração e aleatoriedade, o que torna urgentemente necessário construir uma síntese da vida. Apreende-se parcamente que o artista, de uma forma ou de outra, especializa-se na construção, e também que a religião cristã, de alguma forma não tão clara para nós, alega nos levar a uma relação correta com um Deus com o atributo da criatividade. Desse modo, exortado por todos os lados para ser criativo e construtivo, o homem comum pode razoavelmente recorrer a essas duas autoridades na esperança de que esclareçam de alguma forma, primeiro, o que é a criatividade e, segundo, qual a sua relevância para o homem comum e seus problemas.

Ora, podemos abordar esse assunto de duas maneiras — a partir de suas duas extremidades, por assim dizer. Podemos começar com o próprio artista, observando o que ele, de uma forma ou de outra, acabou tendo por método para lidar com os fenômenos de modo frutífero e satisfatório segundo as necessidades de sua personalidade. Podemos examinar a operação de sua mente enquanto estiver em atividade criativa e descobrir sua natureza intrínseca. Tendo feito isso, podemos chegar a uma conclusão sobre a natureza da mente criativa em si. Nesse ponto, podemos comparar tais conclusões contra os pronunciamentos dogmáticos que a igreja fez sobre o Criador e descobrir que a diferença entre ambos é apenas de terminologia técnica e que há, entre a mente do criador e a Mente do seu Criador, uma diferença não de categoria, mas apenas de qualidade e de grau.

Ou podemos começar, alternativamente, com os credos e perguntar que significado há para nós, se é que há, contido nesse conjunto extraordinário de fórmulas sobre a Trindade-na-Unidade, o eterno-incriado-incompreensível encarnado em matéria-espaço-tempo, o Verbo gerado e o Espírito procedente e o ortodoxo Deus-Homem em que se insiste tão obsessivamente e se mantém tão obstinadamente dentre uma massa empoeirada de heresias mutuamente contraditórias. Podemos destrinchar as declarações e traduzi-las da perspectiva de uma analogia artística, apenas para descobrir que então emerge uma figura do artista humano em seu ofício — uma figura precisa nos mínimos detalhes, reconhecida como familiar em cada ponto e corroborada em cada aspecto pela experiência cotidiana. Quando tivermos feito isso, podemos considerar quão estranho e inesperado isso necessariamente aparentaria ser caso fosse fruto do acaso. Obviamente, não é por acaso. É claro, podemos concluir que esse é mais um exemplo do antropomorfismo arraigado dos teólogos. Ao buscar estabelecer a natureza do Deus que não conheciam, os pais da igreja começaram a examinar o artista que conheciam e construíram uma figura da divindade segundo esse modelo humano. É claro que, historicamente, eles não fizeram isso intencionalmente; nada, imagino eu, estaria mais longe de sua deliberação que erigir o poeta como se fosse divindade. No entanto, eles o fizeram inconscientemente, procedendo com analogias humanas, como todo raciocínio humano precisa fazer. A teoria é perfeitamente plausível. Todavia, observemos que, caso adotemos tal teoria, não podemos sustentar, ao mesmo tempo, que a doutrina trinitária, em sua formulação clássica, é obscura, apriorística e desconectada da experiência humana, pois já estamos comprometidos com a suposição de que é uma clara indução *a posteriori a partir da* experiência humana.

Por outro lado, podemos inferir que a doutrina deriva de uma experiência puramente religiosa de Deus, como revelada em Cristo e interpretada pelo raciocínio filosófico abstrato sobre a natureza do absoluto. Nesse caso, não podemos chamá-la de irracional, por mais intrincada e teórica que pareça ser, uma vez que já dissemos que ela é produto da razão. Contudo, se essa teoria, baseada na razão e na experiência religiosa, vier a ser capaz de aplicação prática em uma esfera totalmente diferente da experiência humana, então seremos forçados a também inferir que a experiência religiosa do cristianismo não é um fenômeno isolado; ela tem, para dizer o mínimo, paralelos em outros lugares do universo.

Pois bem, quando Isaac Newton observou certo relacionamento e semelhança entre o comportamento da queda de uma maçã e da órbita dos planetas, pode-se dizer com igual plausibilidade ou que ele argumentou por analogia a partir da maçã para uma teoria astronômica, ou que, enquanto desenvolvia uma teoria de matemática astronômica, ele subitamente percebeu sua aplicação à maçã. Porém, dificilmente seria exato dizer que, no primeiro caso, ele supôs o absurdo de que os planetas eram simplesmente maçãs em um tamanho maior, com suas próprias sementes; ou que, no segundo caso, ele inventara uma completa abstração puramente a partir da especulação isolada que, estranhamente, calhou ser verdade sobre maçãs, embora os movimentos dos planetas não existam fora da matemática de Newton. Newton, sendo um homem racional, inferiu que dois tipos de comportamento se assemelhavam entre si — não porque planetas imitavam maçãs ou maçãs imitavam planetas, mas porque ambos eram exemplos da operação de um único princípio. Se você isolasse uma seção do universo físico em um ponto marcado "sistema solar" e depois outro ponto marcado "maçã", o mesmo padrão se exibiria; e a inferência natural e apropriada seria que esse padrão faz parte de uma estrutura universal, que percorre o mundo de fenômenos visíveis assim como fibras percorrem a madeira. Semelhantemente, podemos isolar uma seção do universo espiritual em um ponto chamado "teologia cristã" e em um ponto marcado "arte" e encontrar em ambos exatamente o mesmo padrão de mente criativa; cabe a nós fazer a mesma inferência.

Porém, se fazemos — se inferimos que a mente criativa de fato percorre todo o universo espiritual —, não podemos arbitrariamente encerrar nossas investigações com o homem que calha trabalhar com pedra, pintura, música ou palavras. Precisamos nos perguntar se o mesmo padrão não se exibe também na estrutura espiritual de cada homem e de cada mulher. Caso a resposta seja sim, também precisamos saber se, ao confinar o homem e a mulher comuns a atividades e uma vida sem criatividade, não estamos violentando a própria estrutura de nosso ser. Caso a resposta seja sim, esse é um problema sério, visto que já estamos vendo os infelizes resultados de manusear um material de uma forma que contraria a lei natural de sua estrutura.

De pronto se questionará o que se quer dizer ao pedir ao homem comum para lidar com a vida de forma criativa. Não esperamos que ele converta toda sua experiência em obras-primas em tinta ou pedra. A sua necessidade é de se expressar, na agricultura ou na indústria, na política ou na economia, ou na construção de uma sociedade ordenada. Se ele precisa ser um artista no viver, a única imagem sugerida por tal expressão seria de uma pessoa bem-sucedida como Oscar Wilde, relaxado em um sofá contemplando esteticamente os lírios do campo. O homem comum não tem condições de viver assim. Ele também supõe que o artista exerce completa maestria sobre seu material. No entanto, o homem comum não se sente como mestre da sua vida (que é o seu material). Longe disso. Para o homem comum, a vida se apresenta não como um material maleável em sua mão, mas como uma série de *problemas* extremamente difíceis que ele precisa *resolver* com os meios à sua disposição. E o aflige descobrir que, quanto mais forem os meios de que ele dispuser — tal como maquinário, transporte eficiente e amenidades civilizatórias em geral —, mais complexos e difíceis serão seus problemas. Isso é particularmente incômodo para ele, pois lhe foi dito frequentemente que o aumento de conhecimento científico lhe daria maestria e domínio sobre a natureza — o que, certamente, implica em maestria e domínio sobre a vida.

Talvez a primeira coisa que ele possa aprender com o artista seja que a única maneira de dominar seu material como um mestre é abandonar toda a concepção de domínio e cooperar com ele em amor — quem quer ser senhor da vida, que primeiro seja seu servo. Se ele tentar arrancar a vida de sua genuína natureza, ela se vingará em juízo, assim como a obra se vinga do artista dominador.

A segunda coisa é que as palavras *problema* e *solução*, como rotineiramente utilizadas, pertencem à abordagem analítica aos fenômenos, e não ao que é criativo. Embora seja um lugar comum de retórica de palanque que podemos "resolver nossos problemas" apenas ao lidar com eles "de forma criativa", essas frases querem dizer ou que o orador repetiu um clichê popular sem se importar em saber o que significa, ou que ele é um completo ignorante sobre a natureza da criatividade.

A partir de nosso breve estudo sobre como o criador humano desempenha sua atividade criativa, resta bem claro que o criador não parte de um conjunto de dados para proceder, como se resolvesse palavras cruzadas ou fosse um estudante de álgebra elementar deduzindo de tais conjuntos um resultado que é final, completo, previsível, o único possível. O conceito de problema e solução é tão sem sentido quando aplicado ao ato criativo como quando aplicado ao ato procriativo. Somar João e Maria em um processo procriativo não produz uma solução para o problema conjunto de João e Maria; produz George ou Susan, que (além de ser um fator complicador na vida de seus pais) têm uma personalidade independente com um conjunto inteiramente novo de problemas. Mesmo se, como nos romances sentimentalistas da década de 1890, permitirmos que o toque das mãos de um bebê desate alguns nós em que João e Maria se prenderam, a solução (a saber, George ou Susan) não é a única possível, tampouco definitiva, previsível ou completa.

Novamente, não há um sentido estritamente matemático, ou mesmo, como em histórias de detetive, em dizer que as obras do poeta são uma solução para os seus dias; de fato, raramente está claro qual desses fatores produz o outro. Muita saliva e muita tinta se gastam continuamente no esforço de encontrar a genuína arte, sob a suposição de que esse também é um problema esperando uma solução definitiva, previsível, completa, como se fosse a única possível. O máximo que se pode dizer é que, entre o poeta e a sua era, há uma íntima conexão de influência mútua, altamente complexa e variada, agindo em todas as direções do tempo e do espaço.

Contudo, o homem comum, obcecado com os hábitos de um período matemático e científico, ainda sabe inconscientemente que essa figura enigmática do artista tem certo poder de interpretação que ele não tem, algum tipo de acesso às coisas ocultas por trás da desconcertante cortina dos fenômenos na qual ele não pode penetrar. Às vezes ele simplesmente se ressente disso, como homens frequentemente se ressentem diante de uma inexplicável superioridade. Às vezes, ele descarta isso: "É um sonhador; deixa para lá. Próximo". Porém, em outros momentos, especialmente quando as incongruências da existência contemporânea se impõem à sua atenção com uma urgência que não pode ser ignorada — ele se agarrará ao artista e exigirá que entregue seu segredo. "Ei, você!", gritará, "você tem algum segredo, alguma senha, alguma fórmula mágica para destravar o enigma do universo. Faça isso para nós. Entregue a solução dos problemas da civilização".

Por mais que seja desculpável, isso dificilmente seria justo, já que o artista não vê a vida como um problema a ser resolvido, mas como um meio para criar. Pede-se que solucione as questões do homem comum, contudo o artista sabe muito bem que a criação nada soluciona. O que se resolve está acabado e morto, e o interesse do artista não é pela morte, mas pela vida: "para que tenham vida e a tenham em abundância" (João 10:10, ARA). É verdade, o artista pode, a partir de sua experiência, dizer ao homem comum bastante coisa sobre a realização da natureza humana na vida, mas ele produzirá apenas as respostas mais insatisfatórias caso se façam persistentemente as perguntas erradas. E a incapacidade de fazer as perguntas certas chegou, em nosso tempo e em nosso país, a proporções de uma doença endêmica.

O desejo de se convencer de que toda experiência humana pode ser apresentada como um problema aguardando uma solução previsível, definitiva, completa, como se fosse a única possível, explica, em grande parte, a popularidade extraordinária de ficções de detetive. Sentimos que esse é o conceito de vida que queremos que o artista nos mostre. É interessante que tantos leitores tão frequentemente recebam histórias de detetive como formas de escapar dos problemas da existência. Isso "tira a mente dos problemas". É claro que sim, pois suavemente os persuade de que amor e ódio, pobreza e desemprego, economia e política internacional são problemas que podem ser tratados e resolvidos da mesma forma que uma morte na biblioteca. A bela finalidade com que a cortina se fecha no fim da investigação esconde do leitor que nenhuma parte do problema se resolveu, exceto a parte que foi apresentada em termos problemáticos. A motivação do assassino foi descoberta, mas nada se diz sobre a cura de sua alma homicida. De fato, uma grande necessidade técnica dessa escrita é evitar que esse aspecto do assunto entre na mente do leitor. (Pois, se soubermos demais sobre a alma do assassino de antemão, anteciparemos a solução; e se simpatizarmos demais com ele depois da descoberta, vamos lamentar sua exposição e condenação. Se a simpatia não pode ser evitada, o autor se esforça ou para deixar o criminoso escapar, ou para providenciar seu suicídio, transferindo assim toda a estranha questão a um tribunal superior, cujas decisões não serão abertamente publicadas.)

Como já expliquei, visto que sou mais familiarizada com minhas obras do que com as de outras pessoas, posso ilustrar esse ponto com o romance *Gaudy night* [Noite de festa]. Ele contém três problemas paralelos: um resolvido; um parcialmente resolvido e o terceiro insolúvel. Todos os três se relacionam ao mesmo tema, que é a ideia mestra do livro.

O primeiro problema se formula em termos puramente problemáticos: "Quem causou essa crise no Shrewsbury College e por quê?". Ele se resolve, dentro dos termos estabelecidos, por uma resposta previsível, definitiva, completa, a única possível: "A culpada era a empregada Annie; e seu motivo foi a vingança por um ato de justiça praticado contra seu marido por certa professora universitária em razão de interesses da integridade profissional".

O segundo problema não é um problema real; é uma perplexidade humana. "Como Peter e Harriet recuperarão seu relacionamento a partir de uma situação inautêntica e carregada emocionalmente que foi imposta a ambos em decorrência de erros de ambas as partes?" Aqui, pelo exercício em ambas as partes de uma rígida integridade intelectual, a sua situação se modificou de tal forma que é possível entrar em um novo relacionamento, apresentando novas situações com o prospecto de mais erros e mal-entendidos. Essa "solução" não é final, tampouco completa e, embora seja previsível e necessária sob a lei da natureza do livro enquanto estrutura artística, não o é no que concerne à lei da natureza em geral.

O terceiro problema (se assim quiser chamá-lo) se apresenta tanto ao leitor quanto à professora universitária que puniu o falecido marido de Annie em torno de um conflito entre valores: a integridade profissional é tão importante de preservar a ponto de superar qualquer consideração das consequências emocionais e materiais? Não se oferece solução para esse problema moral, exceto quanto à situação e ao caráter. Apresenta-se o argumento de ambos os lados, mas o juízo se pronuncia apenas sobre a forma: aqui estão esta vida e aquela vida, estes padrões e aqueles padrões, essas pessoas e aquelas pessoas, presos em um conflito de proporções necessariamente catastróficas. Sempre que se enriquece a qualidade da experiência, há vida. O único juízo que este livro pode lhe oferecer é o próprio livro.

A qualidade da integridade, tão enriquecedora (e também catastrófica), é a ideia mestra do livro, possibilitando o funcionamento do problema do detetive e o catalisador que suscita a instabilidade da situação emocional, sendo também um tema que une o microcosmo do livro ao macrocosmo do universo. Já lidei com essa história em uma extensão egoísta por causa de uma crítica feita por um leitor inteligente que também escreve ficção de detetive. Ele disse: "Por que você permite a professora universitária ter quaisquer dúvidas sobre ela ter feito a escolha certa em relação ao marido de Annie? Ela parece pensar que talvez tenha cometido um erro. Isso não contradiz toda a sua tese?".

O que é óbvio aqui é a noção firmemente pressuposta de que todas as situações humanas são problemas como problemas de detetive, que podem ser resolvidos com uma única, necessária e categórica solução, que precisa estar completamente certa, enquanto todas as outras estão completamente erradas. Porém, isso é impossível, porque as situações humanas se sujeitam à lei da natureza humana, cujo mal sempre está enraizado em seu bem e cujo bem pode apenas redimir, mas não abolir o mal. O bem que emerge de um conflito valorativo não pode emergir da condenação total ou da destruição de um conjunto de valores, mas somente da construção de um novo valor, sustentado, como um arco, pela tensão dos dois originais. Ou seja, não é que simplesmente examinamos os dados para desembrulhar algo que já estava contido neles; nós os usamos para construir algo que não estava ali antes — o que importa não é circuncisão nem incircuncisão, mas o ser nova criatura.

A nova criatura do artista não é um juízo moral, mas uma obra de arte viva. Se o homem comum pede ajuda ao artista para produzir juízos morais ou soluções práticas, a única resposta que ele pode ter é algo assim: "Você precisa aprender a lidar com situações práticas como lidei com o material no meu livro — você precisa pegá-las e usá-las para fazer algo novo". Como A. D. Lindsay coloca em seu *The two moralities* [As duas moralidades]:

> Na moralidade da minha posição e deveres (isto é, o código moral), a posição nos apresenta um dever, e podemos dizer sim ou não, "farei" ou "não farei". Escolhemos entre obedecer ou desobedecer determinada ordem. Na moralidade de desafio ou graça, a situação diz: "Aqui está uma bagunça, um mal gritante, uma necessidade! O que você vai fazer sobre isso?". Não nos é pedido dizer

"sim" ou "não"; ou "farei" ou "não farei", mas ser criativo, inventar coisas, descobrir algo novo. A diferença entre as pessoas comuns e os santos não é que os santos cumprem os claros deveres que os homens comuns negligenciam. As coisas que os santos fazem nem foram concebidas pelas pessoas comuns [...] A conduta "graciosa" é como a obra de um artista. Precisa de imaginação e espontaneidade. Não é uma escolha entre as alternativas apresentadas, mas a criação de algo novo.

A distinção entre o artista e o homem que não é artista reside no fato de que o artista está vivendo no caminho da graça no que diz respeito a sua vocação. Ele não será necessariamente um artista na conduta de sua vida pessoal, mas (já que a vida é o material de seu trabalho) ele ao menos chegou até aí — ele está usando a vida para fazer algo novo. Por causa disso, as dores e as angústias deste mundo problemático nunca podem, para ele, ser totalmente absurdas e inúteis, como são para o homem que as suporta ignorantemente e não pode fazer nada para resolver isso (como ele próprio reclama, inconscientemente dizendo uma verdade). Portanto, precisamos lidar com elas segundo o método do artista: não esperando resolvê-las por um truque de detetive, mas fazer algo novo com elas, mesmo quando são, estritamente falando, insolúveis.

Não digo que é impossível ver toda atividade humana, mesmo a atividade do artista, da perspectiva do problema e da solução. Pelo contrário, o que digo é que, não importando como usemos as palavras, elas são totalmente inadequadas para a realidade que pretendem expressar. Podemos pensar em Shakespeare propondo-se a solucionar o problema de *Hamlet*, isto é, o problema de produzir uma peça que seja sucesso de bilheteria a partir do material recalcitrante legado a ele por dramaturgos pregressos. Ou podemos pensar que ele está resolvendo problemas secundários de produção — por exemplo, como organizar as cenas para dar a atores que faziam dois papéis o tempo para se trocarem, sem embromar nos diálogos. Podemos pensar que estava resolvendo o problema do personagem Hamlet: como conciliar de forma plausível seu atraso em vingar seu pai com sua rapidez em dispor de Rosencrantz e Guildenstern. Porém, quando resolvermos todos os problemas de *Hamlet* de que tratam os críticos, não estaremos mais perto de alcançar o mais essencial — a ideia e a energia que tornam *Hamlet* um poder vivo. *Hamlet* é mais que a soma de seus problemas. Podemos ver a St. Paul's Cathedral em Londres simplesmente de acordo com os problemas resolvidos pelo arquiteto — os cálculos de tensão e deformação impostos pelas particularidades do local. No entanto, não encontraremos nada ali que nos dirá por que homens estavam dispostos a arriscar a vida para salvar a catedral da destruição ou por que a bomba que acertou seu teto foi sentida por milhões como um golpe no coração.

Todas as conquistas humanas podem ser consideradas problemas a serem resolvidos — especialmente em retrospecto, porque, se o trabalho foi bem-feito, o resultado então parecerá inevitável. Parecerá que essa foi a única forma certa, predestinada e inevitável desde o início. De fato, foi a forma certa, no sentido de que concorda com a ideia mestra do criador. Contudo, não havia qualquer inevitabilidade quanto à própria ideia.

Aqui começamos a ver como o uso descuidado das palavras *problema* e *solução* pode nos levar a padrões habituais de pensamento que não são simplesmente inadequados, mas falsos. Leva-nos a considerar todas as atividades vitais da perspectiva de tipos específicos de problemas, a saber, o tipo que associamos a matemática elementar e ficção de detetive. Esta última trata de problemas que são resolvidos apenas em um sentido muito estrito e literal, por isso penso que as palavras *problema* e *solução* deveriam ser reservadas para tais casos especiais. Aplicadas indiscriminadamente, logo se tornam um perigo moral. Seu desastre é que falsificam nossa apreensão da vida tanto quanto falsificam nossa apreensão da arte. A custo de uma pequena recapitulação, gostaria de deixar isso bem claro.

Há quatro características de problemas de matemática ou de detetive que estão ausentes dos problemas da vida, mas, porque estamos acostumados a encontrá-las em um tipo, nós as procuramos no outro, e experimentamos um sentimento de frustração e ressentimento quando não as encontramos.

1. *O problema de detetive sempre é solucionável*. Na verdade, ele foi construído com o propósito de ser solucionado e, quando se encontra a solução, o problema não mais existe. Um problema de detetive ou de matemática que não pode ser resolvido de forma nenhuma não seria o que entendemos como um problema nesse sentido. Porém, não é sábio supor que toda a experiência humana nos apresenta problemas desse tipo. Há uma vasta experiência humana que nos confronta tão formidavelmente que não podemos fingir ignorá-la. Não há solução para a morte. Não há meios pelos quais você e eu, pensando bem, possamos resolver essa dificuldade de modo que ela não mais exista. Desde seus primeiros dias, os alquimistas procuraram o elixir da vida, tão relutante é o homem em admitir que pode haver um problema impossível de resolver. Ultimamente, temos notado um ressentimento e uma indignação crescentes diante da morte. Não temeros tanto as dores da morte quanto somos afrontados pela noção de que algo nesse mundo seja inevitável. Os nossos esforços não se direcionam, como os do santo ou do poeta, a fazer algo criativo com a ideia da morte, mas, sim, a procurar se de alguma forma podemos fugir, abolir e, na verdade, resolver o problema da morte. A energia espiritual e mental que gastamos em nos ressentir com a inevitabilidade da morte se desperdiça tanto nisso quanto o que gastamos de tempos em tempos para tentar resolver o problema do movimento perpétuo.

Além disso, essa preocupação irracional curiosamente nos atrapalha ao lidar com uma questão tão prática quanto a possibilidade da guerra. Ela nos encoraja a ver que o mal da guerra é, antes de tudo, o fato de ela matar muitas pessoas. Se nos concentrarmos nisso, em vez de pensar da perspectiva do estrago que ela faz na vida e na alma dos sobreviventes, direcionaremos todos os nossos esforços em evitar a guerra a todo custo, em lugar de lidar inteligentemente com as condições de vida que causam guerras e são causadas por guerras. Na verdade, é precisamente isso que fizemos de 1919 a 1939.

É claro, não acreditávamos realmente que, se ao menos conseguíssemos evitar a guerra, evitaríamos a própria morte. Apenas falamos e nos comportamos como se pensássemos assim. A morte é menos notada quando acontece de forma privada e aos poucos. Em tempos de paz, podemos fingir, quase com sucesso, que se trata apenas de um acidente lamentável, que deveria ser evitado. Se um rico senhor de noventa e dois anos de repente morre de infarto, a manchete do jornal é a seguinte: "Morte trágica de milionário"; e nos sentimos bem surpresos e indignados de que alguém tão rico tenha nos deixado no primor de seus dias. Com todo esse dinheiro disponível para a pesquisa, a ciência deveria ter resolvido o problema da morte para ele. Se não pensamos assim, então por que usamos a palavra *trágica* para uma morte tão, limpa, indolor e madura? (Não diga que a manchete é tola demais para ser verdade, pois eu a vi com meus próprios olhos.)

Dissemos na última vez [durante a Primeira Guerra Mundial] que odiávamos a guerra porque matava os jovens e os fortes antes de seu tempo. Todavia, estamos igualmente irritados dessa vez de ver os velhos e os enfermos perecerem com o resto. Nenhum homem pode morrer mais de uma vez; mas grandes desastres, grandes pestes e, acima de tudo, grandes guerras enchem nossos olhos e ouvidos do conhecimento detestável de que a vida quer nos matar.

Por causa disso, não arriscaríamos a guerra, por direito ou por justiça, ou mesmo pela esperança de preservar a paz. Largamos nossas armas, gritando: "Sem mais guerra!", e então entregamos a Europa.

Contudo, sabemos perfeitamente bem que o paradoxo "quem perder a sua vida a salvará" (cf. Marcos 8:35) é um fato claro e prático. A não ser que estejamos dispostos a arriscar a morte ao pular da casa em chamas, é bem certo que seremos queimados até a morte. De fato, caso a vontade de nossa natureza física não estivesse disposta a aceitar a morte, poderíamos nunca ter nascido.

O problema da morte não é suscetível de uma solução de história de detetive. As únicas duas coisas que podemos fazer com a morte são, primeiro, adiá-la, que é uma solução meramente parcial e, segundo, transferir todo o conjunto de valores conectados com a morte para outra esfera de ação — isto é, do tempo para a eternidade.

Isso nos leva a considerar as próximas duas características do problema de detetive.

2. *O problema de detetive é completamente solucionável.* Não sobram pontas soltas ou enigmas inadequados. A solução resolve tudo, e toda pergunta feita é respondida. Não nos resta um balanço de probabilidades a favor de uma conclusão ou de outra; nem tampouco descobrir que o mordomo é o responsável pelo crime envolve o detetive em nossos enigmas relacionados ao cozinheiro. Tais incertezas podem parecer aumentar ao longo da história, mas todas zeram no fim pela descoberta da solução completa. Não deveria ser necessário apontar que esse feliz resultado procede do simples fato de que o autor foi cuidadoso o suficiente para não fazer as perguntas que a solução não poderá responder.

Pois bem, a nossa tendência de procurar esse tipo de solução completa, sem lacunas ou relativas desvantagens, distorce severamente nossa visão de uma série de atividades na vida real. Um bom exemplo é a medicina. Somos inclinados a pensar na saúde da perspectiva da doença e da cura. Pensamos que, por um lado, há uma doença definitiva e, por outro, deveria haver uma cura única, definitiva e completa. Aplique a cura à doença e o resultado deveria ser uma solução exata para o problema apresentado. Se o médico não pode nomear a doença a olho nu e imediatamente produzir a cura prescrita, ficamos ressentidos com esse homem que não sabe o que está fazendo.

Da mesma forma, costumava haver uma crença profundamente enraizada de que para todo veneno haveria um antídoto — uma droga benevolente que poderia reverter exatamente, um a um, os efeitos do veneno original e restaurar o corpo ao *status quo ante*. Na verdade, há, creio eu, apenas duas drogas que são complementares dessa forma: atropina e fisostigmina (por acaso, nenhuma das duas é benevolente — ambas são venenos mortais). Em outras drogas que são usadas para se contrabalancear, a reversão dos efeitos é meramente parcial; na verdade, trata-se mais da redução de sintomas que uma cura do estrago feito aos órgãos. Na maior parte dos casos, a utilidade da droga curativa somente retém ou mitiga os efeitos do veneno até que o corpo possa invocar seus recursos físicos para se curar. Em certos casos, somente é possível livrar-se de uma doença a custo de contrair outra, como o tratamento da sífilis usando o protozoário da malária. Ou o tratamento exigido por, digamos, uma condição doentia dos pulmões pode ser impossível para determinado paciente porque sua constituição não pode aguentar os efeitos violentos que haverá sobre o coração.

Talvez tenhamos abandonado a crença supersticiosa em antídotos, mas continuamos a abraçar a ilusão de que toda enfermidade é causada por uma única doença definitiva para a qual deve haver uma única cura completa e definitiva sem quaisquer efeitos colaterais danosos. Pensamos que a nossa doença é uma espécie de palavras cruzadas em que alguém sabe as respostas: a solução completa deve estar ali em algum lugar, e a tarefa do médico é descobri-la e aplicá-la.

Mas o médico não está resolvendo palavras cruzadas: ele está realizando um ato criativo delicado, aventureiro e experimental, no qual o corpo do paciente é o material e a cooperação criativa da vontade do paciente é necessária. Ele não está redescobrindo um estado de saúde temporariamente obscurecido: ele o está reconstruindo ou, na verdade, ajudando-o a se reconstruir. De fato, isso pode ser considerado um problema, mas não é o mesmo tipo de problema que o apresentado em um livro de álgebra: "Se uma cisterna fica cheia com as pilhas A e B em 25 e 32 minutos, respectivamente..."; e a resposta provavelmente não será tão precisa ou não cobrirá todas as condições de forma tão satisfatória.

A melhor forma de o paciente alcançar a saúde e a tranquilidade mental é entender a natureza da tarefa do médico. Se o fizer, ele não somente estará em melhor posição de cooperar criativamente com ele, mas também será aliviado da miséria mental da impaciência e frustração.

Podemos observar que, no momento da escrita deste texto, há um mal-entendido parecido com o problema dos bombardeios noturnos. A agonia de nossa impaciência com essas terríveis intrusões apenas aumenta por imaginar que a solução já existe em algum lugar, mas por si só não é imediatamente descoberta e aplicada por causa da tolice criminosa e da preguiça das autoridades constituídas. Iremos nos sentir melhor se deixarmos de lado completamente essa noção errônea e pensarmos, em contrapartida: "Agora fez-se algo novo que nunca foi feito antes". Não precisamos procurar a ajuda de detetives, mas de inventores — homens com ideias criativas. E então conheceremos um pouco sobre como um trabalho criativo é feito.

"Estamos agora trabalhando em diversos aparelhos", diz algum porta-voz pressionado; e imaginamos a "nós" diligentemente construindo o aparelho, como se ele houvesse sido entregue desmontado por uma oficina celestial e apenas precisasse ser montado segundo o manual de instruções para ser utilizado na mesma noite. O método criativo não é assim. Ele vem naquela ideia aleatória, imprevisível, impensada, que pode fazer sentir sua presença na mente depois de longas e improdutivas horas de raciocínio ou trabalho, ou subitamente sem nem pensar sobre o assunto, ou depois de um longo e infértil período de inconsciência, durante o qual o consciente se aplica a outras coisas, mas sempre em um dia e em uma hora que não sabemos. Há um emprego descomunal, longo e suado de energia calculando, planejando, experimentando, eliminando erros, resistindo para que não caia em aleatoriedade; a primeira manifestação da ideia em um modelo feito com mãos; o renovado trabalho de agir, testar, melhorar, destruir os erros para reconstruir mais perto da ideia original; o novo modelo feito com as mãos e conferido novamente, testado novamente; o trabalho de diversas atividades nas lojas para multiplicar a imagem da ideia e distribuí-la no espaço; a comunicação da ideia em poder para os homens que entenderão e utilizarão o aparelho. Depois de tudo isso, se a ideia for verdadeira e poderosa, poderá finalmente produzir sua manifestação final em poder e trazer, como dizemos, resultados. E mesmo então o resultado não será uma resposta única e completa ao problema, porque esse problema não é como um criptograma, que carrega em si o material para sua decodificação. Muito provavelmente não há uma resposta conclusiva para o bombardeio noturno.

Outro tipo de problema inconclusivo se apresenta quando desejamos usufruir, simultânea e completamente, duas coisas mutuamente incompatíveis, como, por exemplo, liberdade e ordem, ou liberdade e igualdade. Já tratei disso em outro lugar[1] e somente adicionarei aqui o breve lembrete de que essa liberdade individual é compatível com a ordem social apenas se o indivíduo consentir livremente com restrições a sua liberdade pessoal; e que, se todo homem for igualmente livre para desenvolver todas as suas capacidades ao máximo, não haverá igualdade alguma entre os fracos e os fortes. Novamente, há o dilema irresolúvel que confronta toda tentativa de estabelecer o reino de Deus na terra: "A bondade, armada com o poder, corrompe-se; e o puro amor, sem poder, é destruído" (Reinhold Niebuhr, *Beyond tragedy*). Tais problemas não podem ser resolvidos matematicamente; não há uma solução única que seja totalmente correta. Ou será preciso adaptar-se ou a situação precisará ser reconsiderada em novos termos, pois, nos termos em que está posto, o problema é insolúvel. Isso nos leva ao terceiro ponto.

3. *O problema do detetive se resolve nos mesmos termos em que foi proposto.* Aqui está uma das diferenças mais fortes entre o problema do detetive e o trabalho da imaginação criativa. O problema do detetive é proposto deliberadamente de tal maneira que apenas pode ser resolvido sem renunciar a seus referenciais. Em parte, isso se deve a sua natureza enquanto forma literária, pois a simetria desse resultado constitui uma parte muito importante de seu

---

[1] No capítulo 2 de *Begin here* [Comece por aqui].

charme. Um membro iniciante do Detection Club[2] não promete observar esta regra totalmente arbitrária?

PRESIDENTE: Você promete que seus detetives investigarão eficiente e verdadeiramente os crimes que lhes forem apresentados, usando a sagacidade que você quiser lhes dar e sem depender, nem se utilizar, de revelações divinas, intuições femininas, asneiras, truques, coincidências ou um *deus ex machina*?
CANDIDATO: Sim.

Mas a vida não é um candidato para o Detection Club. Ela usa descaradamente todos os atalhos proibidos (sim, até mesmo asneiras e truques) e frequentemente estabelece seus problemas em termos que precisam ser alterados, se é para o problema ser resolvido.

Por exemplo, vejamos o problema do desemprego. Será que não falhamos em resolvê-lo até hoje por causa dos termos que escolhemos estabelecer? Nos termos em que foi estabelecido, trata-se de um problema econômico, preocupado com questões como o equilíbrio adequado entre trabalho e capital, horas e salários, propriedade e retorno financeiro. Quando enfrentado nessas linhas, ficamos embasbacados com toda sorte de perguntas confusas e contraditórias que são geradas, tais como: os salários deveriam ser ajustados de acordo com o tempo trabalhado, a quantidade e a qualidade do trabalho feito, ou as necessidades do trabalhador? Nesse ponto, começamos a observar irrelevâncias e discrepâncias, como se a nossa história de detetive houvesse violado os seus referenciais devidos. Também observamos que o problema do desemprego nos limita a considerar apenas o emprego; não nos permite sequer considerar o próprio trabalho — se ele vale a pena ser feito ou não, ou se o trabalhador deve encontrar satisfação em seu trabalho, ou apenas no fato de estar empregado e receber um

---

[2] O Detection Club foi formado em 1930 por um grupo de autores britânicos de histórias de detetive, incluindo Agatha Christie, Dorothy L. Sayers, Ronald Knox e G. K. Chesterton (primeiro presidente), dentre outros. [N. T.]

contracheque. Podemos então nos perguntar: um homem deveria trabalhar a fim de ter dinheiro suficiente para poder deixar de trabalhar ou ele deveria desejar apenas o pagamento que lhe permitirá viver a fim de continuar o seu trabalho? Se a primeira opção for a correta, então bem-aventurados são os ricos, porque eles são a flor de uma civilização em lazer; mas, se a segunda opção for a correta, então bem-aventurado é o trabalhador que não ganha mais que o salário de que realmente precisa para sobreviver.

Quando chegamos a esse ponto, podemos começar a suspeitar que o problema do desemprego não é solucionável nos termos propostos e que devemos perguntar um conjunto totalmente diferente de questões sobre trabalho e dinheiro. Por exemplo, por que o ator vive tão intensamente para o seu trabalho, enquanto o trabalhador industrial, embora muitas vezes receba mais, trabalha relutantemente para viver? De quanto dinheiro precisariam os homens, além da subsistência que lhes permite continuar trabalhando, se o mundo (ou seja, você e eu) admirasse o trabalho mais que a riqueza? O fato de estar empregado compensa inteiramente um homem por um trabalho banal, desnecessário ou estritamente danoso para a sociedade, como, por exemplo, a manufatura de decorações imbecis ou horríveis ou a concorrência selvagem deliberada entre marcas rivais da mesma mercadoria? Na verdade, devemos considerar se o trabalho vale a pena ser feito antes de o encorajarmos apenas para que dê empregos? Ao decidir se um homem deve ser empregado com um salário maior na produção de filmes degradados e degradantes ou com um salário menor na construção de rodovias e casas, não deveríamos pensar sobre o valor comparado e a necessidade respectiva de filmes ruins e boas casas? Será que o fato de multidões extasiadas torcerem e gritarem para jogadores de futebol, enquanto não há nenhum entusiasmo para receber estivadores, tem alguma relação com os salários oferecidos a jogadores de futebol e a estivadores, respectivamente?

Quando deixamos de pensar em trabalho e dinheiro de uma perspectiva puramente econômica por causa do problema do desemprego, então estamos a caminho de pensar da perspectiva da cidadania criativa, pois começaremos a fazer algo com nossa mente. Em vez de resolver um problema, estaremos criando uma nova forma de viver.

"Pois bem, na ressurreição, de qual dos sete ela será esposa, visto que todos foram casados com ela?" (Mateus 22:28). Nos termos propostos, o problema é insolúvel, mas, no reino dos céus, não se aplicam tais termos. Vocês fizeram a pergunta em uma forma limitada demais; a solução precisa vir de um lugar bem longe do que vocês delimitaram por seus referenciais.

4. *O problema do detetive é finito.* Quando resolvido, acaba, ou, como George Joseph Smith casualmente observou sobre as noivas que ele afogou em suas banheiras: "Quando elas morrem, também acabam". O problema do detetive invoca o intenso exercício de nosso raciocínio precisamente para que, quando lermos a última página, possamos relaxar em nossas cadeiras e parar de pensar. É o mesmo com as palavras cruzadas. E com os problemas de xadrez. E com o problema de A, B e C construindo uma parede. A luta finda e se acaba, e agora podemos legitimamente, se quisermos, parar, à meia-noite, sem nenhum ruído.[3] O problema nos deixa com tal sensação porque foi deliberadamente feito assim. Porque podemos, neste mundo, realizar tão pouco, e tão imperfeitamente, estamos preparados para pagar muito dinheiro a fim de adquirir uma sensação vicária de realização. O escritor de histórias de detetive sabe disso, bem como os inventores de quebra-cabeças. E um aluno, triunfantemente escrevendo a última linha do seu dever de casa, agradece o fato de não precisar, como o professor Leacock incomodamente pediu, investigar o resto da história de A, B e C.

Contudo, essa é a medida não da semelhança entre os problemas de detetive e os problemas da vida, mas da sua diferença. Pois o inverso também é verdadeiro: quando eles acabam, também

---

[3]Citação do poema de John Keats "Ode a um rouxinol", tradução utilizada disponível em: < http://ea.eol.org.ar/03/pt/textos/txt/pdf/ruisenor_keats.pdf >.

morremos. Considere como, nos últimos vinte anos, temos nos esforçado para lidar com o problema da paz e da segurança e se ainda não nos agarramos secretamente à ilusão de que é possível lidar com isso como um problema. Nós realmente nos convencemos de que a paz era algo a se conquistar por um aparelho, por uma série de regulações, por uma Liga das Nações, ou alguma outra forma de constituição, que resolveria a questão de uma vez por todas. Continuamos a nos iludir com a crença de que, quando a guerra acabar, dessa vez descobriremos o truque, a fórmula mágica que parará o sol nos céus, segurará o curso dos eventos e não necessitará de outros esforços. Da última vez, não cumprimos esse objetivo, mas por quê? Principalmente porque supúnhamos que era realizável. Porque consideramos a paz e a segurança como um problema a ser resolvido, e não um trabalho a ser feito.

Ora, o artista não se comporta assim. Ele pode terminar um livro, assim como podemos terminar uma guerra ou estabelecer o funcionamento de uma Liga, e ele pode considerá-lo muito bom e permitir um breve sábado de descanso para recuperar as energias. Porém, ele sabe muito bem que isso é apenas uma pausa no trabalho ininterrupto de criação. Ele não subscreve à heresia que confunde a energia com sua Ideia, e o breve sábado do Filho no tempo com os sábados perpétuos da Trindade no céu. Pois o que ele fez é algo vivo, e não estéril, que continuamente prolifera novos temas, novas invenções e novas oportunidades de pensar e agir. Cada capítulo concluído é apenas o fim de um dia ao longo do livro; cada livro concluído é apenas o fim de um ano ao longo da peregrinação da vida. Ou, se você preferir outra metáfora, é uma foto, cortada e retirada do filme incessante e vivo que a sua mente criativa projeta. Ela é uma foto por si só, mas somente se faz entender por vir depois da foto anterior e antes da foto posterior, como parte de um processo interconectado.

O artista sabe disso, ainda que o conhecimento nem sempre esteja no primeiro plano de sua consciência. No fim de um dia ou de um ano, ele pode dizer: terminei o trabalho. No entanto, ele sabe em seu coração que não terminou e que a paixão de criar o agarrará no dia seguinte novamente e o levará a construir um novo mundo. Embora ele possa imaginar por um momento que esse novo mundo está totalmente desconectado do mundo que terminou de fazer, ele descobrirá que cada um foi, de alguma forma, o resultado e a realização do resto — e que todos os seus mundos pertencem ao mesmo universo que é imagem de sua Ideia. Sei que não é por acaso que *Gaudy night* [Noite de festa], vindo no fim de um longo desenvolvimento de ficções de detetive, seja uma manifestação de exatamente o mesmo tema de *The Zeal of Thy House* [O zelo de tua casa], que o seguiu e foi o primeiro em uma série de criações transmitindo uma teologia cristã. São variações em um hino ao principal Criador; e, agora, depois de vinte anos, posso ouvir em *Whose body?* [Corpo de quem?] as notas dessa música soando distintamente sob a leve melodia de um descante bem diferente; e, ainda mais para trás, posso ouvi-las novamente, em certas estrofes joviais de *Catholic tales* [Histórias católicas]:

> Esculpo as grandiosas vigas
> Do cedro e também do carvalho
> Para construir, como formigas,
> A casa do Rei Salomão,
> E outra, que os querubins abriga.
>
> É em uma coisa só que penso:
> Quão bela será minha casa
> Quando de tudo fizer censo;
> Folgo em ver a flor se curvar
> À ferramenta, em beijo intenso.
>
> Como terminarei meu plano?
> Tem tantos nós a madeira!
> Erguido, com pulmões arfando —
> Suor escorrendo qual sangue —
> Cinzel minha mão perfurando!

Eu não escreveria dessa forma hoje — pelo menos, espero que não. Eu evitaria falar da "minha casa", os "pulmões arfando" e o ponto de exclamação no último verso. Porém, o fim está claramente ali desde o princípio. Não seria muito preciso dizer que ocorreu um giro de 360°, ou mesmo, na metáfora que os estudantes do tempo popularizaram, que a espiral mais uma vez voltou ao seu ponto de partida. A ideia estava desde o princípio em cada canto do universo que ela contém e eternamente gera suas manifestações. Nunca houve qualquer ponto no tempo que pudesse concluir ou compreender a ideia. O problema nunca se resolveu a ponto de ser abolido, mas, a cada vez que foi reformulado, uma nova coisa se fez e foi assinada com a fórmula "C.Q.D." (como queríamos demonstrar).

O desejo de resolver um problema vivo por uma conclusão definitiva e estéril é compreensivelmente natural; faz parte da vontade material para a morte. Ele cresce nos ossos dos mais esclarecidos e avançados da humanidade, que odeiam vê-lo nos outros, sem perceber que aquele que lhes parece um forasteiro detestável na verdade é o próprio rosto no espelho.

O homem que lança invectivas violentas contra aqueles que buscam manter o *status quo* ou se agarrar a uma tradição desgastada somente está justificado em fazê-lo caso não contemple um ponto fixo de realização à frente. Se ele pensar consigo mesmo que, depois da guerra, ou depois da revolução, ou "depois da federação da Europa", ou depois do triunfo do proletariado, o problema será resolvido, então ele não é melhor do que os outros. E ele está iludindo terrivelmente a si e aos outros — o cego levando outro cego para o buraco. Na verdade, ao pensar e dizer algo assim, ele está estabelecendo precisamente as condições que tornam qualquer método para a desejada realização impossível.

Quando examinamos essas quatro características do problema de detetive, começamos a ver por que é tão fácil olhar para todos os fenômenos da vida da perspectiva do problema e da solução, e também por que a solução raramente é satisfatória, mesmo quando pensamos que a alcançamos. Porque, para nos convencer de que podemos resolver a vida, precisamos defini-la de tal forma que admita solução. A não ser que façamos isso, não apenas a solução, mas o próprio problema é ininteligível. Pegue qualquer fenômeno que quiser. Uma rosa, por exemplo. Como você dará a solução para uma rosa? Você pode cultivar rosas, cheirá-las, juntá-las e usá-las, convertê-las em perfume ou organizá-las em um buquê, pintá-las ou escrever poesia sobre elas; tudo isso são atividades criativas. Mas você pode solucionar rosas? Essa expressão faz algum sentido? Somente se você primeiro definir a rosa em termos que pressupõem uma resposta. Você pode dizer: se a rosa é considerada um arranjo de certos componentes químicos, então a fórmula química da rosa é X. Ou você pode dizer: se a rosa for considerada geometricamente um sistema complexo de planos intercalados, então a fórmula da rosa é tal. Ou você pode dizer: se a rosa for considerada um exemplo da genética mendeliana de variações de cores, então o método para cultivar rosas azuis é o seguinte.

Contudo, nenhuma dessas respostas resolverá a rosa; e, se a primeira é completa e definitiva para o químico, permanece totalmente inadequada para a mulher que coloca rosas em um vaso. Se a segunda pode auxiliar o pintor, ela deixa o jardineiro insatisfeito, enquanto a terceira é provavelmente impossível de descobrir e, mesmo se fosse possível, não ajudaria o perfumista. Contudo, o perfumista, o jardineiro, a mulher e o pintor, ocupados como estão com a rosa em si e não com sua solução, podem todos apresentar ao mundo novas manifestações da rosa e, ao fazê-lo, comunicam a rosa um ao outro em poder.

O perigo de falar sobre a vida exclusivamente do ponto de vista do problema e da solução é que, assim, somos tentados a ignorar as limitações desse jogo de detetives e a própria existência da arbitrária regra inicial que o torna possível de jogar. A regra é excluir dos termos do problema tudo o que a solução não pode solucionar. É uma distração útil saber que, para o químico, um homem é composto de algumas pitadas de sal, açúcar, ferro, dentre outros, para não falar de uma quantidade intolerável de água. No entanto, não podemos dizer que "o homem, na verdade, é nada senão" essas coisas, ou supor que a solução das pitadas de água produzirá uma solução completa e definitiva para o homem, pois isso significa que esquecemos a qualificação "para o químico". Essa qualificação reduz a nossa afirmação a uma forma mais limitada: "Se o homem não é nada mais que química, essa é a sua fórmula" — uma questão bem diferente. Semelhantemente, o jogo popular de refutar grandes homens normalmente acontece ao excluir a sua insolúvel grandeza dos termos do problema e apresentar uma solução aguada do restante; mas isso é, por definição, solução nenhuma para o homem ou a sua grandeza.

Foi dito por Kronecker, o matemático: "Deus fez os números inteiros; todo o resto foi obra humana". O homem pode contar os números inteiros e organizá-los em problemas que ele pode resolver, de acordo com os termos propostos. Todavia, diante do mistério inescrutável dos números inteiros em si, ele está perdido, a não ser que invoque aquela triunidade nele próprio, feita à imagem de Deus, e que pode incluir e criar os números inteiros.

Essa é a vocação da mente criativa do homem. Assim, a mente no ato criativo não está preocupada em resolver problemas dentro dos limites impostos pelos termos propostos, mas gerar uma síntese que inclua toda a dialética da situação em uma manifestação de poder. Em outras palavras, o artista como tal lida não com a operação do silogismo, mas com aquela proposição universal que forma sua premissa maior. É por isso que ele sempre é uma influência perturbadora, pois todo argumento lógico depende da aceitação da premissa maior, e isso, por natureza, não é suscetível de provas lógicas. A mão do artista, posta sobre a premissa maior, abala os fundamentos do mundo, e ele próprio pode cair nessa ocupação perigosa apenas porque sua mansão não está no mundo, mas nos eternos céus.

O conhecimento do artista a respeito de sua natureza criativa geralmente é inconsciente. Ele busca esse misterioso jeito de viver em uma estranha inocência. Se ele conscientemente arrancasse o coração desse mistério, ele diria algo como o seguinte:

Vejo em mim certo padrão que reconheço como a lei da minha verdadeira natureza e que corresponde à experiência de tal forma que, enquanto o meu comportamento se conforma a esse padrão, posso interpretar a experiência em poder. Além disso, percebo que o mesmo padrão habita em meu trabalho, como em mim; e também percebo que os teólogos atribuem ao próprio Deus exatamente esse padrão de ser que vejo em mim e no meu trabalho.

Portanto, sou inclinado a crer que esse padrão corresponde diretamente à real estrutura do universo vivo e que ele existe em outros homens tanto quanto em mim; e infiro que, se outros homens se sentem impotentes no universo e alienados dele, é porque o padrão de vida e trabalho deles se tornou distorcido e não mais corresponde ao padrão universal — em suma, eles estão correndo na contramão da lei de sua natureza.

Sou confirmado nessa crença pelo fato de que, até onde me conformo ao padrão da sociedade humana, sinto-me também impotente e na contramão do universo; enquanto, se me conformo ao padrão da minha verdadeira natureza, estou na contramão da sociedade, e ela, de mim. Se estou certo em pensar que a sociedade humana está fora de harmonia com a lei de sua natureza própria, então a minha experiência novamente corrobora a dos teólogos, que também perceberam esse deslocamento fundamental no homem.

Se você me perguntar qual é esse padrão que reconheço como a verdadeira lei da minha natureza, posso sugerir somente que é o padrão da mente criativa — uma ideia eterna, manifestada em forma material por uma energia incansável, com um derramamento de poder que, de uma só vez, inspira, julga e comunica o trabalho que faz; todos esses três sendo um só na mente e um só no agir. Observo que esse é o padrão estabelecido pelos teólogos como sendo o padrão do ser de Deus.

Se tudo isso é verdade, então a mente do criador e a Mente do Criador formam o mesmo padrão, e toda obra que fazem é feita à sua imagem.

Não é provável que, se você perguntar isso ao primeiro artista que vir passando na rua, ele vá responder assim. Ele não está mais acostumado que o resto de nós a perceber qualquer conexão entre a teologia e a experiência. Como eu disse no começo, atualmente nem mesmo os teólogos se esforçam muito para explicar sua doutrina por meio de analogias com o criador humano. Eles estão prontos para usar o "símbolo do pai" para ilustrar a semelhança e a familiaridade entre Deus e seus filhos. Contudo, o "símbolo do criador", se for usado, é para ilustrar o grande abismo entre Deus e suas criaturas. E, como diz Berdyaev, "a imagem do artista e do poeta está impressa mais claramente em suas obras que em seus filhos". Particularmente no que se refere à Trindade da divindade, a ênfase sempre está no mistério e na singularidade de sua estrutura — como se fosse uma espécie de blasfêmia reconhecer com Agostinho que, para o homem, isso é, no mínimo, algo íntimo e caseiro, tão familiar quanto a sua roupa íntima.

O distanciamento desastroso e cada vez maior entre a igreja e a arte, por um lado, e entre o Estado e as artes, do outro, deixa o homem comum com a impressão de que o artista é de pouca importância, seja neste mundo, seja no próximo; e isso teve um efeito ruim sobre o artista, já que o deixou em um curioso isolamento espiritual. Porém, com todos os seus defeitos, ele permanece a pessoa que pode lançar mais luz sobre aquela atitude criativa perante a vida para a qual tantos pensadores proeminentes perplexos hoje exortam, atrasados, uma humanidade não menos perplexa.

A mente criativa também não é teórica ou distante do homem comum. A noção de que o artista é uma criatura confusa e sonhadora que vive isolado dos fatos da vida é falsa — fomentada, suspeito desconfiada, por aqueles cujo interesse é manter o maquinário administrativo funcionando a despeito do produto final. Na irrupção do artista no departamento do governo, os funcionários ficam boquiabertos, depreciando o realismo implacável que vai diretamente ao essencial. É pela sacrílega inserção daquela premissa maior que o artista é crucificado por tiranias e silenciosamente esmagado por burocracias. Quanto ao homem comum, o artista está mais próximo dele que o homem de qualquer outra vocação, já que a sua vocação é justamente expressar o maior fator comum da humanidade: a imagem do Criador, que distingue o homem dos animais. Se é para o homem comum gozar a divindade de sua humanidade, ele pode chegar a ela apenas em virtude e por direito de seu ato de criar.

A sabedoria do escriba lhe vem no tempo do lazer. Aquele que pouco se agita adquirirá sabedoria.

Que sabedoria poderia ter o homem que conduz a charrua, que faz ponto de honra aguilhoar os bois, que participa de seu labor, e somente sabe falar das crias dos touros? Ele põe todo o seu coração em traçar sulcos, e o seu cuidado é engordar novilhas.

Igualmente acontece com todo carpinteiro, todo arquiteto, que passa no trabalho os dias e as noites. Assim sucede àquele que grava as marcas dos sinetes, variando as figuras por um trabalho assíduo; que aplica todo o seu coração na imitação da pintura, e põe todo o cuidado no acabamento de seu trabalho.

Assim acontece com o ferreiro sentado perto da bigorna, examinando o ferro que vai amoldar; o vapor do fogo queima as suas carnes, e ele resiste ao ardor da fornalha. O barulho do martelo lhe fere o ouvido de golpes repetidos; seus olhos estão fixos no modelo do objeto. Ele aplica o seu coração em aperfeiçoar a sua obra, e põe um cuidado vigilante em torná-la bela e perfeita.

O mesmo sucede com o oleiro que, entregue à sua tarefa, gira a roda com os pés, sempre cuidadoso pela sua obra; e todo o seu trabalho visa a produzir uma quantidade determinada. Com o seu braço dá forma ao barro, torna-o maleável com os pés, aplica o seu coração em aperfeiçoar o verniz, e limpa o forno com muita diligência.

Todos esses artistas esperam tudo de suas mãos; cada um deles é sábio em sua profissão.

Sem eles nenhuma cidade seria construída, nem habitada, nem frequentada.

Mas eles mesmos não terão parte na assembleia, não se sentarão nas cadeiras dos juízes, não entenderão as disposições judiciárias, não apregoarão nem a instrução nem o direito, nem serão encontrados a estudar as máximas.

Entretanto, sustentam as coisas deste mundo. Sua oração se refere aos trabalhos de sua arte; a eles aplicam sua alma, e estudam juntos a Lei do Altíssimo (Eclesiástico 38:25-39, Bíblia Ave Maria).

PERGUNTAS PARA DEBATE

1. Retornando a seus grandes temas de "credos cristãos" e "criatividade do artista", Sayers detalha o que podemos "aprender com o artista". Uma coisa é "abandonar toda a concepção de domínio e cooperar com ele em amor" (p. 263). Na vida, todos somos artistas cotidianamente ao cozinhar, criar filhos, amar nosso cônjuge ou entes queridos, fazer amigos, ensinar ou produzir relatórios comerciais. Nessas criações, você coloca o foco em perfeição ou controle? Ou procura cooperar com os materiais, com as pessoas que ama, com o que escreve, tudo com uma amabilidade — ou uma entrega? — que lhe exige dar e receber?

2. Sayers compara e contrasta a confusão da vida e o círculo fechado de um romance de detetive. Um dos principais problemas, ela observa, é o desemprego (p. 276) e as questões de trabalhos banais, baixos salários e atividades vocacionais. É possível pensar em novas formas de estar no mundo que permitam profissões criativas *e* pagamentos equitativos em questões raciais e de gênero? Como você pode contribuir com esse tipo de emprego?

3. Sayers observa: "O conhecimento do artista a respeito de sua natureza criativa geralmente é inconsciente" (p. 283). Você é um artista? Desafie-se a criar algo: uma nova refeição, uma pintura, uma foto, um poema, um ensaio ou uma música. Comece a viver procurando sempre imaginar algo melhor para você e para o mundo... e então faça acontecer.

Este livro foi impresso pela Ipsis
para a Thomas Nelson Brasil em 2022.
A fonte do miolo é Masquarelo 10/13,4.
O papel do miolo é pólen soft 80g/m²,
e o da capa é couche fosco 150g/m².